LES DESMICHELS

V

TRAVAUX

THYDE MONNIER

LES DESMICHELS

V

TRAVAUX

FRANCE LOISIRS
123, bld de Grenelle - Paris

Édition du Club France Loisirs, Paris,
avec l'autorisation des Éditions Julliard

ISBN 2-7242-1301-7

LES DESMICHELS

Les terres de la Guirande, en Provence, sont entrées dans la famille Michel par le mariage de Vincent Michel avec Fleurie Guirand. Leur fils Laurent a voulu épouser Thérèse Aiguier pour utiliser sa fortune à les mettre en valeur, mais c'est son fils Firmin qui, par son union avec la riche Félicie Venel, a fait la prospérité du domaine, entraînant le changement de nom de la famille de « Michel » en « Desmichels » (cf. *Nans le berger*).

Comme bien des arbres, Laurent avait fait double souche : Pascal Nans est le fils qu'il a eu de sa servante Pascaline. Ce Nans sera le vrai père d'Antoine, le premier fils de Firmin et de Félicie. (Cf. *Grand-Cap, Le Pain des pauvres* et *Les Forces vives.*)

Après Antoine sont nés Sébastien, Pierre, Marguerite, Louise, Florestan et Rosine.

De Rosine et de Marcel Jouve naît Aubette (cf. *La Demoiselle*). Enfin *Le Figuier stérile* relate la destinée de Marguerite et *Travaux* celle de sa fille Vincente.

TRAVAUX

Les ouvriers de la Sanat, une équipe d'Italiens chargés d'installer l'eau courante à Sainte-Trinide, arrivent. Ce ne sont pas seulement les rues de ce village provençal qu'ils vont bouleverser en creusant les tranchées destinées aux canalisations. Beaux garçons au compliment facile, ils savent plaire même à celles qui n'ont pas la folie en tête.

Telle Angéline Raimondi qui s'use à entretenir son pacha de mari et ses enfants ou son amie Vincente Revest qui, mariée une première fois par raison, songe maintenant qu'elle est veuve à refaire encore un mariage de raison.

Tout l'amour qu'offre et inspire Milan, le chef d'équipe de la Sanat, ne prévaudra finalement pas contre la sagesse de Vincente parce qu'elle est la fille de Richard Falconnet et de Marguerite Desmichels, parce qu'elle veut une vie stable dans l'honneur, parce que ce qui se passe autour d'elle lui confirme qu'elle a su choisir la bonne voie.

Chronique passionnée d'un village de Provence, *Travaux* est le cinquième volume de la série où Thyde Monnier retrace l'évolution de la famille Desmichels.

A mon ami
PIERRE MAGNAN

« *Tant pis pour le bois*
s'il s'éveille violon. »

RIMBAUD

I

Les deux fenêtres s'ouvrent au Levant. Le premier rayon de soleil passant sur les toits de la ville entre par les quatre trous ronds des volets et vient frapper le lit de quatre couteaux de lumière. « Les trous découpés en forme de cœurs, ce serait bien plus joli », a souvent pensé Vincente Revest. Ils ne sont pas en forme de cœurs, ronds tout simplement et quelquefois un pigeon s'y pose, vers le soir.

Ce matin, il est cinq heures, Vincente dort encore, mais son sommeil n'est pas tranquille. S'il y avait quelqu'un d'autre pour la regarder que ce premier rayon, il verrait qu'elle est agitée. La sueur plaque contre sa tempe ses cheveux noirs en désordre, sa bouche aux muscles détendus laisse couler la salive sur son menton, ses lèvres balbutient des mots qui n'ont de raison que pour elle : « Toujours rien que ça ? Toujours rien que ça ? Non, c'est pas possible... » Son visage brûle, elle jette les bras en l'air, elle crie, elle finit par se réveiller. Elle ouvre ses paupières alourdies, elle s'assied sur son drap froissé, elle se retrouve dans la réalité de ce petit matin et elle comprend que c'était un rêve.

Oui, elle était en train de rêver que François Revest, son mari, était toujours vivant. Elle était couchée à plat dos sur ce même lit, sa chemise de toile relevée à plein paquet sous les seins, les bras écartés comme une crucifiée et François, sans la toucher des mains ni des lèvres, prenait sur elle son plaisir. Elle avait tourné la tête vers le mur, pour ne pas sentir cette odeur de renfermé qu'il avait dans la bouche. Elle assistait à l'acte sans y participer. Tout se faisait mal, dans du sec, dans du serré, dans de la chair qui ne se plaisait pas à s'offrir.

Elle se souvient. Quand il avait fini, soufflant ainsi qu'une bête forcée, il disait : « Alors et toi ? Nom de nom, il y aura jamais moyen, alors ? » Plus souvent il ne disait rien, parce qu'il s'endormait tout de suite, d'un sommeil lourd d'homme fatigué. Elle restait un grand moment à réfléchir toute seule, en se demandant comme dans ce rêve qui l'a ramenée au passé : « Toujours rien que ça ? C'est pas possible. » Puis, à la fin, elle se décidait à s'endormir. Il était resté tout contre elle, en gros bloc. Elle se vengeait en le repoussant à coups de pied, avec méchanceté. Il grognait dans son engourdissement. « Et tiens ! disait-elle, tiens ! » Elle tapait contre la chair épaisse, avec ses petits talons durs. Il se roulait à l'autre bord du lit, entraînant les couvertures. Elle restait demi-nue, une jambe en dehors du drap, une main pendant sur la ruelle, l'autre caressant son sein. La haine bouillait sous son front. « Je le déteste, pensait-elle, rien ne fera jamais graine entre son corps et le mien. » Mais chaque fois qu'il se rapprochait d'elle, le soir, elle espérait qu'un miracle de joie, à la fin, arriverait à se produire. François était mort voici deux ans. Rien n'avait fait graine entre eux. Le miracle n'était pas arrivé.

Ce matin, Dieu merci, tout ça n'est qu'un rêve. Vincente essuie de la main son visage humide, elle lisse ses cheveux qui tiraillent de tous les côtés, elle réfléchit encore un peu, puis elle reglisse dans un sommeil que sa belle-mère interrompt en ouvrant la porte de la chambre :

— Lève-toi, Vincente, le café est prêt, tes beaux-frères chargent.

C'est le bonjour de tous les matins. Ensuite, du même ton gris, la vieille Mame continue :

— Avant, tu prendras le temps de mettre la soupe en train, mais fais pas trop de bruit, Florina dort. Les pommes de terre sont sur la table avec les poireaux. Moi, je vais donner aux bêtes.

Elle sort par le couloir, vers le jardin où les lapins l'attendent dans leurs cages, tandis que Vincente, vite habillée, descend dans la cuisine et boit sa tasse de café d'un coup. Le matin, elle n'a jamais d'appétit. Elle s'assied pour peler les pommes de terre.

Ce sont des anciennes, restées en cave depuis l'automne dernier. Mais dans l'obscurité, elles ont quand même senti le printemps qu'elles ne connaîtront jamais. Sur chacune d'elles, il y a plusieurs petits nombrils violets qui bourgeonnent, qui sont des germes venus depuis le dedans de la chair par des cheminements secrets. Collés là comme des bêtes à ventouses, accrochés là comme des araignées, ils étendent autour des nombrils des pattes d'araignées au bout desquelles un œil doit être en train de pousser pour essayer de voir où est la terre. Il faut trouver la terre, il faut y jeter le crochet de sa patte, se tenir bien solide, faire son trou, entrer dans la terre, manger la terre, vivre de la terre.

Vincente, de la pointe du couteau qu'elle tourne bien rond avec son geste habile du poignet, découpe le petit nombril et le jette au sol avec les épluchures que la vieille Mame viendra ramasser. Quand toutes les pommes de terre sont pelées, Vincente sort les laver dans le tian jaune près du puits. Bien propres, elle les met dans la grosse marmite, toujours noire des feux de bois. Elle ajoute les poireaux et un oignon. L'oignon aussi était en train de germer. Dans son centre, le couteau laisse une tranche nette comme si on avait coupé une jambe. Vincente met encore une longue lanière de lard maigre qu'elle détache du morceau pendu dans la cheminée. Il n'y en a presque plus. Ce cochon, il a bien servi. Elle pense comme il a crié quand on l'a tué : « Ces soupes, réfléchit-elle, ces soupes que nous mangeons, finalement elles sont faites qu'avec des morts. »

Mame entre et dit :

— Laisse, je ferai feu. Ils ont besoin de toi, ils ont beaucoup à livrer, il faudra que tu gardes tout le matin. Tu sais qu'Achille a guère de conscience.

— J'y vais, dit Vincente.

Par le couloir, elle gagne l'entrepôt. Du carré vitré qui sert de bureau, Bertin l'a vue venir. Il lui fait son sourire aimable d'habitude :

— Bonjour, dit-il, on t'a fait sauter du lit de bonne heure ? Nous devons livrer jusqu'à Draguignan et tout le long de la route. C'est pas encore que nous sommes de retour.

Vincente lui rend son gentil sourire. Elle aime bien son beau-frère Bertin. Jeune, propre, joli garçon, il a des dents bien blanches. Il est toujours de bonne humeur. Ce n'est pas comme Élysée dont on entend les grognements depuis le fond de l'entrepôt où il déplace les sacs que l'employé Achille porte sur son dos, dans la camionnette qui est devant la porte.

Cette porte s'ouvre en grand sur la rue par une entrée de remise. Au-dessus, en grosses lettres bleues sur fond blanc, le peintre a écrit :

— GRAINS - ISSUES —
HENRI REVEST & FILS

Il a utilisé la surface du mur à côté pour préciser, en lignes qui font escalier :

Son
Repasse
Farine
Grains
Engrais
Pommes de terre

La camionnette est bleue. Sur ses panneaux de côté, les mêmes lettres blanches reproduisent l'enseigne :

— GRAINS - ISSUES —
HENRI REVEST & FILS

Seulement, au-dessous, le peintre a ajouté :

« Rue du Portail, Sainte-Trinide (Var). »

parce qu'il est bon, en se promenant sur les routes, de faire sa propre publicité.

Henri Revest, le créateur de la maison, est mort. Le fils aîné aussi, François, dont Vincente est la veuve, mais il reste Élysée et Bertin qui font marcher l'affaire et puis il y a encore une fille : Florina qui est infirme. Avec Mame, la vieille mère, ça fait cinq personnes. Tout le monde s'entend bien.

Les gens disent : « Puisque Vincente a des intérêts sur place, maintenant, elle devrait épouser Élysée. Sûr que Bertin est mieux, mais il est trop jeune. »

— Cent de blé ! crie Élysée.

— Cent de blé ! répète Bertin.

Et il fait un petit trait de crayon sur le papier.

— Trente d'avoine !

— Trente d'avoine !

— Cinquante de sarrasin !

— Deux fois cinquante, dit Bertin ; cinquante pour Varrage et cinquante pour la Gibouse.

— Bon, crie Élysée, et c'est tout ! Fais les notes, je charge la fin avec Achille.

— Je t'aide ? demande Vincente à Bertin.

— Si tu veux, dit-il.

Elle s'assied à côté de lui dans le bureau vitré. Elle dicte ce qu'il a pointé au crayon et qu'il écrit sur de belles feuilles à en-tête où à gauche il y a : « Registre du Commerce Nº 19141-Draguignan. Compte Chèques Postaux : 23687. Marseille. »

La maison Revest est importante.

Bertin a le torse nu sous un léger tricot blanc sans manches. Son pantalon de treillis colle sur sa cuisse dure qui touche celle de Vincente. Quand il regarde sa belle-sœur sans parler, entre deux comptes, sa cuisse s'appuie un peu plus. Ses cheveux se tordent en grosses mèches brillantes, frisées par l'eau contre sa peau lavée de frais. Ses yeux ont le même mouillé brun, avec des éclats de lumière.

« Moi, je dois sentir la femme chaude de la nuit, pense Vincente. Avec ce travail si matin, j'ai jamais le temps de bien faire ma toilette. »

Elle se lève :

— C'est fini, dit-elle.

Élysée rentre dans l'entrepôt, il s'essuie le visage avec un grand mouchoir. Dès le matin, la sueur sort de sa molle figure rouge. Vincente pense à la gargoulette où on tient à boire au frais. Il se frotte la tête avec un morceau de sac :

— Je coule l'eau, dit-il, et on est qu'au début de l'été. Heureusement que je me garde les cheveux courts, sinon ma tête bouillirait !

Quand il rit comme ça à grosse bouche, les deux dents qui lui manquent devant font un trou noir. Il regarde Bertin qui lisse sa coiffure humide devant le bout de glace du bureau. Il grogne :

— Qué miroir de putain ! Tu es pire qu'une damette de Draguignan, toi, pour l'élégance.

Bertin rit.

— Allez, dit Élysée, y faut partir. Vincente, oublie pas de faire payer ceux d'Entrecasteaux, s'y viennent prendre leur commande, parce que ça fait deux qu'y doivent.

— Y sont un peu serrés de ce moment, je crois, dit Vincente.

— Raison de plus, alors, pour se méfier ! La fille des Grangettes non plus, lui donne rien sans les sous. La dernière fois, Bertin lui a laissé emporter du maïs et on l'a plus revue.

— Ô, pour cinq kilos ! dit Bertin.

— Et alors ? On te les fait cadeau, à toi, les cinq kilos ? Toi, parce qu'une pucelle te fait les yeux doux, tu y donnerais tout pour rien ! Heureusement que je surveille, parce que toi, le souci, tu le prends pas beaucoup.

Avec ces reproches et ce « toi », trois fois jeté d'une voix méprisante, Élysée écrase Bertin. Mais Bertin sourit de toute sa bouche propre. Il interrompt son aîné avec insolence :

— On y va ?

Élysée hoche la tête. Derrière lui, Bertin sourit à Vincente de cette bouche fraîche comme un fruit rouge coupé en deux. S'ils pouvaient se parler, elle et lui, ils diraient la même chose : « C'est bien tout le pauvre François. »

Et c'est vrai. C'est exactement comme ça que le pauvre François grognait et hochait la tête d'un air mécontent. La vieille Mame a bien raison de le répéter si souvent : « Lysée, c'est le portrait craché de mon pauvre aîné : pour le souci du travail, pour les manières, pour l'attention à l'argent et tout ! » Vincente, en regardant partir le camion, pense que Bertin ne semble pas avoir été nourri du même lait. Mais il n'a que dix-huit ans, on ne sait pas encore. Florina aussi, elle a des idées à part. Seulement, elle est infirme, ce n'est pas pareil.

Bertin, perché en haut des sacs, comme un joyeux oiseau blanc, fait à tous un grand « au revoir » avec son geste. Vincente lui rit de le voir si gai. Elle rentre dans l'entrepôt où Achille est resté, les bras ballants. Celui-là, il est né fatigué.

— Prenez la brouette, dit Vincente, vous allez porter dix

kilos de son, dix kilos d'avoine et cinq kilos de petit blé à Madame Raimondi. Si elle ne paye pas, ça fait rien.

— Bon, dit Achille mollement.

Vincente plonge les mains dans une touque emplie de vesces noires ; c'est bon, c'est frais, elle s'amuse à les faire tomber en petite pluie. « Sûr, qu'elle ne payera pas, Géline ! Avec quoi, la pauvre ? Elle a jamais eu un sou. C'est pour ça que j'ai attendu que Lysée soit parti. Bertin, encore, il n'aurait rien dit. C'est bien vrai que Lysée ressemble à François par tous les côtés, c'est le même, le même... Ça fait que si je me remarie avec lui, ce sera comme si François était revenu, le jour, la nuit, tout le temps. » Et elle pense encore : « Ce petit Bertin, quand même, je crois que ce sera un autre genre d'homme. Pépé a un gros béguin pour lui et elle ne lui déplaît pas. »

Vincente regarde dehors, il fait bien beau temps pour être enfermée. Le premier matin où les Revest resteront au magasin, elle montera à l'Allégrerie. Elle a envie d'aller voir un peu la campagne. Les iris doivent être ouverts, elle en rapportera une brassée à Florina qui les aime.

Elle se souvient avec quelle passion enfantine Florina enfonce sa bouche dans les fleurs, et comment ces iris si fragiles, si vite meurtris, lui tachent le visage de leur sang violet. Et puis aussi, cette crise de désespoir qui lui a fait crier un jour : « Jamais alors, j'irai les cueillir sur la plante, moi ? jamais ? »

Vincente a une bonne idée. Quand elle ira à l'Allégrerie, elle se fera accompagner par Bertin. On peut avancer avec la camionnette jusqu'au croisement de la route et du chemin. Ensuite la brouette suffira. Ils emporteront une caisse. Là-haut, ils déplanteront une touffe d'iris, ils la mettront dedans en faisant bien attention et ils la rapporteront. Florina aura une belle surprise, elle pourra cueillir les fleurs sur la plante. Vincente rit toute seule de la joie future de cette pauvre petite. Elle est assez malheureuse d'être clouée sur un lit depuis presque vingt ans, on peut bien penser à lui faire des plaisirs.

A ce moment un homme entre, criant : « Bonjour » et tirant Vincente de ses pensées. Elle répond :

— Bonjour Raimondi, justement je viens de faire porter la commande à Géline.

— Je sais, dit l'homme, j'ai rencontré Achille, je te payerai un de ces jours.

— Ô ça ne presse pas, dit Vincente et elle pense : « Je suis bien tranquille que tu me payeras ! Comme je te connais... » Elle demande :

— Et les enfants vont bien ?

— François a pris froid.

— Par ce beau temps ?

— Hier, y faisait mistral. Et cette imbécile, elle l'a laissé attendre une demi-heure dans la rue, à la sortie de l'école. Je sais pas où elle courait !

Vincente lève les yeux sur le visage congestionné de l'homme dont la colère fait monter la voix. « Est-ce qu'il est déjà saoul si matin ? » pense-t-elle. Et elle dit :

— Vous le savez bien que Géline va pas courir ? On lâche les enfants à quatre heures et demie, juste quand elle quitte son ménage. Comment voulez-vous qu'elle ne soit pas en retard ?

— Elle a que de s'en aller une demi-heure plus tôt, dit Raimondi. Ou de quitter en plein.

Vincente fait remarquer :

— Trois heures à trois francs, ça fait neuf qui rentrent tous les jours. C'est à apprécier.

— Je travaille, dit Raimondi.

« Tu travailles, brute que tu es ? pense Vincente, tu travailles quand ça te plaît d'abord et ensuite, comme ta semaine tu vas la boire... »

— Depuis que j'y ai dit de le laisser, ce ménage !

— Si elle pouvait quitter seulement ses heures de lavoir,

observe Vincente, ce serait déjà pas mal. Ça la tue, ces lessives. Elle a mauvaise mine.

— Elle est testarde comme une mule noire, dit Raimondi en haussant les épaules.

« Oui, elle est têtue, pense encore Vincente, mais qu'est-ce qu'ils mangeraient, les trois petits, si elle était pas là ? »

— Si seulement elle les laissait entrer dans la maison ? Mais non, elle veut pas.

— Il ne fait pas froid en ce moment, dit Vincente.

Elle sait pourquoi Angéline préfère laisser ses petits à la rue que leur donner la clé. Un soir de l'hiver dernier où ils étaient rentrés seuls, ils avaient trouvé leur père ivre mort, écroulé à terre dans ses vomissements, et la soupe renversée. Ils avaient eu si peur que François s'était caché dans la cave et ne voulait plus en sortir. Mais ça, elle n'ose pas le rappeler. Alors elle dit :

— Y faudra expliquer aux enfants de venir s'abriter ici. François est mon filleul, je peux bien faire ça et leur mère sera plus tranquille.

— Oui, dit Raimondi, comme ça elle pourra mieux aller faire la putassière !

— Vous êtes méchant, dit Vincente.

— Ô toi, pardi, c'est ton amie. Alors tu lui donnes raison pour tout.

— C'est pas vrai, ce que vous dites. Et vous méritez guère une brave femme comme la vôtre !

— Brave ? Tu appelles ça brave, toi ? Une femme que quand tu t'es esquinté au travail, tu te fais dévorer pour t'arrêter cinq minutes au bar ? Et pas de goût pour rien, ni pour la maison ni pour elle ? Des petits toujours habillés des restes des autres, que tu as honte de les sortir ; elle, maigre comme une vigne morte et toujours à pleurnicher après tout ? Ah, elle est belle, ta brave femme !

— Géline n'est pas laide pourtant.., murmure Vincente.

— Moi, qu'est-ce que tu veux, j'aime les femmes grasses.

« Grasses ? pense encore Vincente dans le secret d'elle-même, comment elle ferait pour être grasse, toujours travaillant, en souci et donnant le meilleur de la nourriture à ses enfants ? »

— Plate comme une tôle, continue Raimondi, pas plus de nichons que de derrière et jamais elle veut rien savoir pour rien, tu crois que c'est rigolo ?

« Trois petits malheureux, pense Vincente, elle doit avoir peur d'en attraper d'autres. »

— Je suis un homme, moi, j'ai quelque chose entre les jambes. Et si je vais ailleurs, elle gueule !

— Faites attention, dit Vincente, Mounine vous a vu sortir du *Figuier* la semaine dernière. Et vous savez s'il a sale langue !

— Je m'en fous. Puisque ma femme veut pas entrer dans la combine, j'ai le droit d'en chercher d'autres.

— Si vous étiez brave... dit Vincente.

— Mais je le suis, brave ! Y a pas plus doux que moi pour une femme. C'est une salope qui me fait monter la colère avec ses refus et toutes ses larmes, pour un verre que j'ai dans le nez. Autrement, tiens, tu pourrais demander à Josette, du *Figuier,* que c'est toujours elle que je prends, si je suis pas intéressant en amour ? Tu pourrais y demander.

— Ô moi, dit Vincente, ça me regarde pas, c'est à cause de Géline.

Elle est gênée tout à coup. Raimondi a un regard brillant et ses mains tendues s'avancent comme pour saisir quelque chose.

— Oui, dit l'homme, toi tu t'en fous.

— Ô moi..., dit encore Vincente.

— Alors tu t'en fous, c'est vrai ? Une belle fille comme toi, viandée de partout, tu es pas privée de la chose ? Y te viendra des toiles d'araignées, à la fin ! Combien y a que tu es veuve ?

— Vous parlez bien mal, dit Vincente.

— Les occasions doivent pas te manquer pourtant ? On m'a raconté que tu faisais l'amour avec ton beau-frère Bertin. C'est vrai ?

— Ô, dit Vincente, qui a dit ça ?

— Personne, dit l'homme ragaillardi ; j'ai voulu voir l'effet. Mais crois-moi va, il est trop jeunet. Les jeunes, c'est pas capable. Moi si tu voulais...

— Mais vous n'êtes pas fou, non ? crie Vincente.

Elle voit approcher les grosses mains, elle glisse vivement son corps entre les sacs et elle vient sur le seuil de l'entrepôt d'où elle entend un rire épais d'homme déçu. Ah, justement, voilà Achille qui arrive, poussant mollement la brouette. Elle passe son énervement sur lui :

— Hé ben, vous en avez mis un temps pour aller jusqu'aux Aires ! C'est pas bien loin quand même ?

— Ça monte, dit Achille.

Il passe à côté d'elle, il sent le vin. « Encore un qui s'est arrêté à un comptoir, pense Vincente. Ces hommes, ça ne sait pas travailler une heure sans boire. »

Raimondi l'a suivie devant la porte.

— Au revoir, dit-il d'un ton faux, maintenant que tu as de la compagnie, je peux partir.

— Au revoir, Pacha, dit Vincente ; une caresse aux petits et le bonjour à Géline.

Il lui secoue la main en plaisanterie. Cette main forte et dure lui colle une peau chaude contre sa peau et des doigts impérieux écartent les siens. Elle retire son bras d'un geste brusque, puis libérée, elle rit parce qu'elle sent la protection d'Achille qui, ayant quitté la brouette, se prépare à se reposer. Vincente, maintenant ne peut pas empêcher que ce désir d'homme, quand même, lui ait fait plaisir. Raimondi la devine. Il lui jette un regard noir : « Comme les autres, se dit-il, toutes garces et compagnie ! Celle-là, avec son air de morale, c'est pareil. Si jamais je te l'attrape dans un coin, elle y passera. »

A cette minute, on entend le bruit d'une tambourinade.

— Té, qu'est-ce qu'on annonce ? demande Vincente.

— Ça doit être pour le marchand d'étoffes, dit Achille. Je l'ai vu qui déballait sur la place de Varrage.

— Non, dit Raimondi, y parle pas d'étoffes. Écoutez !

La voix de l'appariteur arrive mal vers eux, toute coupée en lambeaux par le vent.

— Je vais voir, dit encore Raimondi.

Il part en courant à la rencontre du garde.

— C'est pas possible d'entendre, dit Vincente. L'air emporte tout.

Dans le bruit du tambour qui recommence, marquant la fin de l'annonce, Raimondi revient et à dix pas, il crie :

— Les travaux ! C'est les travaux pour l'eau qui vont commencer. Pour mettre l'eau dans toutes les maisons.

— Ah ? dit Vincente.

Raimondi s'est rapproché :

— Oui, dit-il, je le savais que ça devait se faire, mais je pensais pas si vite.

— Y aura de l'ouvrage pour vous, dit Vincente qui pense à Angéline.

— Ô, tu crois ? Je sais pas. Tu comprends, y viennent tous ensemble, tous les ouvriers, toute une équipe qui passe de pays en pays. C'est la société Sanat.

— Mais l'installation dans le dedans des maisons, vous pourrez la faire, vous, avec Joubert ?

— Peut-être..., dit Raimondi.

Sa voix est devenue molle. Cette idée de travail, ça lui enlève son goût de vivre et tout à coup il se sent le gosier sec.

— Allez, adieu, dit-il.

— Au revoir, dit Vincente.

— Ça va faire du mouvement, dit Achille, avec tous ces ouvriers. On va tout démolir dans les rues à cause des tranchées.

— Ça passera devant chez nous ?

— Bien sûr ! Notre rue du Portail, c'est la plus importante de Sainte-Trinide, c'est la route nationale. Après, ils auront la rue des Aires, la rue des Migraniers, la rue d'en Haut de la place, puis y a guère que des ruelles. Là, ils iront avec les petits tuyaux jusqu'aux quatre maisons, mais les plus gros, ils les mettront ici. Vous pouvez en être sûre.

— Hé ben, dit Vincente, ça va faire une belle sâleté ! Espérons que ce sera vite fini.

— Trois mois peut-être, dit Achille.

Vincente regarde vers la rue. Elle voit le garde qui s'est arrêté plus loin et annonce à nouveau la chose. Les gens s'attroupent au bruit de son tambour. Puis il s'en va vers la place de Varrage. Vincente le suit du regard. Il tourne par la rue des Aires, c'est là où habite Angélique. A l'autre bout, petit à petit, maison mangeant maison, champ mangeant jardin, la rue du Portail devient la route de Salernes. Par là, après avoir grimpé par une ruelle en escaliers, on monte vers le plateau où est l'Allégrerie. A midi, elle parlera à Bertin d'aller y chercher les iris pour Florina.

Elle rentre dans le magasin. Achille est là, affalé sur les sacs.

— Maintenant, dit Vincente, il faut préparer la commande d'Entrecasteaux qu'on va venir prendre. Allez, pesez-moi cinquante de repasse, vingt-cinq de blé, quinze de petit riz. Vous ajouterez dix pièces de savon de trois quarts. Je vais faire la facture.

Achille se relève avec nonchalance :

— Ces travaux pour l'eau... dit-il.

Vincente le coupe sèchement :

— Écoutez ce que je vous commande. Nous avons autre chose à faire que de nous occuper des travaux.

II

De cette rue du Portail qui est la principale de Sainte-Trinide, l'immeuble Revest est le plus important. Et non seulement au point de vue de sa valeur commerciale, mais aussi par ce qu'il a de cossu, de soigné, de joli, pourrait-on dire.

L'entrepôt et l'appartement ne forment qu'une grande façade d'un blanc éclatant, soigneusement repeinte dès qu'elle s'abîme. Cette grosse maison aux murs épais d'un mètre, autrefois, était une auberge. Le fondateur, Henri Revest, racontait qu'il avait trouvé de lourds anneaux de fer scellés entre les pavés de la remise et sur l'entrée, cette inscription : « Ici on loge à pied et à cheval. » Ça fait rire Florina et Bertin qui ne peuvent pas s'imaginer un temps où il n'y avait pas d'autos.

Maintenant le sol de la remise a été cimenté, elle est devenue l'entrepôt, elle se ferme la nuit par un rideau de fer qui glisse sur des rails, au-dessous de l'ancienne voûte de pierre, enguirlandée de vigne vierge.

A sa droite, l'entrée de l'appartement a gardé son battant de chêne sculpté dont la vieille Mame entretient l'éclat avec orgueil. Le heurtoir, une pesante main fine, ornée d'une bague et d'un volant de manchette plissée, est en cuivre brillant, comme la plaque où est gravé encore une fois le témoignage de l'importance :

Henri REVEST & Fils

Cette porte s'ouvre sur un couloir qui, au fond, donne sur la même terrasse que l'entrepôt. C'est bien commode. Si on veut y aller le soir, on n'a pas besoin de passer par la rue et de manœuvrer la fermeture métallique. Après la terrasse, il y a le jardin, ou plutôt la cour, où ne vient guère que de l'herbe sous des fenouils géants et un figuier à côté du puits, mais point de fleurs. C'est toujours trop encombré, sali, dérangé par les pas des hommes et le transport des marchandises. Le garage est au fond, sous un hangar.

On entre par la droite du couloir dans un petit vestibule carré où s'ouvre la salle à manger. On a dit longtemps : « Le salon », maintenant on dit : « La chambre de Florina », mais c'est une salle à manger. On a laissé le buffet à colonnades et la servante ; entre eux et la fenêtre, on a mis un divan. Au bout du couloir, à droite encore, après la cuisine, s'amorce l'escalier qui mène au premier étage. Là, sont deux grandes chambres : celle de Vincente et celle des garçons. A gauche, pris dans la bâtisse, un chambron de trois mètres sur deux, où couche Mame. C'est elle qui l'a voulu. Dès que son mari, Henri Revest, a été enterré, la pièce de devant à deux belles fenêtres, elle l'a cédée à son fils aîné François : « Tu te marieras... », a-t-elle dit. Et trois mois plus tard, quand François s'est marié, plutôt par raisonnement que par goût, il y a amené Vincente et il l'a faite femme dans ce lit de noyer, où son père avait engendré ses trois fils et sa fille ; où Mame, alors jeune et grasse, les avait mis au monde. Mame était reine dans sa maison en ce temps-là. Elle avait trois matelas sur son lit d'accouchée. Maintenant, les fils et la belle-fille mènent tout, c'est naturel. Dans le chambron où elle couche, elle a juste emporté sa garde-robe ancienne qui prend la plus grande place et son gros chapelet de boules de buis, tourné à Aiguilles. Il est pendu en forme de triangle contre le mur. Au clou d'en haut, elle a accroché la branchette de laurier bénit, du jour des Rameaux.

Ces trois pièces du premier sont froides et sans vie. Personne n'y vient dans la journée, ou à peine. Mame fait son lit, les deux des garçons, celui de sa belle-fille, puis elle descend. Vincente, avant le repas de midi (et, parfois, ce repas est à deux heures, quand les livraisons ont été longues), après s'être lavée au puits de la cour, mal à son aise à cause d'Achille ou des clients qui, par-derrière, viennent dans le jardin, elle monte dans sa chambre se coiffer et se farder un peu. Il n'y a pas si longtemps qu'elle se met le rouge sur les lèvres et sur les joues, elle est souvent maladroite. Elle pourrait s'en passer. Elle est dure et colorée comme une pêche de plein vent. Son père, Richard Falconnet, de Toulon, lui a transmis son éclat insolent de beau brun ; sa mère, Marguerite Desmichels, lui a donné ce tendre visage de douceur, pris par elle-même à sa mère Félicie Venel de Méounes. Vincente se voit dans le miroir qui brille au-dessus de la commode. Elle soupèse ses seins lourds, elle regarde son cou, colonne de lumière, ses lèvres épaisses, pleines de sang. Elle regarde son regard qui est chaud et tout éclairé par le dedans. Elle se trouve belle et regrette d'être sans amour. Pas d'être veuve, non, ça non ! Il vaut mieux être seule que mal accompagnée. Mais devant ce miroir, elle rêve que deux mains, plus grandes que les siennes, soupèsent ses seins et que sa bouche disparaît sous une bouche d'homme qui l'empêche de dire non.

Aujourd'hui, après la matinée passée comme d'habitude, à s'empoussiérer au magasin en pesant pommes de terre et repasse, elle est venue mettre sa blouse propre et se coiffer. Elle pense que puisque les hommes ont prévenu qu'ils rentreraient tard, elle a le temps d'aller voir Florina.

Mame, la femme d'Henri Revest, a mis six enfants au monde. Il y a eu d'abord François, le mari de Vincente qui aurait maintenant quarante-neuf ans. Après, est venu Élysée qui en a quarante-cinq. Puis Mame a fait une fausse couche de trois mois. Un an après, elle a eu une fille, morte à deux ans des convulsions, puis un garçon, mort à quatre ans, d'une mauvaise rougeole. Mame est restée quelque temps sans grossesse. Enfin voilà qu'elle a eu Florina et deux ans après, Bertin.

A onze mois, cette Florina était une belle fille toute ronde et pleine de santé. Mame, qui la portait dans ses bras, a été renversée par un camion en traversant la rue du Portail. Sous la violence du choc, ses bras ont lâché l'enfant. Elle-même n'a presque pas eu de mal, mais les reins fragiles de la petite se sont brisés contre la pierre. Florina ne marchera jamais et toute sa vie elle détestera cette maladroite qui l'a laissée rouler sur le sol et l'a rendue infirme. Et Mame n'a plus quitté l'attitude de la faute, depuis qu'elle a causé la misère de son enfant.

Seulement, à cela, il y a surtout Mame et Florina qui y pensent. La plupart du temps les autres l'oublient. « Elle n'est pas si malheureuse que ça, disent les gens, elle n'a rien à faire qu'à se poudrer et se pomponner. » Mais Vincente comprend les choses et elle a une grande amitié pour sa belle-sœur qu'elle plaint beaucoup.

Ce midi, quand elle entre dans la salle à manger-chambre, Florina est entièrement drapée dans sa fluide chevelure noire, si belle. Dans ce tissu de soie brillante, dans ses yeux où brûle une flamme semblable à celle d'un alcool, toute la vie semble se concentrer, dont est privée la partie inférieure du corps. En voyant Vincente, elle a un sourire de ses grosses lèvres pleines, fardées d'une manière exagérée, avec un rouge épais, qui laisse des traces sur tout.

— Bonjour, dit-elle, je me coiffe.

Elle se coiffe tout le jour. Ou plutôt, tout le jour, elle défait, refait, ramasse et déploie, cette matière merveilleusement souple, chaude et douce à ses mains.

— Bonjour, dit Vincente en l'embrassant, tu as bien dormi ?

— Pas trop. Un peu mal à la tête.

— Tu as beaucoup bu de muscat hier au soir.

— Ô dis, tu ne vas pas m'ennuyer, toi aussi ?

La grosse bouche fait vite une moue d'enfant gâtée.

— Je t'annonce une nouvelle, dit Vincente, on va commencer les travaux.

— Oui, j'ai entendu le crieur, puis Mame est venue me le dire.

— Ça va te distraire. Maintenant que mai arrive, y fera meilleur, nous t'ouvrirons la fenêtre et tu verras le mouvement. Y paraît que c'est une équipe italienne qui vient : la société Sanat.

— Hé ben, y va se parler bâbi dans le village !

— Pacha est passé au magasin, y m'a encore dit des mauvaises choses de Géline, naturellement. Y paraît que François s'est enrhumé hier où y faisait du vent. Alors y met la faute sur sa femme, tu penses !

— Tu as pas vu Raphaëlle ?

— Non.

— Qu'est-ce qu'y aura pour le dîner ?

— J'ai préparé une soupe de pommes de terre et de poireaux avec un bout de petit salé et ta mère fait un ragoût de carottes.

— Baï ! dit Florina, je vais encore mal manger.

Elle se rejette en arrière, boudeuse, dans la nappe de ses cheveux qu'elle soulève à dix doigts.

— Qu'est-ce que tu aimerais ? demande Vincente.

— Tu peux pas aller voir chez Mounine, s'y aurait pas une cervelle ? Tu me la cuirais au beurre, là je me régalerais.

— J'y vais d'un coup de pied. J'ai le temps, tes frères doivent livrer jusque plus loin que Draguignan, y rentrent pas encore.

— Va vite alors.

Elle est tout égayée par cette idée de manger quelque chose qui lui plaise. Sa mère entre à son tour et questionne :

— Où elle est allée, Vincente ?

— Voir à la boucherie pour me trouver une cervelle.

— J'ai fait un bon ragoût de carottes.

— Bon ou mauvais, tu peux te le garder.

— Tu as pas faim ?

— J'ai pas faim de carottes ni de soupe.

— Si tu crois que c'est ça, qui te nourrira, une cervelle ?

— Ô, m'énerve pas, hé ? Je sais de quoi j'ai envie, peut-être !

Mame ne répond plus. Elle connaît la volonté, « la testardise » — se dit-elle à elle-même — de sa fille et elle se tait, en ployant son vieux dos. Puis elle cherche à parler d'autre chose :

— Ces travaux pour l'eau...

— Beau Dîou ! Mais on s'occupe plus que de ça, dans le pays ? Pour quatre Bâbiasses, on en fait une histoire.

— Sûr. Et tout ça pour avoir l'eau au robinet ! déplore Mame.

— Y vont la faire monter depuis l'Albenc, alors ? Mais comment y feront ?

— Ben, avec des tuyaux.

— Après nous pourrions mettre une salle de bains, alors ? Ô ça, ça me plairait ! Vous m'installeriez dans la baignoire et je me croirais d'être à la mer.

Vincente crie dès l'entrée :

— Voilà, j'en ai une, je la nettoie.

— Non, non ! Viens vite ! crie Florina, Mame va la nettoyer. Toi, écoute un peu. Dis, Vincente, tu crois pas qu'on pourra mettre la salle de bains, après ? Quand on aura l'eau dans la maison ?

— Je sais pas, dit Vincente en rentrant.

— Ô moi ça me plairait tu sais ! Ça te plairait pas, toi,

dis ? On ferait comme les dames, on se laverait bien tout entière, on se frictionnerait avec l'eau de Cologne.

Mame les écoute depuis la cuisine où elle enlève de la cervelle, avec ses gros doigts aux ongles noirs, les filaments sanglants et les petits bouts d'os. Et elle pense : « Ces jeunesses d'aujourd'hui, ça a l'idée qu'au luxe. Une salle de bains... Ça par exemple ! Manquerait plus qu'aco. On l'a pas déjà assez transformée, cette vieille baraque où mon Henri et moi, nous sommes venus dans nos vingt-cinq ans, avec un paquet de courage plus gros que la maison ? De ce temps, y avait que la bâtisse de l'entrepôt. Notre cuisine, c'était cette soupente où couche Achille, et notre chambre de noces, c'était ce chambron où maintenant c'est moi que j'y couche. On y montait par un mauvais escalier de bois au fond de la remise et nous étions pas plus mal. Revest s'est quand même débrouillé pour m'y faire mes trois premiers petits. Mais ce père, il était ambitieux comme ses enfants. Il a pas dormi tranquille tant qu'il est pas arrivé à avoir la maison à côté. Celle de monsieur Barge, l'ancien huissier, que son fils maintenant il est maire et qu'on appelle encore monsieur Barge, et son autre fils : Docteur. Dans la pièce du devant à deux fenêtres, j'ai mis au monde cette fille et ce garçon qui sont morts jeunes, pauvres petits, que maintenant ça m'en ferait deux de plus. Et puis ma Florina et mon Bertin. A la fin, mon mari est mort, mon Henri, un peu brutasse, un peu coureur, mais si brave quand même. Et alors de moi seule, j'ai pris la place qui convient aux vieilles. François a rencontré cette Vincente Falconnet qu'il a voulu épouser. Y avait bien des drôles d'histoires dans cette famille. Un père, que ma foi, y valait mieux pas trop en parler, pour s'éviter d'avoir honte ; une mère qu'au fond, on a jamais su au juste la vie qu'elle a menée ; un frère qui a fichu le camp de la maison. Total, c'est la grand-mère Falconnet, l'herboriste de Salernes, qui a élevé l'enfant. Sur elle, y a rien à trouver de pas bien et même du côté des parents maternels, y paraît que c'était des gros fermiers riches de cette vallée du Gapeau, d'où on expédie tant de cerises. Enfin, enfin... ça sert à rien de tant réfléchir, la vie on se la fait pas, pauvres de nous, on se la prend comme elle vient. »

Hochant sa vieille tête résignée, elle jette la cervelle dans l'eau bouillante d'une petite casserole, puis elle commence à mettre le couvert. Vincente et Florina, ces deux, ne pensent qu'à bavarder. Dehors, un gros bruit de moteur emplit toute la rue. Vincente se penche à la fenêtre :

— Hé, y sont là !

Elle se dépêche de prendre les assiettes des mains de Mame et les dispose sur la toile cirée.

Les deux garçons entrent. Êlysée jette sa casquette sur une chaise, essuie son front suant et crie :

— C'est pas prêt, alors ? Moi je la crève.

— Mais oui, c'est prêt ! répond Vincente.

— Nous embête pas, dit Florina.

Il s'approche d'elle et sa bouche, qui est grosse, s'appuie sur la mince joue brune pour un baiser claquant.

— Tu me mouilles toujours ! crie Florina. Et puis tu pourrais un peu mieux te raser. Tu piques comme un oursin.

Bertin, qui s'était arrêté pour se laver les mains au puits de la cour, s'approche aussi du divan de sa sœur :

— Tiens, j'ai trouvé quatre primevères dans le pré de la Gibouse, je te les ai apportées.

— Ô que tu es gentil ! Merci bien, dit Florina, c'est les toutes premières.

— C'est signe de printemps, dit encore Bertin.

Et toute sa jeunesse éclate dans son clair sourire.

— Allez, mangeons ! commande Élysée.

Il s'installe à table le premier et tout de suite, il y appuie ses deux gros poings, armés d'une cuiller et d'un couteau dressés. Aussitôt que Mame met devant lui la ronde soupière blanche qui a une poire et sa feuille sculptées sur le couvercle, il y plonge la louche et se sert. Et sa bouche alors devient une soupape aspirante, jusqu'à ce qu'il repousse à deux mains l'assiette vide, en disant :

— Nom de Dieu, j'avais faim !

Pendant ce temps, Florina, avec l'air dégoûté qu'elle prend toujours pendant que son frère aîné mange, penche un peu la tête de côté pour écouter avec délectation le petit bruit que fait la cervelle d'agneau, cuisant doucement dans le beurre. Elle sait que, le repas des hommes terminé, Vincente lui mettra son couvert, à elle, avec une serviette bien propre, étendue sur la petite table de chevet. Elle aura ce plat qu'elle aime, tout blond, tout grésillant ; peut-être, elle goûtera à trois carottes, par caprice. Après, viendra son dessert, elle sait où il est, mais il faudra qu'elle se le cherche. C'est un rite quasi quotidien.

Mame va et vient, apportant les plats et les assiettes. Elle ne se pose pas sur une chaise, elle grignote debout en marchant et à la cuisine. On y est habitué et personne ne s'occupe d'elle. Florina écoute Vincente, Bertin, Élysée, qui mangent, boivent, rient fort et racontent toutes les histoires du pays. Elle les écoute tant qu'elle peut. A mesure que chacun parle, elle regarde avec attention le mouvement de la bouche et en même temps, elle surveille bien les paroles pour ne pas les perdre et faire sa provision de souvenirs. Ce moment des repas, c'est ce qui la rapproche le plus de la vie des autres et la rend presque vivante. Alors, elle en arrive à oublier que, sous les couvertures, ses jambes sont maigres et courtes ainsi que des jambes d'enfant de dix ans. Elle oublie leur mollesse de poupée de son. Elle regarde dans la glace qu'on a placée exprès pour elle contre le mur, son beau visage dont la peau est lisse comme une fleur de magnolia, sa bouche bien dessinée soulignée de rouge vif, ses yeux où semble brûler une pierre noire à l'ombre de ses longs cils. Elle se regarde, elle se plaît, elle passe encore une fois ses doigts dans sa chevelure épaisse et lourde : « Que je suis jolie ! » se dit-elle. Elle suit, d'un même regard content, la ligne de son cou, la rondeur ferme de ses seins, libres sous l'étoffe de la blouse. Elle sait que la peau en est douce, comme plus bas, dans l'amincissement de la taille et l'étroitesse du ventre pâle. Mais après, après, c'est là où il ne faut plus penser, où il faut écouter les bavardages de Bertin et de Vincente, pour ne pas savoir qu'après, il y a les cuisses molles, les jambes maigres, la chair morte pour toujours.

— Achille m'a appris qu'on va commencer les travaux pour l'eau, dit Élysée.

— Oui, on l'a publié, répond Vincente. C'est une société qui s'appelle Sanat. Ils arriveront toute une équipe d'Italiens, mais on a prévenu qu'y prendront quelques hommes d'ici comme manœuvres. J'ai dit à Raimondi que ça lui ferait du travail, il a pas eu l'air bien content.

— Parbleu, dit Bertin, lui qui le cherche avec une fourche !

— En tout cas, y a Piston, Donne-tout, Delmazzo, Joubert, bien d'autres qui seront contents d'avoir de l'embauche. Ça fera pas du mal au village.

— Et nous pourrons nous laver au moins, appuie Bertin, c'est pas trop tôt ! Nous aurons plus besoin de tirer l'eau au puits tous les jours.

— Moi, je voudrais bien une salle de bains ! ose lancer Florina.

— Tu es pas fadade, non ? réplique Élysée. Une salle de bains ? Tu as la folie des grandeurs !

Il repousse sa chaise et s'étire de tout son gros corps, sur ses courtes jambes. Dans les plis de son gilet de chasse en tricot qu'il ne quitte que la nuit, des miettes de pain restent prises. Vincente, au passage, l'époussette. Alors, il s'approche de Florina :

— Ah, à nous deux ! Qu'est-ce que tu vas manger pour ton dîner ?

— J'ai une cervelle au beurre.

— Je te mets le couvert, dit Vincente.

— Bon. Et pour ton dessert, qu'est-ce que tu as pour ton dessert ?

— Je sais pas, j'ai rien.

Elle rit à Bertin qui rit à Vincente. Tout le monde connaît la comédie, mais ça fait plaisir à Élysée.

Celui-là s'arrête de se nettoyer les dents avec une allumette et se penche vers sa sœur. Il attend.

— Approche-toi, dit-elle, je veux t'embrasser.

— M'embrasser ? Pourquoi ?

— Pour rien.

— Té, je croyais que je piquais ? Je croyais que je mouillais ?

— Viens, viens que je t'embrasse !

Elle lui passe un bras autour du cou. De l'autre main, elle cherche dans la poche droite du pantalon. Il fait semblant de se défendre. Elle enfonce les doigts, elle tire un petit sac de papier transparent.

— C'est pour moi, ça ? demande-t-elle avec un sourire séducteur.

— Voleuse ! crie Élysée.

— Des chocolats ? Quelle veine !

Puis elle enfonce encore les doigts, elle amène une poignée de pièces, un billet.

— Ô, mais tu es trop gourmande ! gronde Élysée.

Il lui ouvre la main de force en riant et lui enlève des pièces. S'il ne lui en reste pas assez, elle prend un air si malheureux que son frère lui dit :

— Allez, va, garde tout ! Fais pas cette tête.

Alors elle l'embrasse encore sur sa joue rouge, hérissée de poils et tout le monde rit.

— Ah, qué dégourdie celle-là ! dit Élysée. Le mal lui enlève pas la malice. Elle est comme les curés et les putes. Elle s'est trouvé le moyen de gagner les sous sans rien faire !

III

Le lendemain matin, à Sainte-Trinide, ceux qui ne sont pas dans leurs lits à six heures, et il n'y a guère que les enfants, les vieux et les paresseux pour y rester, sont aux fenêtres ou devant les portes quand arrivent les trois camions de la Sanat. Le premier est conduit par le chef d'équipe, Milan di Castaldo. A côté de lui, sur le siège, deux femmes sont serrées : Zelmira Cognata et sa sœur Inès qui s'occupent de la cantine. Dans la benne, derrière eux, s'entassent les outils et sur le rebord, les ouvriers, Delmonico, Tosella, Aldo, Catafalco et Genovesi, se sont perchés. Le second camion ne transporte que des matériaux. Humberto Allioni le mène, avec Genio, le petit mari de Zelmira, assis près de lui. Attilio Donata, qui est tout jeune, mais très capable, est le chauffeur du troisième camion dont la caisse est tout entière emplie par la machine à faire le ciment.

Le premier véhicule s'arrête sur la place de Varrage. Le cintre de pierre qui a donné son nom à la rue du Portail, la resserre dès son entrée et rend la circulation difficile. Les fils Revest ont juré bien des fois contre cette étroitesse qui les force à n'employer qu'une camionnette, quand un camion trois tonnes serait nécessaire. Élysée grogne qu'il faudra arriver à ouvrir un entrepôt-garage sur la place « ou alors qu'on la démolisse, leur sacrée porte qui date des Sarrasins » !

Milan saute le premier à terre, Zelmira s'appuie sur les bras qu'il lui tend. Inès dit :

— Merci, je peux toute seule.

— C'est haut, dit Milan.

— Ça fait rien, je peux, dit la jeune fille.

Elle a seize ans et le profil sage des vierges de son pays. Des yeux pleins d'une pureté vide, des cheveux clairs comme ses yeux et bien arrangés en deux tresses épinglées autour de sa tête.

Zelmira montre un aspect de terrain détruit à coups de mines. Le front plat, l'herbe sèche des cheveux, le nez en rocher, les yeux blancs avec un peu de bleu pâle au milieu, le pauvre sourire mendiant d'une bouche qui veut plaire, une voix de mauvaise fée.

A terre, elle serre un châle de laine autour de ses épaules maigres.

— Y fait pas chaud, dit-elle en regardant Milan qui regarde arriver les deux autres camions.

Milan porte le remous des passions dans le creux de ses joues, comme un tourbillon de rivière. Son visage est tendu en avant pour respirer la vie : narines ouvertes, bouche sinueuse, le double pli que l'amertume a tracé, de l'angle du nez à l'angle de la lèvre et cette sorte de désespoir tragique qu'il remâche, sous la dureté de ses méplats.

— S'y avait quelqu'un ? pensa-t-il à voix haute.

Il voit trois hommes qui sont là, mains aux poches, dans le recoin de la place, sans oser parler. Il crie :

— Hé vous autres ? On peut pas entrer plus loin ?

Un noiraud s'avance, avec un large sourire qui découvre des gencives rouges :

— *La via non e larga assai. Non si puô andare più lontano.*

— *Grazie,* dit Milan. Mais tu peux parler français. Alors

la rue est pas assez large ? Tu es italien ? Comment tu t'appelles ?

— Delmazzo Verdata. Je suis de Torino.

— Hé ben, je t'embauche si ça te plaît. Et tes collègues, y veulent travailler ?

— Oui, nous sommes venus vous attendre ici, nous savions que vous pourriez pas entrer.

— Qui c'est, eux ?

— Lui, c'est Piston et lui Gardarein, des Français.

Les deux hommes se sont approchés.

— Qu'est-ce que vous êtes ?

— Manœuvres.

— Bon. Y a point de plombier ?

— Oui, y a Raimondi, y a Joubert. Y chôment eux aussi.

— Vous me les amènerez. Ça me suffira pour le moment. Alors y faut que nous nous arrêtions ici ?

Les deux autres camions sont arrivés à leur tour.

— Votre troisième entrera peut-être, il est plus petit, dit Piston.

— Vous pouvez descendre, dit Milan aux ouvriers. Nous allons voir. Si Attilio peut passer, nous lui mettrons les premiers outils nécessaires. La machine à ciment, nous la laisserons ici. Y a pas un abri, quelque chose ?

— Y a la remise du cafetier, s'y veut te la prêter, dit Piston.

— J'irai lui demander. Un bistrot, on trouvera bien le moyen d'être collègues ? Allez décharger Attilio, vous autres. Moi, je vais mener. Nous verrons si ça peut aller. Si oui, je recule et vous rechargez avec les pics, les pelles et la perceuse.

Quand le travail est fait :

— Ça passe ? crie Milan qui a pris le volant d'Attilio.

— Juste ! juste ! crient les ouvriers. Va doucement, nom de Dieu, ou tu emportes tout !

— Humberto ! appelle Milan. Regarde un peu, toi.

Le chauffeur du deuxième camion s'accroupit contre la

porte et surveille les deux dernières roues, dont les pneus rasent la pierre.

— Tu passes, tu passes, il crie, vas-y !

Humberto Allioni, l'homme de confiance de Milan, son ami : pas très grand, trapu, avec des épaules qui remontent. Les sourcils et les yeux en traits nettement horizontaux, faisant triangle avec le nez solide, les pommettes hautes, la bouche fraîche, le menton osseux, la barbe nouvelle et folle, les cheveux drus, frisés en copeaux de charpentier.

— Seulement, dit Gardarein, colosse vieillissant, barbu de gris que la malice du village a baptisé « Donne-tout » à cause de son avarice, seulement, quand même, ton camion, tu pourras pas l'arrêter dans le courant de la rue du Portail. C'est trop esquiché ! Tu boucherais. Y faudra que tu ailles jusqu'à la place de Salernes qui est à la fin et que tu restes là.

— Et le maire ? crie Milan, qu'est-ce qu'y fout ? Y pourrait pas être là pour s'occuper un peu des travaux ?

— C'est monsieur Barge, le maire, dit Piston. De ces heures-ci il est encore couché, il a la sciatique.

— Ça commence bien, dit Milan. Enfin, allons-y. Vous autres, rechargez. Humberto, viens avec moi que nous nous rendions compte.

Le camion s'enfile doucement dans la rue du Portail. Le seul dégât, c'est une corbeille contenant des salades qui, laissée à côté de la fontaine, s'écrase entre le trottoir et la roue. Une vieille sort de chez elle, levant les bras au ciel. Ses mèches blanches s'échappent d'un fichu noir. Elle roule de gros yeux furieux et vomit des imprécations.

— Hé ben, si elles sont toutes sur ce modèle, je repars tout de suite ! dit Humberto en riant.

— Tiens, une belle maison, remarque Milan devant l'entrepôt Revest. Et une belle femme. Y aurait que celle-là que ça vaudrait la peine.

Du bout de ses doigts, il envoie un baiser. Seule à avoir

vu le geste, Vincente, debout contre un sac de pommes de terre, baisse la tête sous ce regard audacieux.

— Où y croit aller comme ça? dit Bertin, méprisant.

— S'y avait eu la camionnette arrêtée, y pouvait même pas passer. Ça va qu'aujourd'hui on livre pas, remarque Élysée. Cette rue, elle peut pas servir !

— Dis, Bertin, puisque vous ne sortez pas, demande Vincente, tu veux pas me mener à l'Allégrerie ?

— Tu te crois qu'on a du temps à perdre? grogne Élysée.

— Je voudrais aller prendre des iris pour Florina. Y doivent commencer de fleurir. Elle serait si contente!

— Ça va bien, allez-y, mais alors revenez vite. Cet après-midi il arrive de la paille. Y aura à faire. Surtout qu'après, quand tout le devant de la porte sera massacré par leurs tranchées, ça va être commode pour travailler ! Si jamais y pleut, ça fera une belle cochonnerie.

— Que veux-tu, dit Bertin, y faut bien les endurer, ces travaux. Avoue que pour avoir de l'eau au robinet, ça vaut la peine ?

— Ô, s'y avait que moi ! grogne Élysée. Moi, tant bien je me lave à la pile du puits.

— C'est vrai que comme ça t'arrive guère..., dit Bertin.

Élysée se met en colère :

— Tu crois que j'ai le temps, moi ? Tu crois que je passe ma journée à me rincer la gueule et les pieds et tout, comme vous autres, que vous pensez qu'à ça ?

— Ô dis, fous-nous la paix ! dit Bertin d'une voix paisible. Nous travaillons autant que toi, nous faisons moins d'embarras, voilà tout, et nous aimons se tenir propre, pas vrai, belle-sœur ?

Quelquefois, il appelle Vincente « belle-sœur », comme ça, pour s'amuser. Et tandis qu'Élysée se détourne en grommelant de vilains mots, ils rient tous les deux parce qu'ils sont jeunes et que le petit matin de printemps qui commence a l'air d'être fait exprès pour le plaisir du monde.

Florina dort encore, sur son divan qui occupe le coin entre la fenêtre et le buffet. Vincente pense à la belle surprise qu'elle aura, quand elle trouvera, à côté d'elle, la touffe d'iris encore argentée de rosée. Elle jette vite son gros manteau sur ses épaules :

— Tu y es ? dit-elle à Bertin.

Il a sorti la camionnette du garage et il attend. Ils partent. A la place de Salernes, ils voient le camion de la Sanat qui est passé tout à l'heure devant le magasin. Des hommes déchargent les outils.

— Ils vont commencer, dit Bertin.

Sitôt après la place, c'est la campagne. On tourne à angle droit, sous de gros platanes ombrageant des bornes en pierre lisse, brillantes comme de l'eau. De ce côté, le village descend en dégringolade de vieux toits en tuiles romaines jusqu'à la route et grimpe jusqu'aux Aires, contre la colline. La route, ensuite, monte rapidement par le dessus des plateaux immenses, balayés par les vents. On voit la masse des hautes maisons grises de la Gibouse, surmontée par ce clocher où la cloche a l'air d'être en cage, dans une dentelle de fer forgé. Un rutilant lever de soleil, tout en rouge clair de flamme vive et violet-pourpre, tient le fond de l'horizon. Là-bas, du côté de Draguignan, semble flamber un énorme brasier qui s'effiloche en bandes roses jusqu'au bout du ciel, qui s'étend, qui se rallume, qui éclate.

— C'est beau, dit Vincente.

Trois collines, en s'abaissant, font un creux. On dirait qu'elles se sont affaissées sous le poids de quelque chose et là où, jadis, il devait y avoir un petit lac bleu, il y a un petit lac vert, rond, plein d'herbe luisante au lieu d'être plein d'eau, et c'est un champ de blé. Drues, serrées, les tiges laissent à peine entrevoir, entre elles, la peau de la terre qui est de la couleur d'une peau d'homme cuite au soleil. De temps en temps, grosse comme un poing, rouge comme un caillot où se serait figé le sang de la terre, une tulipe se dresse au-dessus du lac de blé vert.

Vincente les aperçoit trop tard, l'auto l'emporte.

— Ô, des tulipans ! dit-elle. De retour tu m'arrêteras, j'irai en cueillir.

L'Allégrerie est sur le penchant d'une nouvelle colline, après qu'on a passé la désolation de Terrargeïras, ce vaste plateau d'herbes brûlées, champs d'oliviers abandonnés, avec des plaques blanches de maladie sur leurs troncs, bois de chênes secs et sous eux, ces lits de feuilles mortes, ondulant sur place en petites vagues argentées comme la mer et surtout, partout, les buissons de ce genêt épineux, de cet argeïras fleuri d'or en juin et qui a donné son nom à la terre.

L'Allégrerie est une vieille maison que la famille a héritée du côté de Mame. C'était la propriété du père Granier qui s'est entêté à vouloir en tirer un rapport quelconque, mais qui est mort sans y être arrivé. Sitôt qu'on s'arrête trois jours d'arracher le chiendent, de brûler sur place les souches de romarins, grosses comme des arbres, et celles des argeïras qui se ressèment les uns les autres, on est envahi jusqu'aux murs même de l'habitation. Les Revest y ont renoncé. Ils préfèrent leur petit domaine de Soleilhas qui est de l'autre côté, vers Salernes et qui, celui-là, produit de la vigne et des légumes.

Mais les femmes sont drôles. « Je sais pas ce que vous avez, Florina et toi, de tant aimer votre Allégrerie, dit Élysée à Vincente, qu'il y pousse que des pierres et des épines ? » Ce n'est pas vrai. Il y pousse aussi toutes sortes de fleurs qu'on arrache impitoyablement à Soleilhas. Des glaïeuls sauvages, des orchis mordorés, des pâquerettes et de ces grosses touffes d'iris qu'elle vient y cueillir aujourd'hui.

Ils ne sont pas aussi avancés qu'elle l'aurait cru. Elle le voit tout de suite en descendant de l'auto. Dans un creux, entre les étais de soutènement des vieilles pierres toutes mangées de lichens, elle en trouve un plant, où les boutons, bien enveloppés dans leur fin papier de soie blonde, laissent dépasser une pointe violette. Elle appelle Bertin qui est entré dans la maison chercher ses sandales de toile, oubliées l'an dernier. Comme il ne l'entend pas, elle reste sur le seuil de la grande cuisine noire par ses volets clos. Derrière elle, il y a la clarté du soleil levant. Bertin, qu'elle n'avait pas vu, est dans l'ombre. Il a une voix qui s'étrangle :

— Dis, tu ferais bien de pas te mettre des robes transparentes comme ça, hé ? Tu te rends pas compte qu'on te voit toute ?

Surprise, elle veut faire un pas en arrière, mais le bras jeté de son beau-frère a déjà encerclé sa taille. Elle sent, contre sa figure, ce frais visage à belle bouche. Elle se débat avec un rire nerveux :

— Tu es fou, Bertin ! Mais qu'est-ce qu'y te prend ?

— Tu veux pas me faire une caresse ? Dis, rien qu'une caresse. Tu es belle, tu sais, Vincente !

Elle s'arrache des bras qui la serraient, elle se laisse glisser à terre, elle court dans les herbes, devant elle. Son cœur tape dans sa poitrine qu'elle tient à deux mains. Elle essaie de calmer le trouble qui l'agite : « Ça par exemple ! Ces jeunes, ils ont point de respect. La veuve de son frère, vous croyez que ça le gêne, celui-là ? » Elle a envie de rire. Elle songe qu'il est joli et propre et doux, ce Bertin. Dommage que ce soit son beau-frère. Songeuse, elle revient vers la maison et elle le voit qui se tient, tout penaud, appuyé au mur :

— Allez, prends le lichet. Ça t'a passé ton ramadan, oui ?

— Y a longtemps que tu me plais, tu le sais bien, répond-il d'un air boudeur.

— Oui, ben moi, tu me plais pas et je te prie de te tenir tranquille. Autrement, je le dis à Lysée.

Elle parle d'une voix dure. Elle a besoin de toute son énergie pour résister, non pas tant à lui qu'à elle-même. Hier Raimondi, aujourd'hui Bertin, demain quel autre ? Elle se sent faillible jusque dans le plus secret de sa chair. Trente-cinq ans, c'est peut-être trop jeune pour rester seule ? Pourtant, ce n'est pas ce qu'elle faisait avec François qui lui donnerait envie de recommencer, oh non, ce n'était pas assez agréable ! Mais justement, elle s'imagine... Mon Dieu qu'on est bête ! Comme si tous les hommes n'étaient pas les mêmes ? « Marie, viret-i ! » comme dit la vieille Mame, ce qui veut expliquer que les hommes, ils vous demandent leur plaisir et c'est tout. Après eux ils s'en fichent. Ah ! pensons aux iris.

— Alors, tu y es ? dit-elle, sinon nous restons là jusqu'a *vitam eternam*. Prends le lichet, moi je vais chercher une caisse dans la remise, j'ai trouvé une belle plante.

Bertin s'arrache à son rêve. Il étire son mince corps d'adolescent en serrant ses poings au bout des muscles durs de ses bras. Puis il se détend et se replie sur lui-même d'un coup : « Tant pis, se dit-il, il faudra que je revois un peu Pépé. »

Il revient vers sa belle-sœur qu'il n'ose pas bien regarder en face. Il enfonce la lame tout droit dans la terre, encore humide des pluies de l'hiver.

— Soulève à présent, dit Vincente, je crois que tu l'auras.

— Non, y faut encore un coup de l'autre côté, dit Bertin.

Après plusieurs pesées, la plante bouge. Les mille racines tiennent la motte prisonnière.

— Mets-la doucement dans la caisse, sur le lit de graviers du fond. Ô, elle est bien belle ! dit Vincente.

Avec les deux mains, Bertin fait couler doucement la terre fine par-dessus les gros rhizomes noueux et la tasse patiemment. Il sent qu'il a à se faire pardonner.

— Ça va comme ça ? demande-t-il.

— Très bien, dit Vincente. Je vais l'arroser pour qu'elle lui arrive bien fraîche.

Maintenant, Bertin est un peu inquiet :

— Tu diras rien à Lysée, quand même ?

— Tu le mériterais, va !

— Ô, c'est des bêtises. Qu'est-ce que tu veux ? Y fait si beau temps ! Et c'est vrai que tu es beaucoup excitante.

— Tu vas pas recommencer, non ?

— Non. Écoute : Lysée, tu l'épouseras ?

— Mais j'en sais rien, moi ! De quoi tu vas me parler ?

— Hier, un client m'a demandé : « Alors, maintenant, ta belle-sœur, elle va épouser ton autre frère ? »

— Qu'est-ce que tu as dit ?

— J'ai dit : « J'en sais rien. »

— Hé ben, tu as bien fait. Allez, aide-moi à mettre la caisse sur la voiture. Si je m'écoutais, je resterais encore un peu ici, moi. Je m'y plais dans cette Allégrerie. Quand y fera plus beau, j'y viendrai à pied un jour.

— Si nous rentrions par Boscodon ? propose Bertin. Ça retarde pas et la route est meilleure.

— Oui, et puis en passant près des Grangettes, peut-être que nous verrons Raphaëlle ? remarque Vincente avec malice.

— Ô toi ! dit Bertin.

— Avec ça que tu y as pas pensé ? Allez, je veux bien. Elle est gentille cette petite, seulement tu as l'air bien coureur !

— Tu sais, y a rien entre nous.

— Je sais, mais enfin, tu lui plais et elle te plaît.

Ils partent, laissant la route de Tourtour, puis celle de Lorgues, à gauche, pour prendre celle de Sainte-Trinide, entre des vignobles secs, aux piquets pointant vers le ciel. La colline, bien cultivée ici, est faite d'oliviers à troncs rugueux, formant des cannelures comme de plusieurs troncs soudés ensemble et conduits assez haut. A leur sommet, les frondaisons, taillées de près, en ligne horizontale, laissent peu de branches et encore moins de feuillage. « Les olives se cueillent pas aux feuilles », disent les paysans du haut Var.

On arrive vite en vue de Boscodon, échelonné au flanc d'une roche qui se dresse toute seule en éperon, au bout de la chaîne montagneuse des Escaffarels. Gris sur gris, à peine le hameau se distingue de ce fond où il agrippe ses trente toits, dont vingt sont écroulés. En face de lui, une autre roche surgit, triangulaire, c'est « La tête de chat ». Un autre hameau s'est perché à son faîte, celui de « l'Aumône », sous une chapelle qui couronne ses maisons pressées contre la pierre et se détache sur les grosses montagnes bleu-noir de l'Estérel. Ainsi, postés l'un devant l'autre depuis des siècles, les deux hameaux se sont gardés mutuellement et ont gardé la vallée contre l'envahisseur sarrasin.

La pente de leurs coteaux est faite de beaux chênes aux branches épaisses, peuplées d'éclairs blancs et noirs d'agaces ; de romarins énormes, d'épine-blanche en fleur, entre des murettes écroulées. En bas, près de la route, la terre féconde est couverte de luzernières, de mûriers, de vignes, de blé vert ; elle est rouge, cette terre, elle est farcie de bauxite, c'est elle qui fournit d'argile les briqueteries de Salernes.

Ensuite, on passe par « Bergerie-vieille » où il y a le château de la marquise d'Estellane, trois rangées sur une pièce d'eau. Quatre grosses tours soutiennent la terrasse ombragée par des pins, tous poussés du même côté et lissés par le vent. Un énorme chêne-liège est mort debout, étouffé par son écorce durcie et le lierre insolent l'enserre. L'église est en contrebas avec son porche aux trois ouvertures cintrées. Le cimetière, enfermé dans des murs, s'appuie contre la chapelle dont la porte neuve est peinte en marron brillant, tandis qu'à terre la vieille porte de chêne véreux est abandonnée.

— Voilà les Grangettes, dit Vincente, tu t'arrêtes pas ?

Sur le seuil d'une maison de ferme, plantée seule au bord de la route, une jeune fille a déjà reconnu la camionnette.

— Té, lance-t-elle d'un air indifférent, c'est vous ?

Elle est devenue toute rouge, ne regardant que Vincente :

— Et Florina, comment est-elle ?

— Nous venons de lui chercher une plante d'iris à l'Allégrerie, dit Vincente.

— Ah oui ? Justement, j'allais descendre.

— Eh ben, viens avec nous, dit Bertin.

Il se tient bien droit, bombant sa poitrine sous son petit tricot blanc.

— Allez, monte alors qu'on est pressé, dit Vincente, mets-toi devant avec mon beau-frère, moi je m'assiérai derrière. Je garderai ma plante.

La mère Bourges les regarde partir en souriant. Elle pense que ce Bertin Revest, ce serait un bon parti de mariage pour Raphaëlle, mais savoir au juste ce qu'il a dans l'idée ? Y faudrait pas qu'y se trompe sur la petite et qu'y fasse le pantaïaïre, sinon y trouverait à qui parler.

IV

L'après-midi du même jour, Angéline Raimondi va laver aux Aires. Ces Aires, c'est une grande place portée sur le dessus de Sainte-Trinide. Au centre, il y a trois immenses ronds faits d'un ancien carrelage rouge ; au milieu, dans un trou de terre, on plantait solidement un piquet, on y attachait le cheval qui traînait le gros rouleau à écraser les gerbes et faire jaillir le grain des épis.

Tout ça maintenant ne sert plus. La moissonneuse-batteuse fait le travail toute seule en dix fois moins de temps. Les Aires sont restées, depuis des années, nettoyées de toute trace de paille ou de grain, par le vent qui trouve là un grand terrain de jeux : les petits y poussent du pied la pierre plate de la marelle, les femmes y étendent leurs lessives, les vieux, assis sur les murettes, prennent le soleil d'hiver. Un peu en retrait, à l'abri d'un rempart qui est tout ce qui reste d'une poterne sarrasine, deux grands bassins de grès brillant forment le lavoir communal.

Les enfants d'Angéline l'ont aidée à porter le linge. François, qui n'est pas trop bien et qu'elle va renvoyer vite à la maison, a poussé avec elle la brouette où sont la lessiveuse et les draps; Marie-Louise s'est chargée du ballot des torchons, Henri, des petites pièces. Il y a beaucoup de tout aujourd'hui, avec le paquet de madame Barge qui est toujours gros et ces serviettes, ces tabliers pleins de sang de la boucherie Mounine. « Y faudrait dire Vayssade, pense Angéline, mais on a tellement pris l'habitude, que c'est comme pour Gardarein, à qui on a mis « Donne-tout » et ce manœuvre qu'on appelle « Mita de Gâou », tout le monde oublie les vrais noms du livret de famille. Ce sont des habitudes de village. Raimondi est bien fier qu'on l'ait surnommé « Pacha ». C'est sûrement pas moi qu'on aura l'idée de baptiser comme ça ! Parce que les pachas, soi-disant, ça se radasse, tandis que moi, pauvre, à cinq heures, je suis debout tous les jours, par tous les temps. »

Elle en trouve quand même une autre qui est toujours première aux bassins, qui ne les quitte pas. Dans un recoin de la haute muraille historique, elle s'est installée un logement avec des tôles rouillées où l'on voit encore les lettres d'une publicité de luxe. Et ce sont deux dandys marchant l'un derrière l'autre, vêtus d'impeccables smokings, de chemises glacées, de gibus rutilants, de souliers vernis et de gants gris perle. Avec des fusils fantaisistes, ils mettent en joue le caprice coûteux du lendemain, sous la publicité, en capitales : « Toujours à l'affût de la mode. » Jésus-Maria Bonnesœur habite là. Cette grande enseigne est sa porte qu'un fil de fer, faisant charnière, fixe de par le haut à un restant de poutre. En bas, une pierre sert de fermeture. Il y a une fenêtre, trou carré barreté de fer, par où s'engouffre le vent qui roule depuis les plateaux de Terrargeïras. Pour la boucher, aux jours de tempête, Bonnesœur y accroche un tableau ramassé dans le désordre d'un déménagement, un chromo représentant deux gros évêques en ribote, dont l'un lève une coupe de champagne tandis que l'autre tient sur ses genoux une grasse fille à l'air canaille, toute dépoitraillée. Dans l'angle opposé à la fenêtre, le lit est une sorte de paillasse faite de cent lambeaux d'étoffe, serrés d'une grossière toile bleue. Une couverture de cheval, marron, avec de grands trous fermés par des épingles anglaises, une peau de mouton non tannée, le protègent du froid. Une fois, il a reçu un drap, un seul, mais rongé par le chlore, tout de suite il n'a plus été que franges. Au-dessus de cette couche de hardes sales, contre le mur, il y a un crucifix de bois, devant lequel la naine prie chaque jour.

Jésus-Maria Bonnesœur a quatre-vingts centimètres de haut. Ses grands pieds marchent en pingouin des deux côtés de son corps, ses jambes sont des boules noueuses, mais solides ; ses reins sont larges et sur son ventre gras, s'étale la chute des vastes seins écroulés. Les bras et le cou sont deux boules de nœuds comme les jambes ; la tête est une sorte de déformation monstrueuse à laquelle on ne comprend rien. On dirait qu'un bourreau, ivre d'alcool et de haine, a modelé, pour son sadique plaisir, cette matière molle. Il a appuyé son pouce sur le nez et le nez est rentré dans le visage, laissant seulement dépasser une petite excroissance, grosse comme une noisette. En enfonçant le nez, il a fait jaillir les yeux, blancs ronds, tournés en billes. Surgissant des paupières sanguinolentes qu'ils paraissent déchirer, ils regardent le monde avec une attention sévère. Au-dessus d'eux, l'arcade sourcilière se creuse en un parfait arc de cercle bordé de quatre poils hérissés. Entre elles et les cheveux, le front est resserré dans sa hauteur et creusé de profondes rides régulières comme un front de singe. Mais il s'évade par les côtés, se gonfle en bosses surmontant les tempes et semble faire le tour de la tête, tant il étire loin sa nudité osseuse. Les cheveux n'existent pour ainsi dire pas. Ils sont peut-être mille en tout, fils rêches, gris et bruns mêlés qui se resserrent dans une ficelle de chiffon tortillée sur le crâne.

Après les yeux, c'est la bouche qui tient le plus de place dans le visage tourmenté. Ce n'est pourtant qu'une demi-bouche. La lèvre supérieure a été enfoncée par le nez. L'inférieure, épaisse et vineuse, ne joignant pas celle d'en haut, laisse glisser d'elle la salive, au long d'une langue quelquefois pendante. Et le menton fuyant est avalé par le cou.

Les religieuses du couvent de Salernes, celles qui ont de grandes ailes blanches et noires comme des hirondelles, ramassèrent un matin, sous leur porche, ce paquet de chair abandonnée, dans lequel elles reconnurent un enfant. Un enfant ? Une enfant ? Personne ne put s'y retrouver. Pourtant, d'après certains signes, on décida de lui donner un nom masculin, on l'appela « Jésus ». Quand ces signes, comme son nez et sa bouche, semblèrent s'enfoncer en eux-mêmes, on l'appela : « Maria ». Ce fut une fille qui resta naine : « Jésus-Maria ». Bonnesœur, d'après celles qui l'avaient recueillie, devint son nom de famille.

Plus tard, les religieuses, dispersées par la loi, la placèrent domestique dans une ferme. Mal traitée, elle s'échappa. Le hasard de la route l'ayant conduite à Sainte-Trinide, elle y resta, se créant son bizarre logis sur les Aires. Elle vivait comme une autre, parlant, riant, chantant des mélanges de cantiques et de chansons obscènes. Elle arrivait à gagner sa vie en aidant les laveuses à étendre leurs draps, à trimbaler les arrosoirs d'eau chaude, à brosser la crasse savonneuse des bassins.

Elle aimait assez Angéline qui la faisait travailler, lui donnant, en échange, un toupin de soupe bien faite et ne se moquant pas de sa difformité.

— Ça me réchauffe la dedans, disait-elle avec un sourire de gratitude, appréciant la bonne soupe et les bonnes paroles.

Cet après-midi, elle ne se dérange pas en voyant le groupe :

— Qu'est-ce que tu fais, Bonnesœur ? demande Angéline.

La naine lève son front congestionné :

— Je tricote. On m'a donné des bouts de laine, je me fais une couverture pour l'hiver.

A ses pieds, trois pelotes grosses comme le poing mettent des taches vertes et rouges.

— C'est tout ce que tu as ? Tu feras pas fortune.

— La Vayssadine m'en a promis d'autres et la Reveste aussi.

— Laquelle Revest ? La vieille ou la jeune ?

— La vieille ? Qu'elle vous donnerait pas un petit de ses poux ? Non, la jeune, ton amie.

— Elle est venue ici ? Tu l'as vue ?

— Je me suis trouvée devant l'arrêt de la camionnette qui la descendait de la campagne. Elle avait une plante. Elle viendra te voir.

— Ah oui, quand ?

— Je ne sais pas. J'y ai dit que tu serais au lavoir après-midi.

— Bon, dit Angéline. Tu m'aides à tremper ? Mon aîné a pris froid, j'aime autant qu'y se retourne. Hé ! François, tu rentres, tu te couches. Ton père est dehors, tu seras tranquille.

— Voui, man.

— Allez, va ! Et vous autres, amusez-vous un peu sages, puis ça sera l'heure de l'école.

François, pâle et triste, retourne mollement vers la maison. Marie-Louise, brunette toute vive, tripote déjà l'eau jaillissante ; Henri, au bon visage de bébé, s'assied dans le mouillé pour enlever ses sandalettes et marcher dans le ruisseau. Deux tapes, le voilà debout et hurlant. Angéline gronde tout à la fois :

— Par terre, le derrière dans la boue ! Et toi, les mains dans l'eau ! Après vous vous étonnez de les avoir malades ! Elles pourraient pas nettoyer, non, celles qui quittent les bassins ? Regarde-moi ça ? Riri, tu as fini de crier, oui ?

— Je vais t'aider, dit Bonnesœur.

Elle pique ses aiguilles dans les pelotes en rêvant son ambition :

— Y faut que j'arrive à avoir deux mètres sur deux mètres, c'est la mesure.

Elle prend la grosse brosse dans sa main tordue et le chiendent racle la pierre visqueuse des lavoirs. Lorsque tout est propre, Angéline jette dans l'eau claire les draps, les serviettes, toutes les grandes pièces et les fait s'imbiber à coups de plat de battoir.

— Tu m'allumes le feu ? demande-t-elle.

Bonnesœur tire du fond de la brouette du papier, du petit bois et quatre morceaux qu'Angéline a apportés. Elle installe ça, sous un trépied de fer qui est à tout le monde, comme le chaudron noirci où elle verse l'eau.

— Mets-y une poignée de cristaux et une de poudre Flore, parce que les tabliers de Mounine, y faut les laisser tremper. Des fois y a des caillots collés, des fois y a des bouts d'os.

Le feu prend et flambe. Les deux femmes travaillent.

Sur sa jupe mince, Angéline a attaché un tablier de toile bise et par-dessus un sac en double qu'une ficelle retient à la taille. Ses mollets nerveux et nus paraissent minuscules sortant des vieux souliers d'homme qu'elle met pour patauger autour du lavoir. Petite, maigre, elle ne tient pas beaucoup de place dans le monde. Elle pense que, comme d'autres, elle avait commencé la vie d'une manière normale qui aurait pu durer. Un jour, il est venu quelque chose qui a tout démoli. Oui, c'est comme ça. Son père était entrepreneur-maçon à Salernes, à côté du magasin d'herboristerie de la grand-mère Falconnet. Petit entrepreneur, mais qui faisait vivre sa famille. Dès l'école, Vincente et elle avaient été de grandes amies et ça s'était maintenu. Vers ses dix-huit ans, alors qu'elle était si jolie avec son teint de fruit, sa bouche à lèvres fraîches, ses cheveux en boucles rondes et ce rire qui lui partait toujours d'entre les dents, à ce moment elle avait rencontré Raimondi, un plombier veuf qui semblait être sérieux et se tenir à son travail. Grand, gros, bien habillé, solide, il parlait avec certitude et abondance : « Mon magasin, vous comprenez... »

— Son magasin, tu comprends, disait alors Angéline à son amie, son magasin demande quelqu'un pour le tenir. On va le repeindre tout de neuf. Tu l'as vu s'il est bien placé ? Et au lieu que ça soye sa mère qui s'y tienne, qu'elle fait partir les clients, tu comprends, ce sera moi. Ça me plaît à moi, le commerce. Tu vois beaucoup de gens, tu parles, on te raconte toutes les nouvelles et puis tu es tranquille ; dans ta caisse tu as toujours des sous et dessus je mettrai une plante verte.

Ce magasin, il est resté six mois ouvert, puis il a fallu inscrire sur le volet : « Fermé pour cause de liquidation. » Raimondi s'est remis à faire l'ouvrier plombier comme dans sa jeunesse. Pépé, la fille qui lui restait de son premier mariage, s'est placée à Draguignan comme bonne. A Angéline, si petite, si fragile, il est venu un garçon tout de suite, puis une fille, puis encore un garçon. « Moins y a d'argent, dit le proverbe, plus y a d'enfants. » Vincente, à cette époque, s'est mariée avec François Revest, elle est venue habiter Sainte-Trinide. Là, elle a fait l'impossible pour trouver une place à Raimondi et elle lui a loué bon marché cette maison de la rue des Aires qui est à elle de l'héritage de Falconnet. Seulement, au lieu de travailler, Raimondi passe ses journées à se balader, mains aux poches, ou à courir après une fille ou à jouer aux boules. Parfois, il va pêcher dans l'Albenc, la rivière qui se coule dans un étroit vallon, au pied du pays. De là, s'il rapporte un gros poisson comme son pouce, on dirait qu'il a nourri la maison entière pour huit jours et il s'autorise à se reposer le lendemain. Quand il glisse à son épaule la bricole de sa boîte à soudures, il paraît accablé sous tout le malheur du monde. Le dos courbé, la mine grise, il s'en va piteusement et ne reprend son énergie qu'en reposant sa charge contre la table du premier bistrot qu'il rencontre. Là, il redevient fort et gai pour se frotter les mains, après avoir craché dedans une salive imbibée d'absinthe, et jette plus habilement que tous les autres les dés du zanzi sur le comptoir.

Angéline et Vincente ont été heureuses de se retrouver à Sainte-Trinide. Dans cette maison, que la grand-mère Falconnet habitait jeune fille, les deux amies arrivent à passer quand même quelques moments agréables. François Revest, bon garçon, parrain du premier enfant Raimondi, s'y est toujours intéressé. Poussé par sa femme, la marraine, il faisait souvent un cadeau au petit. Lorsqu'il est mort, sa veuve a continué et même augmenté les gentillesses. Dans un commerce, il y a toujours de l'argent. Vincente Revest est maîtresse comme les autres, car la part de son mari, devenue la sienne, est restée dans l'affaire. Aussi, en plus du plaisir d'amitié, Angéline est toujours joyeuse d'ouvrir la porte à son amie. C'est tout le bonheur qu'elle a, la pauvre. Après, il ne reste que soucis, maladies et fatigues.

La fille aînée de Raimondi, Pépé, ayant quitté ses patrons de Draguignan, s'est placée à Salernes et puis maintenant à Sainte-Trinide, comme lingère. Elle est capable et ça lui plaît mieux. Elle a vingt ans. C'est une fille mince, mais solide comme son père, et bien gentille. Elle a deux amies ici : Raphaëlle Bourges et Florina Revest, la paralysée.

Pendant qu'elle met à tremper, dans l'eau tiédie, les tabliers sanglants qui, tout de suite, baignent dans un lac rose où nagent des fibres de moelle, Angéline pense à ce qu'elle a entendu publier la veille et à ce qu'on lui a répété, que les travaux pour l'installation de l'eau allaient commencer. On le prévoyait depuis longtemps et chaque fois Pacha claironnait d'un air important :

— Parle-moi de ça. Là, au moins, j'aurais du travail que ce serait du travail, non pas quatre soudures que ça rapporte rien !

Aussi, quand elle avait entendu l'annonce, elle avait eu

un espoir, mais le même jour, son mari le lui avait vite enlevé :

— Tu te figures qu'ils attendent après moi pour la plomberie ? Qué bécile ! Y trimbalent leurs hommes avec eux dans leur équipe, tu comprends pas ?

— Va voir toujours !

— Hé qué, va voir ? Qué, voir ? Pour me faire foutre la porte au nez ? Je suis pas mort de faim peut-être pour aller mendier de l'embauche, non ? Toi, l'amour-propre t'étouffe pas !

« L'amour-propre ! pense Angéline, le petit de madame Barge est malade de dysenterie, le mari on y soigne les furoncles avec une pommade grasse, elle-même, cette dame riche, comme toutes les femmes, elle n'est pas exempte de la nature. On sait ce que c'est. Le pus, le sang, les saletés, je lave tout. L'amour-propre ? Et les grandes toiles de Mounine où on roule les moutons morts... Non, moi, l'amour-propre m'étouffe pas. Heureusement. »

Hochant la tête, elle frotte de toute la force de ses maigres poignets, de ses mains qui sont toutes petites, qui auraient ganté des pointures cinq et demi si les gants avaient été pour elle. Entre ses doigts, à leur racine, un petit feston blanc se dépose que laisse la morsure du lessif. Les ongles n'ont plus la force de repousser. Amincis, rongés par le contact continu de l'eau, ils se cassent tout le temps. Oui, ses mains sont devenues pitoyables à force de servir.

Ce n'est pas souvent qu'elle les regarde, il faut qu'elle les trouve devant elle, quand, au hasard du travail, elle les voit passer, mêlées à celles de Bonnesœur qui sont semblables à de gros crabes noirs, tachées d'excroissances et de hachures.

A ce moment où Angéline vient de lever la tête, dérangée par les deux petits qui partent à l'école, elle remarque une femme qui traverse les Aires. C'est une qu'on ne connaît pas. Une grasse, encore, ah oui ! Une belle dans son genre qui porte sur la hanche les attributs des pauvres : le paquet de linge sale, la bouteille de chlore et le savon. En plus de ça, elle est laide, d'une pénible laideur.

Elle s'approche des bassins. Bonnesœur, qui la regarde aussi venir, reste lèvre pendante, à se demander qui elle peut être ? Angéline dit la première :

— Bonjour madame !

— Bonjour mesdames, dit la nouvelle en déposant sur la bordure de pierre sa bassine de fer. On peut laver ?

— Mais bien sûr, dit Angéline, si vous avez pas assez de place, nous allons vous en faire.

— Ô merci, j'ai que du couleur. Quatre chemises d'homme et des chaussettes.

— Si vous voulez un peu d'eau chaude ? offre Angéline.

Bonnesœur écarte sa lèvre violette dans un large sourire d'accueil :

— Voui, voui, y en a, dit-elle.

— Je refuse pas, y fait un vent qui vous gèle les os.

Elle a un drôle d'accent. Elle dit : « Jé réfousé pas. » Avant qu'Angéline réfléchisse plus loin, elle ajoute :

— Je m'appelle Zelmira. Je tiens la cantine de l'équipe Sanat avec ma sœur Inès et mon mari.

— Ah c'est vous ? J'ai entendu parler.

— Y fait pas chaud dans votre pays.

— Y fait pas plus froid qu'ailleurs, mais c'est beaucoup venté.

— Où vous êtes installés ? Vous avez une roulotte ? demanda Angéline.

— Ô non, dit Zelmira. Les travaux durent toujours deux, trois mois au moins. La Société préfère louer. Ici, nous sommes à l'ancienne magnanerie, là, derrière cette grande place que vous appelez les Aires. J'y ai une belle cuisine et de quoi coucher pour nous autres, mon mari et ma sœur, mais tout le premier étage est écroulé, les ouvriers seront forcés de se loger autre part.

— Et où ?

— Ben, en plein été, y se contentent d'un grenier à paille, mais y fait pas encore assez chaud. Y vont chercher chez les particuliers.

Angéline réfléchit :

— Moi j'ai deux chambres, là-haut dans mes combles. Et encore, elles sont pas à moi, le vrai dire, elles sont à mon amie Vincente Revest. Dedans, y a encore des choses de sa grand-mère Falconnet que ça sert à rien. Si elle me permettait d'arranger, je pourrais en prendre deux, de vos hommes. Y paient combien ?

— Cinquante francs pour le mois si c'est convenable.

« Cent francs..., pense Angéline, cent francs qui me tomberaient tous les trente jours ? Ô, y faut que j'en parle à Vincente. »

— Écoutez, je verrai mon amie, y se peut qu'elle veuille, je vous le dirai.

— Entendu, conclut Zelmira, et si vous connaissez d'autres ménages que ça fasse l'affaire, demandez-leur.

En parlant, elle trempe, elle frotte, savonne, rince, tord à gestes vifs, les grosses chemises beiges ou bleues. Sur son cou décharné, un tendon nerveux se dessine et affleure comme sur ses bras secs, nus jusqu'aux coudes.

— Vous devez avoir un beau travail ! dit Angéline.

— Qu'est-ce que vous voulez ? Quand on a épousé des feignants, y faut s'en prendre rien qu'à soi.

« Ah vous aussi ? » a envie de constater Angéline. Mais elle se tait, c'est encore trop tôt, on ne se connaît pas assez.

— Si vous voulez étendre à ma corde ? offre-t-elle.

— Je veux bien, si vous vous en servez pas ?

— Ô moi, j'ai une grosse lessive, j'étends pas avant demain.

— Mais on me le volera pas ? Parce qu'y faut que j'aille ranger la Casa, ma sœur est toute seule.

— Ça risque rien, dit Angéline ; y a toujours Bonne-sœur.

Et elle demande encore :
— Vous avez pas de petits ?
— Non, et vous ?
— Moi oui, trois. Deux qui sont partis à l'école juste comme vous arriviez et un qui est à la maison, un peu enrhumé.
— Et votre marito, il est brave ?
Angéline hésite :
— Oui...
Il est encore un peu trop tôt, n'est-ce pas ? Quand on se connaîtra mieux...
Les chemises sont vivement attachées à la corde par les épingles de bois qui les mettent à côté l'une de l'autre, épaule contre épaule. Il y en a deux qui sont très larges de carrure, avec ça d'un tissu bleu de lin, plus fin que les autres et sur la poche, un grand M, un petit « d » et un grand C sont brodés à la main.
— Çui-là, il est élégant, remarque Angéline.
— C'est le chef d'équipe, tous les trois jours y lui en faut une bien repassée.
— Çui-là, par contre ! dit Angéline en touchant une grosse étoffe jaune-beige délavée.
— Ô, y s'en fout, mais y se tient bien propre et il est brave : c'est Attilio. Alors je vous laisse la surveillance. Et merci.
Là-dessus, Zelmira s'en va. Pendant tout ce bavardage, les toiles et les tabliers de boucherie ont rendu leur sang et le linge de madame Barge a vomi ses souillures sous les frottages d'Angéline. Elle prépare à présent la lessiveuse. Dans le fond, elle étend une grande serpillière usée qui déborde du fer, elle met la poudre, avec un peu d'eau chaude, elle place le champignon. Puis les premiers, les grands draps que Bonnesœur lui a décrassés ; ensuite, les toiles, les tabliers, les torchons, les serviettes, les mouchoirs, les pantalons fins que madame Barge a bordés de dentelle aux fuseaux. Elle rabat bien la serpillière par-

dessus le tout, elle accroche le cercle de fer qui maintiendra le linge. Avec Bonnesœur, elle porte le lourd récipient, noirci de suie, sur le trépied.

— Fais marcher le feu, à présent, mets le gros bois.

Elle verse deux bons arrosoirs d'eau sur le linge.

— Ça y est, dit-elle en poussant un soupir.

D'un large revers de la main, frottant son visage éclaboussé d'eau et mouillé de sueur, elle se mâchure tout le côté avec le noir de la suie.

— Té, tu es jolie ! rit quelqu'un à côté d'elle.

— C'est toi, Vincente ? Je t'avais pas vue arriver !

— Bonnesœur te l'a pas dit, que je viendrais ?

— Si, j'y ai dit, grogne Bonnesœur, accroupie près du foyer.

— Ô Bonnesœur, bonjour ! Je t'ai porté de la laine.

— Vous êtes de parole, madame Reveste.

Elle tend la main, ouvrant de gros yeux d'envie. Elle tutoie Angéline parce qu'elle est pauvre, mais à Vincente elle dit : « Madame ». Et elle dit : « Reveste », parce que c'est son genre d'arranger les noms ainsi : la femme de Raimondi, c'est Raimondine ; celle de Piston, c'est Pistone ; celle de Mounine qui finit en ine, c'est Mouninette. Personne ne fait attention. On sait qu'elle est bizarre.

Vincente lui met, dans le creux de sa robe, une petite veste de laine rose qui a l'air de l'éblouir. Elle ose à peine interroger :

— C'est pour moi ?

— Oui, défais-la et tu auras la laine. C'est un peu mité, mais tu feras des nœuds.

— Ô, elle est trop belle, dit Bonnesœur, je me la garde pour me la mettre.

— Tu es contente, alors ? Hé ben, pour me remercier, fais bouillir la lessive de Raimondine, que j'ai à lui parler et nous, nous irons chez elle. Tu veux ?

— Voui, dit Bonnesœur.

— Tu me la surveilles bien, au moins? s'inquiète Angéline.

— Sois tranquille, va. Je tricote à côté.

Bonnesœur s'installe et les deux autres s'en vont, toutes contentes.

— Juste qu'il est pas là, dit Angéline, nous allons être bien.

— J'ai porté quelques biscuits pour François et un peu de chocolat, nous goûterons tranquilles.

— Tu es toujours brave avec moi.

— Tu es mon amie, c'est naturel, dit Vincente.

Elles se sourient. Les sourires de l'amitié sont bons à voir.

V

Il fait un temps et une chaleur de juillet. Tout d'un coup, le vent est tombé à plat. Des vagues rondes de nuages roulent sur la crête des Escaffarels. Un gros taon roux bourdonne devant la fenêtre. Il monte droit contre la vitre, redescend et remonte, avec une vibration si rapide qu'elle semble immobile.

— Tu pourrais ouvrir, je m'étouffe, dit Florina.

— Y font beaucoup de bruit, dit Mame, et une poussière qui va partout.

— Tant pis, ouvre !

La vieille femme obéit et aussitôt des chocs et des voix entrent dans la pièce. Deux manœuvres s'interpellent sur le chantier :

— Aldo !

— *Merda !*

— *Mangea !*

De gros rires jeunes. Des exclamations :

— *Fa caldo !*

Des mots volant au hasard :

— *La pastachita...*

Le gros taon roux est entré dans la pièce.

— Pardi, il a vu mes iris ! dit Florina.

Elle est assise sur son divan, bien soutenue par trois coussins, habillée d'une blouse qu'elle aime, rouge avec un semis de lunes, petites et grosses, bleues et vertes, entremêlées. Ces couleurs vives sont juste celles qu'il lui faut pour faire ressortir un teint trop blanc qu'elle farde en ocre et des lèvres éclatantes. Ses beaux cheveux lourds se gonflent en nappes molles, des deux côtés de son visage mince. Dans les jours de chaleur moite comme aujourd'hui, ils sont traversés de soulèvements qui les rebroussent sur eux-mêmes, en boucles lustrées.

Vincente entre. Elle embrasse sa belle-sœur et demande :

— Tu es bien ? Tu es jolie comme tout, aujourd'hui.

— Je suis très bien. Cette espèce de douleur que j'avais dans le dos, tu sais ? Elle est partie.

— C'était le vent, comme d'habitude, dit Vincente. Ô qué beau taon roux ! Une bonne nouvelle.

— Il est gourmand de mes iris, y se croit dans un jardin, ce gros goulu ! Regarde cette fleur, là, comme elle s'est ouverte. Et si elle brille !

— On dirait une eau d'argent qui coule sur le violet. On les croirait artificiels.

— Tu es gentille d'avoir eu l'idée de me les apporter.

— Je savais que ça te ferait plaisir. Dans quelques jours, j'irai te chercher des tulipes rouges, j'en ai vues sur les plateaux.

— Déjà des tulipes ?

— Tu sais, en mai, elles commencent. Et puis bientôt, tu auras une chose, mais alors tu seras contente ! Seulement, je veux pas encore te dire quoi. Ça viendra de Géline.

— Qu'est-ce que c'est, dis-le-moi ?

— Non, non ! Autrement, tu auras pas la surprise.

— Ô, je veux savoir ! Ça se boit, ça se mange ?

— Non, ni l'un ni l'autre.

— Ça se met dessus ?

— Si on veut.

— Ça sent bon ?

— Non.

— Alors, c'est pas des fleurs, ni un parfum ni une blouse. C'est vivant ? C'est un agneau ? Je voudrais bien un petit agneau. Jamais je mangerai sa cervelle.

— Tu te fatigues la tête pour rien. C'est pas un agneau et je te dirai pas ce que c'est. Tu auras la surprise.

— Quand ?

— Dans huit, dix jours. Prends patience.

Florina réfléchit un peu, puis elle change de conversation.

— Dis-moi, où ils en sont des travaux ces hommes ?

— Encore au commencement de la rue.

— Y sont beaucoup ?

— Une dizaine d'Italiens, plus ceux d'ici qu'ils ont embauchés : Piston, Donne-tout, Delmazzo, Mita de gâou. Pour le moment y leur faut que des manœuvres, après ils prendront l'ancien plombier Joubert. Et Raimondi, si par hasard y veut travailler.

— Qu'est-ce qu'elle t'a dit, Géline ?

— Ben, qu'elle voudrait bien qu'on l'embauche. Nous avons couché François avec la fièvre. Il n'est pas brillant, ce petit.

— Ces Bâbis, comment y sont ?

— Y en a de beaux ; Géline a fait connaissance au lavoir de la femme qui leur tient la cantine, une bien laide y paraît, qui s'appelle Zelmira. Elle a une sœur et un mari. Peut-être elle procurera deux locataires à Géline pour la chambre des combles. Ça lui ferait un rapport.

— De chez toi ?

— Oui, elle m'a demandé. On mettrait toutes les vieilleries dans la plus petite pièce. On leur louerait l'autre. Ceux qui la prendraient, ce seraient un nommé Humberto et un nommé Milan, les deux meilleurs ouvriers de l'équipe. Même ce Milan, c'est le chef.

— Ils ont des drôles de noms. Les autres, c'est comment ?

— Je sais qu'y a Aldo, Attilio, Delmonico, Genovesi...

Vaï, quand ils en arriveront à travailler devant notre porte, nous les entendrons assez !

— Oui, Aldo, je l'ai déjà entendu jurer en bâbiasse.

— C'est un grand roux qui sert de manœuvre.

— Mémoire, y pourra discuter avec eux dans leur langue, lui qui sait bien l'italien.

— C'est vrai. Tu as eu des nouvelles ?

— Ma carte de chaque jour. Tiens, regarde. « Megevette, Haute-Savoie. » Y dit qu'y sera là après-demain. Il a fini sa tournée, de Lyon à Annemasse, puis y reprend le train et y rentre.

— Qui sait ce qu'y va t'apporter cette fois ?

— Je voudrais bien un marmotton, mais y paraît que c'est difficile.

— Une marmotte ici dedans ? Mame ferait ce malheur !

— Ô, ça dort les trois quarts du temps.

— Alors, c'est guère agréable. Tu aimerais pas mieux... une petite poule naine, par exemple ?

— Ça oui, mais j'en connais pas...

— Tu ne vas plus t'ennuyer, quand il sera là, ton ami Mémoire ? Il en a tellement, des choses à te raconter ! Et puis il est si gentil pour toi. Y t'aime bien.

— Oui, y m'aime bien.

La voix de Florina tombe. Une vague de tristesse l'envahit et glace son entrain. Qu'est-ce que ça lui fait d'être aimée par cette espèce de colporteur qui est laid comme un pou, avec son long corps, son grand nez, ses yeux toujours en adoration. Si seulement elle avait été debout, elle, Florina Revest, avec des bonnes jambes qui tiennent bien droites, elle l'aurait même jamais regardé, ce genre de représentant pauvre qui fait toutes les routes avec une boîte de pacotille et des ballots d'étoffe sur le dos. Malheureusement, quand on est comme elle, qui d'autre fait attention à vous ? Les jeunes savent que si elle est jolie d'en haut, le bas est tout abîmé. Y se soucient guère de prendre une femme infirme, malgré ses beaux cheveux et ses beaux yeux et la situation de ses frères, les regards, les compliments, l'amour, c'est pour les autres. Elle...

Sa tête se détourne violemment de la fenêtre, dans un geste de révolte.

— Qu'est-ce que tu as ? demande Vincente.

Elle a vu. Le visage de sa belle-sœur s'est renversé sur les coussins, puis s'est relevé vers le plafond, comme lorsqu'elle a l'air de vouloir se supprimer de la vie.

— Ferme-moi les volets, commande Florina.

— Les vitres ? Tu as froid ?

— Non, les volets, je veux plus rien voir...

Sa voix s'étouffe. Vincente comprend. Elle va pleurer. C'est presque tous les jours qu'elle pleure, au moins une fois. Pas tous les jours tous les jours, mais presque.

— Y fait si beau ! essaie de dire Vincente.

— Y fait trop beau, justement ! Le beau temps, c'est pour les autres. Moi...

— Pleure pas, tu te fais mal.

— Laisse-moi ! Laisse-moi tranquille ! Qu'est-ce que ça peut te faire que je me fasse mal ? Toi, tu marches, tu vas, tu viens, tu sors, tu vois les gens ; moi, personne ne s'occupe de moi. Je suis seule. Je peux bien mourir seule. C'est ce que j'aurais de mieux à faire, de mourir...

Sa tête s'incline sur son épaule et tout le creux de son œil, sous sa paupière fermée qui avait retenu les larmes, les déverse en gouttes chaudes sur la main de Vincente.

— Florina !

— Allez, ferme, ferme ! Va-t'en ! Laisse-moi ! Je veux plus personne. Je suis trop malheureuse.

Vincente ferme les volets sur la magnifique journée de mai. Elle sait qu'il n'y a qu'à céder, quitte à être rappelée tout à l'heure pour les rouvrir. Encore, cette fois ce n'est pas grave, les larmes sont venues tout de suite, sans cette bataille de sanglots dans la poitrine, qui la heurte, qui la secoue, qui semble vouloir la déchirer pour sortir.

— Ma pauvre petite, va...

Elle passe une douce main sur le front moite de sueur où glissent les souples cheveux, puis elle sort doucement sur la pointe des pieds. Dans la cuisine, elle avertit la vieille Mame à voix basse :

— Laisse-la, elle a sa crise.

— Tire la porte ! crie la voix haineuse de l'infirme.

— Si elle a besoin de quelque chose ? hésite la mère.

— Fichez-moi la paix, je veux personne. Vous m'embêtez tous !

— Qué calvaire, soupire Mame, les yeux au ciel.

Par le couloir, Bertin est là, en train de transvaser de la nicotine d'une grosse dame-jeanne dans une bouteille. Raphaëlle est à côté de lui. C'est une robuste fille blonde, drue de chair, dont le visage, les jambes et les bras nus sont généreusement irrigués d'un sang vif et criblés de taches de rousseur. Dans sa figure non fardée, sa bouche s'ouvre en un sourire sans mystère, ses yeux bleus brillent de ruse, ses cheveux courts sont frisés presque au ras de sa tête et foisonnent en boucles drues.

Elle regarde travailler Bertin Revest avec une admiration marquée. Tout le monde, autour d'eux, a deviné qu'elle l'aime. Lui, qui ne l'ignore pas, pense qu'il l'épousera peut-être bien un jour, quand il sera lassé de dépenser à droite et à gauche sa fougueuse jeunesse. Pour le moment, il est très content de déployer sa force devant elle et il soulève très haut la lourde bonbonne, si haut que la reposant trop fort sur la bouteille que Raphaëlle a cessé de tenir, il la fait basculer. Elle se brise et vomit à leurs pieds son liquide noir à odeur âcre. Eux, les deux enfants, ils éclatent de rire, mais Élysée surgit du magasin en entendant le bruit et crie :

— Bougre de grand couillonas ! Tu peux pas faire attention ? Toi, pour les tours d'imbécile, je te retiens !

Bertin cache son rire avec peine :

— Je l'ai pas fait exprès.

— Y manquerait plus que ça ! Andouille, va ! Y l'a pas

fait exprès ? Ramasse-la au moins, que ça coûte cent francs le bidon.

— C'était déjà mélangé d'eau, dit Bertin.

— D'abord, remarque Élysée, elle était toute préparée cette dame-jeanne, j'allais l'emporter à Soleilhas pour les arbres. Qu'est-ce que tu y faisais, toi, à la tripoter ?

— J'en donnais un peu à Raphaëlle, que madame Bourges en voulait pour ses rosiers qui ont les poux.

Élysée est furieux. Son visage se gonfle et devient pourpre. Il crie :

— Qué, madame Bourges ? Qué, madame Bourges ? Je m'en fous bien, moi, des poux de madame Bourges ! Elle est pour nos pêchers, cette nicotine, j'en fais pas cadeau ? A personne j'en fais cadeau !

Vincente voit la gêne de Raphaëlle et s'approche :

— C'est moi qui la lui avais promise en passant aux Grangettes. Même elle m'en a payé un litre d'avance. J'ai mis l'argent dans la caisse, j'ai plus pensé de te le dire.

— Ah bon ! grogne Élysée. Ah bon ! Alors, dans ces conditions, ça va ! Parce que autrement, tu comprends, cet ensuqué y donne toute la marchandise à tort et à travers. C'est ça qui arrangera nos échéances !

— Allez va, c'est fini, dit Vincente calmement. Y a Achille qui t'appelle.

Élysée retourne dans le magasin, Bertin et Raphaëlle, à genoux à terre, épongent les dernières gouttes du liquide avec des chiffons qu'ils pressent au-dessus d'un tian. Ils n'osent plus relever la tête, mais quand ils se voient seuls avec Vincente, ils se regardent et ils éclatent encore de rire.

— Tu as quand même tort, dit Vincente à Bertin. Tu es un estourneau !

— Et Florina ? demande Raphaëlle en se relevant, je peux aller la voir ?

— Je te le conseille pas. Elle est pas très bien. Ou un peu plus tard, peut-être.

— Je vais aller faire mes courses, puis je repasserai.

— C'est ça, dit Vincente.

Elle entre à son tour dans le magasin par le fond. C'est jour de marché aujourd'hui, il y a du travail. Autour des sacs de grains et de pommes de terre, des hommes vêtus de grosses vestes ballantes et de pantalons de velours discutent les prix ou racontent des histoires. Fernand Geoffroy, maquignon, l'oncle des Revest, tient le centre d'un groupe. Assis sur une balle de paille, ses dures cuisses largement écartées au-dessous d'un torse que barre une énorme giletière, il regarde approcher un vieux paysan tout tordu, mais dont les yeux rusés brillent dans un visage couturé de rides et tout sali de poils.

— Ô, Dâvi ? lance-t-il.

— Ô Geoffroy ? dit le paysan. Je te cherchais.

— Tu as besoin de moi ?

— Oui. Y a un homme ici qui veut m'acheter mon cheval, mais nous sommes pas d'accord.

— Je le connais ?

— C'est un qui s'appelle Aimé. Y vient de la Sorbière.

— Aimé ? Un gros avec un gros ventre ? Qui a une verrue au coin du nez ?

— Non, un petit, qui parle guère. Il est là dehors. Je le fais venir ?

— Si tu veux.

Un jeune blondin entre à l'appel, disant :

— Bonjour Geoffroy.

— Ô, c'est toi, Rapiapiâou ? Tu es dans nos quartiers ? Au nom d'Aimé, je t'aurais pas connu.

— Aimé, c'est mon petit nom, c'est pour ça.

— Alors tu veux son cheval et vous êtes pas d'accord ?

— J'y en offre dix-huit cents.

— Non, dix-huit cents, j'y ai dit non.

— Mets deux mille, le compte rond, dit Geoffroy qui est ami avec Dâvi.

— Ce cheval, il est pas beau, dit Aimé.

— Y demande à manger, y demande à travailler, dit Dâvi.

— Je le connais, dit Geoffroy, c'est une bonne bête.

— Il est maigre, dit Aimé.

— « Cheval gras et femme grasse, jette Geoffroy, leur poids les tient sur place. » Le proverbe te l'enseigne. Les gras ont jamais fait le travail des maigres.

— Y m'a coûté cinq mille francs, ça vous regarde pas ni l'un ni l'autre, grogne Dâvi, mais moi y faut que je retrouve mes sous.

— Quand même, dit Geoffroy, y faut comprendre que tout le monde t'achètera pas un cheval entier de douze ans ! Y faut comprendre la raison !

Il sent fuir le pourcentage.

— Sûrement, appuie Aimé, ce cheval, pas taillé, il est guère vendable, te fais pas d'illusions à ce sujet.

— C'est un cheval qu'y faut le faire couper, pas plus, dit Dâvi.

— Oui, dit Geoffroy, après y peut devenir intéressant, ou alors tu le vends à la Bédoule.

— Pour en faire de la charogne, je veux pas le payer deux mille ! proteste Aimé.

— Écoute, dit Dâvi, réfléchis. Tu auras que d'écrire à Geoffroy, puisque tu le connais. Moi, j'en suis pas pressé.

— Non, je l'achète ici, ou je l'achète pas. Je l'achète à votre confiance ou je l'achète pas.

— Allez, mettez-vous d'accord, vaï ! dit Geoffroy, c'est le mieux.

— Et mon fermier ? dit Dâvi. Y faut encore qu'il en travaille, mon fermier, c'est pas le tout, il a des labours en train pour mettre les haricots.

— Ô ça, répond Aimé qui commence à avoir peur de rater l'affaire, si vous en avez besoin quinze jours trois semaines pour travailler, ça, ce serait pas la chose... Je serai pas ridicule.

— Écoute, reprend Geoffroy, en tenant Dâvi par le bord de la veste, tu es pas un riche, tu es pas un pauvre, tu es Dâvi, tu es un brave homme, deux cents francs de plus ou de moins, qu'est-ce que ça te fait ?

— Non, je peux pas y perdre tant ! Té, qu'y mette encore cent francs !

— Allez, Aimé, ajoute encore cent francs, va ! Tu fais pas une mauvaise affaire, crois-moi, appuie Geoffroy. Tu auras une bonne bête.

— Surtout que s'y le soigne bien, dit Dâvi, y va venir gras comme une tourdre.

— Au besoin, appuie toujours Geoffroy, tu le fais travailler encore un peu, puis au printemps, tu le vends. Tu t'y retrouveras.

— Allez entendu. Vaï, à tous les deux, vous me couillonnez bien ! dit Aimé.

— Allons boire le coup, dit Geoffroy en lui frappant sur l'épaule.

Aimé sort le premier, Dâvi retient un peu le maquignon en arrière pour lui dire :

— Y a pas, tu es un homme extra. Je te reverrai pour la commission.

Pendant toute cette histoire, le va-et-vient de la grainete-rie a continué autour des trois discuteurs, sans les gêner. Élysée, Achille, Bertin, Vincente sont occupés à servir, peser, à droite et à gauche, la repasse, le son, le blé, les pommes de terre, les petits pois, les haricots de semence. Revenant de ses courses et calant sa bicyclette devant la porte, Raphaëlle demande à Vincente :

— Je peux y aller, maintenant, voir Florina.

— Attends...

Vincente va regarder par la rue :

— Oui, tu peux y aller, elle s'est fait rouvrir la fenêtre, sa crise y a passé.

— Surtout que je lui porte deux petites tartes.

— Et puis ça lui fera plaisir de te voir.

Raphaëlle entre dans le couloir. Au moment où Vincente repasse le seuil du magasin, une main large pèse sur sa hanche. Elle se retourne brusquement.

— Ah c'est vous ? dit-elle.

C'est Raimondi. Un sourire arrogant, enflammé d'alcool, illumine son visage.

— Ô ma belle ! lance-t-il.

Il se retourne vers un garçon qui est à côté de lui :

— Vous voyez, je vous fais connaître la plus belle femme de tout Sainte-Trinide. Regardez s'y en a, du nichon et de la fesse ! Et tout ça dur et bien placé que la main y va toute seule...

— Mais dites, vous êtes malade ! se rebiffe Vincente.

Et elle enlève, d'un vif mouvement, les doigts plaqués contre sa chair.

Le garçon à côté n'a pas dit un mot. Il a seulement un sourire un peu méprisant pour Raimondi et il fixe sur Vincente un regard appuyé qui n'est guère plus respectueux que le geste de l'autre :

— Les Françaises, d'habitude, elles aiment bien de se laisser toucher, dit-il gracieusement, d'une voix douce.

Il a un accent moelleux qui déforme les mots. Vincente, tout d'un coup, reconnaît celui qui, du haut de la camionnette, a jeté vers elle un baiser audacieux.

— C'est le chef d'équipe de la Sanat, précise Raimondi.

— Ah ? dit Vincente.

Elle a parlé d'un ton sec et elle rentre dans l'entrepôt, coupant la parole aux deux hommes, tandis que Raimondi cligne de l'œil vers Milan.

— Elle veut pas en avoir l'air, dit-il, mais à elle, comme à toutes, ça lui démange.

— Elle est belle, dit Milan.

VI

La place des Aires s'arrête net au bord du vide. Si d'elle, on sautait à pieds joints, on tomberait sur la route nationale qui contourne le village, le quittant à la place de Varrage et le retrouvant à la place de Salernes, aux deux extrémités du pays. Si, au lieu de sauter, on va vers la droite, on dégringole par un chemin tortueux, tracé à force de pas, à travers des ordures, des pierres et de grands pavots fragiles, auxquels le vent ne permet jamais de fleurir complètement.

A gauche, on trouve la rue des Migraniers. Autrefois, sans doute, il y avait là de ces beaux arbres aux feuilles vernies, sculptées dans du fer, dont les fleurs de cire rouge, aussi parfaites que leurs fruits, les grenades, éclatent au soleil comme des cœurs crevés. Maintenant, il n'y a plus que des logis de pauvres, des remises poussiéreuses, des jardins étroits, avec, au fond, un cabinet de planches sur lequel on a écrit le nombre « 100 ».

Entre deux toits bas, en tuiles rondes amincies par les changements de saisons, une sorte d'immense cube, jadis peint en ocre, s'élève. C'était une magnanerie, du temps où les champs de cette région étaient bordés de mûriers. Alors dans la vaste bâtisse, les repas des vers à soie mettaient un bruit de grêle patiente. L'abandon venu, il a plu par les toitures négligées, dont le vent destructeur du haut Var a disloqué la carcasse. Les bois de charpente, en fléchissant, ont laissé glisser les canisses poudreuses des plafonds, l'escalier, à présent, finit dans le vide ; seul le rez-de-chaussée est resté habitable. C'est là où les Cognata se sont installés. Au-dessus de la porte, ils ont tendu une banderole de calicot blanc où est écrit : « Cantina del Piemonte. »

La salle à manger de l'équipe est une pièce immense, avec une grande cheminée de campagne, à l'âtre carrelé de rose pâli autour de la plaque noire, où les lourds chenets à crémaillère sont veloutés d'ancienne suie. Au milieu, il y a la longue table faite de planches posées sur des tréteaux et encadrée de bancs.

Quand Angéline et Pépé entrent avec Vincente à la suite de Zelmira, une jeune fille blonde, belle et grave, balaie le sol :

— Ma sœur Inès, dit Zelmira. Elle a seize ans.

A Inès, elle présente :

— Tu vois, ça, c'est des bien gentilles dames que j'ai fait connaissance au lavoir et qu'une, elle aurait de quoi faire coucher deux de nos ouvriers.

A ce moment, un homme, qui était dans la cuisine, entre par le fond.

— Mio marito, dit encore Zelmira.

— Bonjour à tutti, dit l'homme.

Il est petit, terne de peau, avec de profondes rides emplies de crasse, aux mains et au visage. Son torse, ployant de côté sur une hanche, est saucissonné dans un tricot de laine, blanc sale, rayé de vert en largeur ; un vaste tablier bleu le juponne, d'où sortent les jambes d'un pantalon fripé et deux larges pieds plats, chaussés de souliers jaune pâle. Il est aussi laid que Zelmira, mais dans un autre genre. Il prend tout de suite part à la conversation :

— Y a qu'à leur envoyer Milano et Humberto ?

— Tossella, plutôt, avec Humberto, corrige vivement sa femme.

— *Perché ? Non é belle assai per Milano ?*

— Basta ! Je sais ce que j'ai à faire, jette Zelmira d'un ton sec.

— Il faudrait surtout à mon amie deux hommes tranquilles, qui se saoulent pas et qui se fassent pas de bagarre, dit Vincente.

— C'est pour ça : Humberto Allioni, c'est un garçon sérieux.

Inès dit quelque chose en italien à sa sœur, qui la coupe d'une voix brève, puis elle se tourne à nouveau vers les visiteuses :

— Je vous l'enverrai ce soir avec Tossella, à la sortie du chantier. Vous vous entendrez.

— Bon, dit Angéline.

— Vous voyez, nous sommes pas mal ici, reprend Zelmira, y a la place de danser ! Vous aimez pas ?

— Mais oui, dit Vincente, de temps en temps.

— Pour celles qui n'ont pas de souci..., dit Angéline.

— Hé va, le souci, ça vous le fait partir ! lance un garçon qui entre d'un air gai.

— Ô, Attilio ! lui envoie Zelmira en réponse, toi, y te trouble guère le souci, pas vrai ?

— Hé, dit-il ça sert à quoi ? J'invite la madémoiselle à le tango ou le fox-trot et les embêtements, on les fout en l'air !

Il rit à gros éclats et, dans sa bouche ouverte, de larges dents accrochent la lumière.

— C'est pas des madémoiselles, dit Zelmira, c'est des dames, y a que la jeune. C'est votre sœur ?

Elle montre Pépé en interrogeant Angéline.

— C'est ma belle-fille.

— La belle-fille ? Mariée à votre fils ?

— Mais non, voyons ! C'est la fille de mon mari. De son premier lit.

— Ah ! dit Zelmira.

— Pour avoir déjà une belle-fille à son âge ! corrige Vincente.

— Ça arrive. Dix-sept ans, j'étais mariée, moi.

— Chez vous on est dégourdi, répond encore Vincente qui trouve tous ces gens un peu grossiers.

Inès, ayant fini de balayer, s'assied sur une chaise et prend un tricot. Pépé s'approche :

— C'est bien joli, dit-elle, qu'est-ce que c'est ?

— Une écharpe. Vous voyez, on fait deux carrés pareils et on les rejoint par le milieu. C'est original.

— Ô, c'est vrai ! dit Pépé. J'aimerais de me faire le même.

— Je vous montrerai, si vous voulez.

Pépé se penche en souriant. Les deux têtes se touchent. L'une est brune avec des cheveux gras bouclant, luisants et courts, l'autre est blonde, claire et sagement coiffée. Attilio les regarde, puis les désigne d'un geste enveloppant :

— Le soleil et la nuit, dit-il. Sont esplendida !

Les deux jeunes filles éclatent de rire en même temps.

— Heureusement qu'on te connaît, menace Inès. Les compliments, tu les manques jamais.

Tout le monde rit.

— Vous avez la plus belle immeuble de la rue du Portail, dit Zelmira.

— Et de Sainte-Trinide, vous pouvez le croire, dit Angéline.

— Ça se voit que c'est une grosse maison de commerce. C'est votre mari qui la tient ?

— Non, dit Vincente, ce sont mes beaux-frères et puis moi. Mon beau-père est mort, le fils aîné aussi, celui qui était mon mari. Y reste le second avec le plus jeune.

— Ah je sais, je l'ai vu, dit Inès. C'est un mince avec le tricot blanc et les cheveux bien coiffés.

— Té té té ! crie Attilio, y a pas que moi que j'ai fait la provision de compliments !

Tout le monde rit encore. Inès baisse le nez sur son tricot. Zelmira se tape les cuisses. Cognata trépigne sous son grand tablier bleu.

— Enfin, vous êtes des gens beaucoup chics pour venir avec nous autres, mais si un soir ça vous amuse, tous les samedis y a le bal. La demoiselle, peut-être, elle aimera danser. Comme elle s'appelle ? demande Zelmira.

— Pépé, dit Angéline. Enfin, son vrai nom c'est Léone, mais depuis le maillot on l'appelle Pépé.

— Pépé ! répète Attilio. Ça ressemble les pépètes de la foire qui dansent dans les grelots. Moi, si elle vient à notre bal, cette madémoiselle Pépé, je jouerai ma guitare et je chanterai.

— Rien que pour ça..., dit Pépé d'un ton moqueur.

— Ô mais, c'est qu'y joue bien ! dit Zelmira. Et sa voix, y avait des monsieurs de Torino, qui la voulaient pour le théâtre.

— Nous partons ? dit Vincente, je vais me mettre en retard. Si tu veux rester, Pépé ?

— Non, non, j'ai promis à Florina de descendre.

— Eh bien, venez alors !

— A révoir, madémoiselle Pépé ! jette Attilio du seuil de la porte.

Les trois femmes descendent cette rue des Migraniers qui n'a plus que des loques, au lieu des fruits pleins qui lui ont donné son nom.

— Je vous accompagne, je vais prendre la teinture d'iode chez toi, mais je m'attarderai pas, dit Angéline, François m'inquiète trop.

— Ce rhume, dit Pépé, plus moyen qu'y le lâche !

Avant la fin de la ruelle, elles débouchent dans la rue du Portail par une sorte de passage qui est en même temps la courette d'un logement et qui s'appelle « du Laurier ». En arrivant à l'entrepôt, tout de suite, Vincente entend Élysée qui crie, congestionné :

— Ah, tu es là, toi ? Pas malheureux ? Où elle est la facture de ceux de la Gibouse ? Pour une fois qu'ils apportent les sous, c'est le papelard qui manque.

Vincente ouvre tranquillement le tiroir de sa caisse :

— Bonjour, monsieur Eynaud, dit-elle à l'homme qui attend auprès de son beau-frère. Elle est là, votre facture, vous faites pas de bile.

— Ô vous savez, payer mourir, dit le fermier, on a toujours le temps.

Ils rient tous les deux. Élysée essuie la sueur de son cou et de l'autre main vérifie le papier :

— Voui, c'est ça, dit-il enfin. Mais tu as pas oublié les derniers cinquante de sarrasin ?

— Non, dit Vincente de sa voix paisible, tout y est. Tu encaisses, hé, parce qu'y faut que j'aille à ma chambre avec Géline et elle est pressée. Au revoir, monsieur Eynaud.

— Et moi, je le suis pas pressé, non ? Que je dois aller à la gare pour la paille, qu'avec ces nom de Dieu de travaux, demain on saura plus où passer.

— Y commencent par notre rue ? demande Vincente.

— Sûr qu'y commencent par notre rue ! Ils ont commencé même, à la place de Varrage. Tu l'as pas vu ?

— J'y suis pas passée.

Élysée explose de nouveau :

— D'où tu viens d'abord ? Y a que moi qui travaille ici.

— Ô dit, intervient Bertin, lâche-la ! Va à la gare, moi je vais finir avec Eynaud. Ne nous casse pas les pieds.

— Allez, oui, tu as raison, je m'en vais, té ! Ça vaut mieux, j'éclaterais !

Il brandit l'étendard de son grand mouchoir humide et sort comme un fou.

Vincente le regarde partir :

— Ça l'empêche pas d'être beaucoup brave, dit-elle tranquillement. Tu viens, Géline ?

— Oui. Tu viens, Pépé ?

— Je vous rejoins, dites à Florina que je vais aller la voir.

— Bon, dit Vincente.

Elle glisse un clin d'œil vers Bertin qui acquitte la

facture, mais le garçon n'a pas eu un regard pour Pépé. Elle sort par le fond avec Angéline.

— Vous comprenez, dit Bertin à Eynaud, c'est ce que mon frère veut pas se rendre compte. Tout le monde y a intérêt à ces travaux et puis moi, j'aime de me laver. Lysée, tout ce qu'y voit, c'est que son chargement de paille peut plus passer et qu'y faut aller le chercher par balles à la gare, je reconnais que c'est pas drôle. Que voulez-vous, c'est le progrès. Vous venez prendre quelque chose aux *Colonnes ?*

— Non, dit Eynaud, je rentre. Ma femme m'attend chez sa tante avec sa sœur qui vient d'arriver de Saint-Raphaël.

— On aura vite fait. Venez, va !

— Non, demain, té ! Demain, je reviens.

— A demain, alors.

Pépé avait senti battre son cœur de se demander si le garçon allait partir. Non. Il reste sur le seuil où il a raccompagné le fermier de la Gibouse. Elle le regarde. Il tourne la tête vers elle :

— Bonjour, dit-il, ça va ?

— Très bien, et toi ?

— Moi aussi. Tu viens voir ma sœur ?

— Je l'ai dit à Vincente que je venais la voir. L'autre soir, pourquoi tu m'as manqué le rendez-vous ? demande la jeune fille d'une voix faible.

— Moi ?

— Oui, tu le sais bien. Je t'avais expliqué que vers les six heures, je passerais sous Terrargeïras, au coin du chemin du Rouvre. J'y ai été de cinq heures et quart jusqu'à sept, j'ai attendu et tu n'es pas venu.

— J'étais allé avec ma belle-sœur à l'Allégrerie, nous sommes rentrés par Boscodon.

— Oui, et par les Grangettes, Raphaëlle me l'a dit.

— Et alors, j'ai plus le droit ?

— Y s'agit pas que tu as le droit ou non. Y s'agit...

Une grande femme maigre, avec un visage fané sous un chapeau jaune, met un pied sur le seuil :

— Monsieur Bertin, bonjour ; vous avez pas vu mon mari ?

— Mais madame Eynaud, il est parti vous rejoindre chez votre tante...

— Par exemple ! Il y a longtemps ?

— Non, non, de suite, voyez !

— Alors, nous nous sommes ratés pendant que j'allais à la couturière. Mais quand même. S'y revient, dites-lui que j'y suis, avec ma sœur.

— Et ta sœur ? dit Bertin derrière son dos. Tu le sais qu'elle couche avec monsieur Barge ?

— Avec ses furoncles ? Baï ! crache Pépé.

— Y doit y avoir d'autres avantages, dit Bertin.

— Tu comprends, dit Pépé, tu fais ce que tu veux, seulement moi je t'aime, alors...

— Ô, tu vas pas pleurer ? dit Bertin.

Il s'avance vers le fond de l'entrepôt où Pépé égrène nerveusement du maïs d'une de ses mains dans l'autre. Du seuil, à nouveau, quelqu'un l'interpelle :

— Ô Revest !

C'est Eynaud. Il demande :

— Tu as pas vu ma femme ? Je l'ai perdue.

— Oui, elle est venue, elle vous cherchait, elle a dit qu'elle vous attendait chez la couturière avec votre belle-sœur.

— Bon. Alors, ni plus ni moins, j'ai le temps. Viens le boire, ce verre.

Bertin regarde Pépé dont la petite forme mince s'appuie sur un sac. Il pense à des choses...

— Je peux pas laisser l'entrepôt seul, dit-il. A demain.

— A demain, alors.

L'ombre noire de l'homme, à contre-jour sur la lumière de la rue, plonge dans un gouffre éclatant. Rapidement, Bertin prend les coudes aigus dans ses mains et approche de lui ce visage mendiant à la bouche tendue qui a un sourire d'esclave :

— Tu m'aimes toujours, chéri ? murmurent les lèvres sous l'écrasement du baiser.

— Mais oui, petit chou, dit-il gentiment ; c'est toi qui t'imagines toujours...

— Alors, je te verrai quand ? Demain ?

— Demain si tu veux. Qu'est-ce que tu fais demain ?

— Rien, je suis seule à la maison. Je dois garder François. Géline va rendre la lessive au domaine des Buis. Mon père travaille avec les bâbis. Vers les quatre heures, j'irai faire l'herbe au chemin du Rouvre, près du bastidon brûlé. Tu viendras ?

— Oui, dit Bertin. Maintenant, monte vite à ma sœur, que tu vas faire remarquer.

— Ô, tu te figures que Vincente a rien compris ? demande la jeune fille gaiement.

Bertin a l'air contrarié.

— Je crois pas, dit-il. Ça me plairait guère en tout cas.

— Y faudra bien qu'on le sache à la fin, dit Pépé toujours joyeuse, quand nous serons pour nous marier ?

— Allez, à demain, dit-il.

Elle sort par la cour et lui se remet sur le devant de la porte. Il regarde vivement vers la rue. Il vient de voir passer une femme, nom de nom ! Bien foutue. Qui ça peut être ? Il les connaît toutes pourtant. Elle vous avait une de ces allures !

Un flamboiement roux a disparu dans un magasin. Bertin retourne au fond, plier et compter les sacs vides.

Un homme entre, disant poliment :

— Bonjour !

— Tiens, monsieur Barge ? Et bonjour ! Je disais : « Ça m'étonne que nous ayons pas encore vu notre maire à l'inspection des travaux. » Ça commence, qué ? Ils ont percé de la place de Varrage jusqu'au passage du Laurier. Y marchent bien.

— Oui. Tu as pas vu Eynaud par là. Ou sa femme, ou sa belle-sœur ?

— Lui je l'ai vu, y cherchait sa femme et sa femme le cherchait. Mais sa belle-sœur, je sais pas.

— Ô, alors, tu l'as pas vue. Parce que si tu l'avais vue, tu saurais. « Pas vue », tu dis, mon ami ! Une longue fille mince, flexible comme un jeune figuier, avec la peau dorée par les bains de mer, des yeux qui te déshabillent, une bouche que je la mangerais mieux qu'une pêche fondante...

— Hé ben, monsieur le Maire, vous, au moins, vous l'avez bien regardée !

Le petit homme, gris de visage, de cheveux, de jaquette et de chaussures, ferme les yeux, avance les lèvres en moue, pose dessus un index jauni par la nicotine :

— Écoute-moi bien, petit, dit-il, les femmes, vois-tu, y a que ça sur la terre, que ça de bon ! Tu es jeune, profites-en bien. Moi, malheureusement, j'ai déjà une légitime et deux maîtresses, ça me suffit. La plus belle rousse du monde...

— Ah je sais ! crie Bertin, je l'ai vue passer. C'est celle-là ? Nom d'un chien, oui, qu'elle est belle !

— Madame Eynaud, Ginette enfin, elle était aussi réussie, il y a dix ans. Dommage qu'elle a vieilli. Tu le sais que Ginette est ma maîtresse ?

— Ma foi... dit Bertin.

Le maire s'exclame d'un air outragé :

— Tout le monde le sait, voyons ! Y a que ma femme pour l'ignorer.

Puis il soupire :

— On le sait même un peu trop. Enfin, je crois qu'Eynaud s'en fout.

— Alors, cette rousse, c'est sa sœur ?

— Oui, Moussette, mon ami. C'est son nom. Divorcée. Riche. Elle vit seule à Saint-Raphaël.

— Elle est charmante, redit Bertin pensivement.

— Je vois, je vois ! dit le maire en lui posant la main sur l'épaule. Eh bien, on tâchera de te la présenter. Tu as ta jeunesse. C'est un atout sérieux.

Il lui tape le dos de deux claques dures.

— Tu as ta jeunesse, garnement ! Ah la jeunesse ! Salaud, va !

A ce moment, un bruit léger se fait à l'entrée de la cour. Pépé revient. Elle aperçoit monsieur Barge.

— Je viens te dire adieu, dit-elle à Bertin. Te dérange pas.

— Ce n'est pas moi qui vous fais fuir au moins, charmante jouvencelle ? dit le maire.

— Ô non, y faut que je rentre.

Mais elle reste là. Alors monsieur Barge, qui n'est pas né d'hier, tend la main au fils Revest :

— Au revoir, mon garçon, dis-leur que tu m'as bien aperçu. Au revoir, mademoiselle.

Il s'en va. Bertin vient au fond rejoindre Pépé. Il la pousse doucement vers l'angle du bureau et du mur, matelassé par un sac de repasse :

— Chérie..., murmure-t-il.

Sa main déjà tire sur les boutons-pression de la blouse. Une bouche docile est sous la sienne. Il pense : « Une bouche de femme rousse, qui sait quel goût ça peut avoir ? »

Un soupir à ébranler la maison retentit derrière eux :

— Pfû ! Qué chaleur ! Macarelle de pute !

C'est Élysée.

Il s'éponge à deux mains la tête et la nuque, en s'écroulant sur la chaise et, de là, il voit Bertin et Pépé qui ont eu juste le temps de se séparer.

— Je coule l'eau, dit-il. (Puis les regardant, il gronde) : Y me semble que vous allez un peu fort ? Bertin, y te faut le magasin à présent pour chasper les filles ? Et toi, Léone, permets-moi de te dire que si ton père te voyait...

Il suffoque dans sa chaleur et la fatigue le force à être doux.

— On faisait pas le mal, dit Bertin gêné.

— Ô, avec toi on fait jamais le mal ! On te trouverait

couché avec une dans le lit, que tu dirais encore : « Qu'est-ce que vous allez vous imaginer ? »

Il se lève d'un coup et jette les bras en l'air :

— Vous êtes des saligauds, té ! Voilà ce que vous êtes ! Des gros saligauds, pas plus !

Là-dessus, Vincente apparaît au fond :

— Géline vient de partir, dit-elle à Pépé, elle est à la boulangerie.

— Bon, j'y vais, dit la jeune fille.

Elle sort.

— Qu'est-ce qu'y a encore qui va pas ? demande Vincente à Élysée. Ton frère semble pris sous un chapeau, toi tu as ton air de colère ?

— Ce qu'y a, ce qu'y a..., bégaie Élysée.

— Ô écoute, dit Bertin, moi j'en ai assez, je te le passe. Prends-le un peu, toi !

Il s'en va à son tour nonchalamment par le fond, en ajoutant :

— J'ai à travailler au garage.

— Je vais avec toi, crie Élysée, y a des choses qu'y faut qu'elles s'expliquent.

Vincente entend encore Bertin répondre : « Ô la barbe ! » en traversant la cour et elle se dit : « Quand même, pour deux frères, y s'entendent guère. Bertin est trop jeune et Lysée, y faut le reconnaître, il est un peu rasoir. »

Elle revient sur le devant du magasin. Elle pense encore que ça fait trois heures qu'Achille est parti avec la brouette pour livrer quarante kilos de nitrate sur la route de Salernes et qu'il y met le temps. C'est vrai que c'est un endroit où il y a beaucoup de casse-croûte.

Elle entend vaguement, dans la cour, un bruit de voix criardes. Lysée et Bertin doivent se disputer. Elle pense pêle-mêle : « Qui sait ce qui est encore arrivé ? Florina a été contente de voir Pépé. Géline et moi on l'a bien intriguée avec la petite poule naine qu'on lui garde ! Quand elle l'aura, elle va la gâter. Qui sait ce qui s'est passé au juste entre Pépé et Bertin ? Des fois, on croirait... Pourtant, cette petite, elle paraît sérieuse. Géline dit qu'à Draguignan elle a déjà aimé quelqu'un. Quelle poussière ! Hé ben, ça fera du propre quand ce sera devant la maison, ces travaux ! On aura besoin de tout bien fermer. »

Vincente regarde dehors. Ses yeux sont éblouis par ce qui vient :

Du côté de Varrage, au bout de la rue du Portail, une grande lance de soleil se glisse entre les murs, comme dans un fourreau. Cernée par les pierres, elle allonge ses rayons au ras du sol qui se met à bouillir dans la lumière, à petit feu. Et avec elle, un nuage s'avance, rond et exact de bords comme ceux des images, il roule, moelleux et d'un gris doux de ventre de tourterelle. Vincente regarde. Ce sont les travaux qui prennent possession de la rue. Soudain, elle se sent dans un grand amollissement de tout elle. Une fine poussière sèche sa bouche et cette lance de soleil lui brûle les yeux. Un bruit sourd maintenant s'approche. Vincente écoute : un bruit de pilonnage, régulièrement rythmé, battant comme un cœur, vient jusqu'à cette émotion d'elle qui attend. Et alors, devant ses yeux, se défaisant avec un harmonieux déroulement de tapis magique, le nuage s'ouvre, découvrant le sol. Un homme est là, debout, dressant un brillant torse nu, sur l'appui de cuisses musclées. Il a des cheveux flambant dans le soleil, il avance comme un conquérant dans le martèlement du rythme en regardant la femme. Il manie la perceuse : c'est Milan.

VII

— Tu le trouves pas bien ? demande Angéline.

— Je le trouve bien, mais je te le dis, je préfère l'autre. Il est plus bel homme.

— Moi, tu sais, le bel homme, je sors d'en prendre. Raimondi, c'est avec ce genre qu'y m'a eue. Non, j'aime mieux quelqu'un de plus doux, de pas si encombrant. Note bien que pour ce que je veux en faire !

— Pas plus que moi. C'est histoire de parler.

— Pourvu qu'y me fassent pas trop de bruit quand les petits dorment et qu'y se couchent pas avec les souliers sur les couvertures, c'est tout ce que je leur demande, dit Angélinc.

— Ils ont l'air convenable, tu sais ?

— Le grand, ton grand, celui que... attends, y m'a mis les deux noms sur la fiche pour la mairie, celui qu'y s'appelle... ah voilà : « Milan di Castaldo », Hou, c'est un noble ! Né à Turin. Il a trente ans.

— Y paraît davantage, dit Vincente.

— L'autre, il est beaucoup plus jeune, il en a juste dix-neuf cette année.

— On dirait un petit taureau, tu as pas vu ? Il a un genre de démarche en avant comme s'il enfonçait les portes au lieu de les ouvrir.

— Et pourtant il a des manières douces, dit rêveusement Angéline.

— Comment c'est, son nom ?

— « Humberto Allioni ».

— Un autre qui a l'air costaud aussi, c'est celui qu'on a vu à la cantine, ce... comment ? Qui aime tant de rire ?

— « Attilio Donata », dit Pépé, qui n'a pas encore parlé.

— Té tu te réveilles ? lui dit Angéline d'un ton moqueur.

Les trois femmes sont dans la cuisine des Raimondi et bavardent à mi-voix. Vincente et Angéline sont assises dans un fauteuil, une sur le bras du siège, l'autre bien installée. Derrière le haut dossier, Pépé, debout, s'appuie des deux bras croisés.

C'est un fauteuil qu'on a descendu auprès du petit lit, depuis que, dans ce lit, François est malade. Aujourd'hui, il y a un peu de mieux, il repose, mais hier la fièvre était remontée. C'est comme ça depuis plusieurs jours. Il semble incroyable qu'une simple bronchite ne puisse pas arriver à se guérir. Le Dr Barge, le frère du maire, qui est venu le soir, a dit que ce n'était pas tant la bronchite que l'état de faiblesse générale qui était à craindre. « C'est un enfant très nerveux », a-t-il ajouté. Angéline pense à ces paroles en ce moment et ne peut pas raconter à tout le monde que la veille de son accouchement elle a dû subir une colère de son mari, parce que la naissance se faisait attendre. « Moi, tu comprends, y faut que je parte ! Moi, j'ai un travail à Draguignan que si j'y vais pas, je le perds. Et je suis là à faire la garde-malade !

— Pars, répondit Angéline, pour ce que tu me sers, crier et jeter tout par terre, tu peux t'en aller, tu sais ! — Hé, bouge-toi un peu aussi, il avait grogné, si tu étais moins molle... » C'était à trois heures dans la nuit, cette scène, pendant que, pliée en deux par une douleur, elle buvait patiemment une infusion de feuilles d'oranger, dans le doux petit bruit de ses dents, claquant au bord du bol. Là-dessus, Raimondi avait jeté quatre choses dans une étroite valise et il avait dit : « Voilà, moi je pars à Draguignan. J'ai un car à cinq heures, tu as que de faire appeler ma mère, elle viendra te soigner. Moi je suis fâché avec elle, mais toi c'est pas pareil. — Je veux pas ta mère, avait déclaré Angéline. — Non ? Alors démerde-toi ! Moi, tu comprends, moi y faut que je gagne la croûte. « Si Vincente était là... » avait pensé Angéline. Mais Vincente soignait sa belle-sœur qui avait un abcès dans une hanche. Personne. Elle était seule.

Elle s'était recouchée. Une grande vague énorme, d'un vert de vomissure, comme celles qui entraînent les raz de marée, l'avait soulevée vers le désir de la mort. Un enfant ? Un petit malheureux. Elle, sans beaucoup de force ni de courage, devant travailler comme un manœuvre. Un homme qui n'en était pas un, fainéant, menteur, brutal. Sur la tablette de nuit, il y avait ce flacon de laudanum dont elle avait bu des gouttes sur du sucre, un jour de mal au ventre. Qui sait, si on le buvait tout entier ? C'était écrit dessus que c'était du poison. Elle avait mis le poison sous son traversin, puis elle avait pleuré : « Quitter la vie si tôt, si jeune, avec cet amour de tout qu'elle portait en elle ? Ce désir de continuer malgré le mauvais... Mais alors, s'y a trop de mauvais, ce n'est plus possible ? Une pierre, deux pierres, tu y donnes un coup de pied, même pas, que des fois tu te fais mal pour rien. Tu passes à côté. Mais dix pierres, mais cinquante pierres, mais un moulon de pierres que ça te dégringole dessus, ça vaut plus la peine de te défendre. Adieu la vie. Vaï, le petit en connaîtra ni le bon ni le mauvais et elle, elle aura fini de souffrir. » Le flacon s'était attiédi, serré dans sa main fiévreuse, le petit donnait des coups de pied. « Attends, attends... », pensait la mère. Elle pleurait. La porte s'était ouverte. Raimondi était rentré, s'était agenouillé au bord du lit. Il n'était pas tout mauvais. Il était revenu. Il avait senti le flacon dans la main de sa femme. Il avait lu :

LAUDANUM
Usage externe
POISON

« Poison ? » Il avait crié, en jetant les bras en l'air, il avait relu le mot « Poison », il avait pleuré, en écrasant de baisers moites, les larmes d'Angéline. Il lui avait tiré ses pieds nus d'entre les draps pour les lui embrasser. « Pardon ! Poison ! Pardon ! » Il ne savait plus ce qu'il disait. Il bavait. La morve lui coulait dans la bouche. Il était fou de douleur. A la fin, il s'était écroulé sur le sol : « Je t'aime, je t'aime ! » Et c'était elle qui l'avait consolé.

A neuf heures, François était venu au monde. Pendant que l'homme coupable courait après une sage-femme, l'enfant, mal placé, tâtait le climat terrestre avec une patte de crabe, jambe humaine qui, sortie la première, prenait brutalement contact avec la vie. L'autre avait suivi. Angéline s'était levée, elle avait marché, retenant à deux mains ce qui sortait d'elle. Deux ruisseaux de sang coulaient entre ses cuisses, ses pieds nus marchaient dans le sang. Elle s'était recouchée et le travail avait repris. Au creux des reins, une poigne de fer avait décroché quelque chose, des griffes aiguës avaient labouré les flancs, une palpitation affolée avait secoué dans le traumatisme, l'organe utérus, et la naissance avait commencé : l'enfant voulait vivre. Le corps, les bras, les épaules étaient passés, mais la tête n'arrivait pas à se dégager. La sage-femme enfin arrivée, il avait fallu des heures et des heures de soins pour réinstaller, dans cette machine sabotée, le rythme naturel de la respiration. Le petit avait vécu. Il vit. C'est François. Il a dix ans. Mais il est fragile, il a déjà coûté cher en docteur et en remèdes. Raimondi se plaint de dépenser beaucoup pour lui.

— Ah ! pauvre de nous ! exhale Angéline dans un soupir.

— Tu étais partie loin, hé ? demande Vincente. Et tu avais pas l'air gai.

— Loin ? Ô non, pas tant, je pensais à la naissance de mon petit et que les hommes sont de belles brutes.

— Ô oui, alors ! dit Pépé.

— Pas tous heureusement, dit Vincente, mais toi tu as mal encapé, tu as été servie dans le genre de ma mère.

— Tu dois toujours me la montrer en photo, ta mère ! dit Pépé.

— Ô, tu sais, celle qui me reste n'est pas fameuse. On la voit guère dessus. Dans ces temps y se faisaient pas tirer le portrait comme nous, pour un oui, pour un non. On comprend qu'elle était pas laide pourtant.

— Tu y ressembles ?

— Ma foi, je l'ai guère vue. Ma grand-mère Falconnet me disait toujours que je tenais plutôt de son côté. « Mais ne ressemble pas à ton père pour les idées, surtout ! » elle me recommandait.

— Ta mère l'a beaucoup aimé, ton père, je crois ? dit Pépé.

— Aimé ? Tu veux dire qu'elle en a perdu le boire, le manger, le raisonnement et tout.

— Je comprends pas qu'on aime comme ça, dit Angéline.

— Mais oui, avoue Pépé, ce serait mon genre.

— Au point, reprend Vincente, de quitter la Guirande la nuit, en volant de l'argent ! Tout ça, c'est ma grand-mère Falconnet qui me l'a raconté, sinon je te dis, j'aurais jamais rien su. Ma mère, mon père, mon frère Faustin, je suis restée tellement guère d'années avec eux.

— Ton frère, qu'est-ce qu'il est devenu ?

— Je sais pas, y paraît qu'y travaille à Paris, dans un bar.

— Y t'a jamais donné de nouvelles ?

— Jamais. Je sais qu'il a navigué, par des gens qui se sont trouvés avec lui sur des bateaux. C'est tout !

— Tu voudrais pas le voir ?

— Ô, tu sais, je te répète, on s'est guère connus.

— Moi, dit Pépé qui serre ses petits seins entre ses bras croisés, ça m'intéresse beaucoup les histoires d'amour. Surtout les amours comme ceux-là, les grands, ceux qui finissent mal. C'est ça qui me plaît dans les livres, ça me donne les frissons. J'en lis un, en ce moment, tiens : « *Vierge et meurtrie.* » Ô, si tu savais ce que c'est beau ! Mais l'histoire de ta mère, elle est vraie, alors je l'aime encore mieux... Raconte-moi !

— « Raconte-moi... », dit Vincente, tu es bonne ! Si c'était ta mère à toi qui ait fait tant de bêtises, tu trouverais pas que c'est drôle.

— Quand c'est par amour...

— Par amour ou non, c'est les enfants qui en pâtissent. Si ma mère s'était mariée brave, comme une demoiselle Marguerite Desmichels aurait dû le faire, y aurait eu une grosse noce à la Guirande que c'était le domaine de la famille, une noce avec tous mes oncles et mes tantes en ribambelle. Et mon grand-père Desmichels serait pas tombé mort d'une attaque. D'abord ! Après, peut-être que si ma mère avait pas été tellement en adoration devant lui, mon père aurait pas fini voleur comme il a fini ? Tu crois que ça vous plaît, de se dire que votre père, que vous portez son nom, il a fait deux ans de prison à Toulon et puis encore après dix-huit mois, quand il a recommencé ?

— Mais comment y s'étaient connus ? demande Pépé.

— Au bal, tu sais, les dimanches, sur la place de Solliès. C'est là aussi que mon oncle Antoine avait rencontré cette Arnaude qui est devenue ma tante contre la volonté de mon grand-père, une histoire que j'en ai beaucoup entendu parler. Mais ceux-là ils ont bien réussi. Ils ont été heureux, y paraît, jusqu'à la mort de mon oncle. Après, elle a perdu ses deux aînés à la guerre de quatorze. Maintenant de ce côté, y reste plus que mon cousin Ollivier qui est bien marié. On m'a dit que sa femme allait avoir un enfant. Ils habitent dans un moulin à huile. Y faudra que j'aille les voir, un jour que Lysée aura à faire vers Toulon. Par là, à Méounes, j'ai encore ma tante Rosine, mais celle-là elle est restée fâchée avec ma mère et elle nous a jamais regardées. Je sais qu'elle a une fille, ma cousine Aubette, qui a fait des études. Y a que l'oncle Florestan qui est venu me voir une fois à Salernes pour m'apprendre la mort de ma mère. J'avais quinze ans.

— Alors, quand y se sont connus ? dit Pépé.

— Quand y se sont connus, ils ont été fous l'un de l'autre, y paraît. Ma grand-mère Falconnet, qui avait son magasin d'herbes à Salernes, allait les voir des fois à Toulon. Elle disait que c'était des folies d'amour. J'avais quatre ans, quand mon père a volé pour la première fois et, que tu le croies ou non, je vois encore le portrait de Richard Falconnet sur *le Petit Var*, à la première page, sous les grosses lettres noires que j'ai su après que ça voulait dire : « Vol important à l'Arsenal. On est sur la piste des coupables. » Les larmes de ma mère lui sautaient sur le corsage. Le même jour, elle m'a ramenée chez ma grand-mère qui m'avait déjà gardée, et elle lui a dit : « Reprenez-la. Je suis née Desmichels, y a des choses qu'y faut pas qu'elle voie. » Ma grand-mère a dit : « Bon. » Et puis elle a dit : « Vous êtes de combien ? » — « Trois mois », a dit ma mère. Ma grand-mère a dit : « Vous êtes beaucoup grosse ! Pourvu qu'y en ait pas deux ? » Je me rappelle de ça. Ma mère est partie, moi je suis restée là. Un jour j'ai demandé : « Et ma maman ? — Elle reviendra bientôt te voir. — Et mon papa ? — Il est parti pour deux ans. — Où ? — En Amérique, sois sage. » Je pleurais, mais j'étais sage. Je jouais avec les herbes, ça me plaisait. Des fois, y me semble que je sens encore toutes ces odeurs autour de moi. Tu en as, comme la racine d'iris, ou la rose rouge séchée, tu peux jamais arriver à les oublier.

— Et eux, qu'est-ce qu'y faisaient ! dit Pépé.

— On est venu arrêter mon père à la maison, y s'était caché dans un lit-cage replié derrière la porte. Y l'ont trouvé. Ma mère avait mis une planche dessus et un vieux tapis, avec un vase de fleurs, pour que ça fasse le semblant d'une table, mais y l'ont trouvé. Ma grand-mère était là, juste, étant allée chercher mon linge. Le vase s'est cassé et l'eau a coulé partout et le gendarme s'est fait mal avec les bouts de verre. Oui, c'est drôle, tout ça, tu vois !

Vincente termine sur un ton amer :

— Tu trouves pas que ça fait rire ?

— Mais, quand même, ta mère, jamais elle l'a abandonné ton père, pas vrai ? C'est ça qui est beau.

— Elle en était folle, alors !

— Je comprends pas qu'on aime comme ça, redit Angéline.

— Quand on aime, conclut Pépé, c'est comme ça !

— Une jolie imbécillité, ton amour, dit Vincente avec colère, puis elle s'adoucit en voyant les yeux ouverts de l'enfant qui les regarde :

— Tu vas mieux, mon François ? demande-t-elle.

— Je sais pas, marraine, répond une petite voix.

Vincente se penche pour l'embrasser, tandis qu'Angéline arrange les couvertures en disant tendrement :

— Mon petitounet !

Puis se relevant, elle ajoute d'un ton dur :

— Quand on aime, c'est une belle cochonnerie.

— Ô toi ! répond Pépé en haussant les épaules, c'est pas une raison parce que, de malheur, tu es tombée sur mon père, pour croire que... Y en a des amours qui durent. Moi je sais que si j'épousais...

Elle s'arrête. Elle n'ose pas prononcer le nom de Bertin devant sa propre belle-sœur. Elle sait que Vincente est au courant, mais justement pas jusqu'au bout de tout, pas jusqu'à la chose si grave, que le garçon lui a fait faire avec sa belle bouche et ses yeux câlins. Et tandis que les deux femmes préparent une bouillie d'orge pour le petit, elle se met à repenser, comme déjà elle l'a fait toute la nuit, à ce dernier rendez-vous où enfin il est venu ! Tout clair, tout net, bien lavé, bien coiffé, brillant, joyeux, plein de caresses, avec ces yeux troubles et ces gestes tremblants qu'elle aime voir aux hommes. Ce bastidon brûlé, ces murs noircis dans un fourré de ronces ont caché le secret de leur rencontre. Partie à trois heures et demie de la maison, elle y est revenue à six heures, juste pour recevoir Marie-Louise et Henri. Personne n'a su son absence que François. Mais elle lui avait promis des bonbons, et les acidulés rouges achetés à l'épicerie des Aires ont facilement gagné le silence du petit malade.

Dans un geste de gratitude, elle s'approche du lit :

— Mon quîquou ! dit-elle.

A ce moment, on frappe à la porte :

— Entrez ! répond Angéline.

Bonnesœur apparaît dans l'embrasure et annonce :

— Tu as des gens, quatre garçons qui portent une caisse et des valises. C'est pour toi ?

— Oui, oui, dit Pépé, c'est nos locataires, laisse-les monter. Cette Bonnesœur, ajoute-t-elle en se tournant vers Vincente, elle est brave, mais y faut qu'elle se mêle de tout. Entrez, messieurs ! crie-t-elle vers l'escalier.

On entend de grands bruits et des éclats de rire. Mais une voix impérieuse les arrête :

— Criez pas tant, le petit est malade, dit Milan.

Il entre le premier dans la cuisine :

— Bonjour mesdames !

Son français est presque net d'idiotismes. Seul, son accent adoucit les mots :

— Si nous ne vous dérangeons pas, nous arrivons nous installer.

Trois garçons solides sont entrés à sa suite :

— Voilà Genovesi qui est venu nous aider, voilà Attilio...

— Que nous connaissons, dit Pépé.

— Ah ! Bon ! Alors, c'est plus vite fait.

— Cette demoiselle, c'est la fille de mon mari, et cette dame, c'est mon amie madame Revest, présente Angéline.

— Je l'ai déjà remarquée dans la rue du Portail, dit Milan.

— Oui, dit Vincente.

Et elle se penche encore un peu vers François.

— Et voilà Humberto Allioni, qui sera votre locataire avec moi, achève Milan.

— Bongiorno, madémoiselle ! lance Attilio en secouant joyeusement la main de Pépé. Alors, quand c'est que vous venez danser, que je sorte la guitare ou l'accordéon, pour chanter la canzonneta ?

Pépé rit avec lui à gros éclats :

— Un de ces jours !

— Bonjour, mesdames, dit Humberto, dont la voix est couverte par le rire de Pépé.

— Je vous accompagne là-haut, offre Angéline.

— Moi aussi, ajoute Pépé.

— Commence à faire tout monter, Humberto, dit Milan, je te rejoins.

Dans l'étroit escalier tournant, les trois garçons et les deux femmes font un bruit allègre de paroles.

— Ça ne gêne pas le bambino ? s'inquiète Humberto timidement.

— Aujourd'hui, il est un peu mieux, dit Vincente. D'ailleurs, j'espère que vous ne mettrez pas trop de remue-ménage ?

— On fera attention, dit Milan.

— Je vous ai pris sous ma responsabilité. Le mari de mon amie...

— Pacha, le plombier.

— C'est vrai que vous le connaissez. Il ne vous voulait pas, mais j'ai insisté. Ça fait un peu de bénéfice à sa femme, la pauvre. Ah, ne la payez jamais quand il sera là, hé ?

— Entendu. Il garderait l'argent ?

— C'est probable.
— Et il irait le boire ? J'ai vu ça.
— Votre ami ne boit pas ?
— Non, moi non plus.
— Alors ça pourra aller.
On entend au-dessus des remuements de meubles.
— C'est chez vous ici, je crois ? demande Milan. Vous êtes la propriétaire ?
— Oui. C'est ma grand-mère qui me l'a laissé.
— On vous fait beaucoup de potin et de poussière dans votre rue, n'est-ce pas ?
— Vous en avez pour combien de temps ?
— Trois mois au moins.
— C'est long.
— Cette fille brune qui reste derrière la fenêtre, dans votre salon, c'est votre belle-sœur, je le sais...
— Elle est paralysée, malheureusement.
— *Povera !* Elle semble si jolie !
— Elle est très jolie.
— Elle n'est pas malheureuse ?
— Ô si, elle pleure bien des fois.
— Les deux hommes, alors, c'est vos deux beaux-frères ?
— Oui.
— Et pas de mari ?
— Non.
— Y a longtemps que vous êtes veuve ?
— Deux ans.
— Deux ans ! Et vous ne vous trouvez pas trop seule ?
— Non, j'ai ma famille, mes amies.
— Ça ne remplace pas tout.
— Je verrai plus tard.
— Faut pas trop attendre. Vous êtes dans le bon moment.

Elle sent ce regard ardent appuyé sur elle. Heureusement, Humberto crie depuis le second :

— Milan, viens voir un peu voir si ça te plaît ?

— Venez voir, dit Milan.

— Merci, dit-elle, j'ai du travail.

Il hésite, monte les premières marches, puis on l'entend arriver là-haut. Alors, Vincente jette son manteau sur ses épaules et embrasse vite François :

— Tu diras à maman que je vais revenir.

Elle descend les escaliers et s'élance dans la rue. Elle coupe par le lavoir et le passage du Laurier. Tout de suite elle se retrouve au magasin.

— Ah ! s'exclame Élysée épanoui, tu es là ? C'est pas malheureux !

— Chaque fois on dirait que c'est le Messie qui arrive, dit Bertin.

Il regarde sa belle-sœur froisser des papiers et demande :

— Tu as l'air énervé ?

— Ce sont les travaux de pègue qui m'embêtent, dit-elle. Regarde-moi cette poussière sur tout ! Et forcés de garder ces Bâbiasses trois mois devant les yeux, tu crois que c'est rien ?

— Y te gênent tant que ça ? s'étonne Bertin.

— Ô, c'est pas qu'y me gênent, mais qu'est-ce que tu veux... c'est agaçant ! crie Vincente. Les hommes, vous comprenez rien aux choses.

VIII

— Fille, fille, fille, fille ! Où est-elle encore ?

— Là, sous la table. Tu sais, elle ne va pas continuellement rester dans tes mains ?

— Ô si, je veux qu'elle y reste. Elle est trop belle. Remercie bien Géline, hé ?

— Va, je le savais que ça te ferait plaisir, dit Vincente en embrassant sa belle-sœur.

— Je comprends ! Au moins, c'est pas comme ces oiseaux qui sont dans les cages, que tu peux pas les toucher. Fifille ! Fifille !

— Elle est là. Vois !

— Elle fait des saletés partout, dit Mame.

— Ô, dit Florina, tu vas pas commencer, non ? Pour quatre crottougnes ! Je peux rien avoir alors, moi, pour me distraire ? Je suis pas assez malheureuse ?

Elle jette un regard méchant à sa mère et son menton tremble comme quand elle va pleurer.

— Tiens, la voilà, ta Bantam ! Garde-la dans tes genoux. Si tu la gâtes bien, elle restera.

C'est un homme près de Florina qui vient de se baisser, ramasse la petite poule criante de surprise et la met dans les doigts tendus. Au passage, il caresse de la main le souple plumage roux :

— Elle sera très jolie.

— Comment tu as dit en me la donnant, une « Batame » ?

— « Bantam », c'est cette sorte de poules naines qu'on appelle comme ça. Il y a la Cochinchinoise aussi. Il en existe plusieurs races.

— Moi, je l'appelle fille. Parce que c'est ma fille. C'est ma fifille, voilà.

Florina presse avec exaltation entre ses doigts la petite poule qui crie et bat des ailes.

— Ne la serre pas tant, dit l'homme, elle a peur. Si tu es bien calme avec elle, tu l'apprivoiseras facilement. Tu peux lui apprendre à se coucher, à faire la morte, à se relever à ton commandement. J'ai connu une dame à Manosque (Basses-Alpes), elle en avait élevé une comme ça qui était devenue très gentille.

— Oui, j'aimerais bien... rêve Florina. Ça me fait penser... dis Mémoire, le marmotton alors, tu as pas pu en avoir un ?

— Non, ça n'a pas été possible. Sinon, je te l'aurais porté, va !

— Hé ben, merci ! dit Mame en hochant la tête. Nous manquaraï qu'aco !

— Ô toi ! dit Florina, tu ne sais que grogner.

C'est un après-midi de plein beau temps dans la pièce des Revest où est le divan de Florina. La jeune fille, aujourd'hui, est resplendissante de beauté. Pour peu, on croirait qu'elle va se lever et marcher, portant sur des cuisses et des jambes de reine ce torse d'une si parfaite forme et cette tête où tout rayonne de vie. Il y a des heures comme ça où l'épanouissement de cette infirme est extraordinaire. Puis, soudain, elle se fane et tombe, corolle éclatante devenue chiffon.

— Dis, Mémoire ?

— Oui, belle ?

Alors, c'est tout ce que tu m'as porté ?

— Y te plaît pas le petit théâtre ?

— Oui, mais...

— Tu as vu comment je l'ai fait ? Avec cette vitre sur une boîte à la moitié du couvercle, derrière je t'ai peint le décor, tu as vu les cocotiers, comme en Afrique ?

— Tu y es pas allé en Afrique !

— Je suis pas allé en Afrique ? J'y suis né. C'est toi qui as manqué d'être tué pour avoir embrassé une danseuse à Beb-Saïda ?

— Toi, tué ? Ô, raconte-moi !

Florina danse assise, sa petite poule sautant avec elle. Le colporteur rit avec malice :

— Non, va, c'est pas vrai.

— Menteur !

— Mais si tu veux, je te raconte quand même...

— Ô toi, pour inventer !

— Pourvu que ça soit joli, pas besoin que ce soit arrivé, dit Mémoire.

— Quelle poussière ! s'exclame Vincente. On peut pas fermer, cependant ? Y fait trop beau !

— Si tu restais pas devant la fenêtre au moins, dit Mame, tu la recevrais pas tant. Tu te plains et tu restes devant la fenêtre.

— Ô, c'est pareil, vous savez ?

Mame se penche au-dehors à côté de Vincente qui n'a pas bougé :

— Qui c'est celui-là ? dit-elle. Il a l'air de te connaître ? Y regarde de notre côté. Et le jeune qui lui va derrière ?

— C'est les deux qui logent chez Géline, Milan et Humberto.

Vincente se retire en arrière. Mémoire prend sa place :

— Quel mouvement ! dit-il. Je la connais cette Société. Il y a cinq ans, ils ont creusé pour l'eau comme ça, à Manosque. Ils sont tombés à trois reprises dans de vieux cimetières du Moyen Age. Juste, je passais. Ils avaient entassé les ossements des côtés de la tranchée, je ne sais pas ce qu'ils en ont fait après.

— Les os des chrétiens, ça se laisse en terre sainte, gronde Mame. Vaï, vaï toutes ces nouveautés, moi, ça me plaît guère ! Nous étions plus malheureux d'aller chercher l'eau à la fontaine ou au puits de la cour ?

— Merci ! dit Vincente, j'aime mieux l'avoir au robinet de l'évier, c'est plus commode.

— Et moi à la salle de bains, dit Florina. Dis, Mémoire, tu en as vu, toi, des salles de bains ?

— Des salles de bains ? Ô, oui ! Ça, j'en ai vu, de toutes les manières.

— Raconte.

— J'en ai vu une, tiens, à Marrakech, dans le Maroc, que toute ta chambre, ta maison, ton entrepôt et un bout de ta rue y rentreraient dedans. Le fond du bassin, il est tout en petits morceaux de turquoises, bien arrangés. Y a des sources tièdes qui viennent par en dessous. Il y a des fontaines de parfum qui se versent dedans. Il y a des tourterelles avec la gorge poignardée qui viennent se poser sur des petits îlots de fleurs flottant à la surface : des daturas, des jasmins, des grands lis, des tubéreuses, rien que des fleurs épaisses et blanches comme la cire, avec leur odeur qui te tourne la tête. Oui, rien que ça...

— Et puis ?

— Au milieu de la baignoire, il y a un pavillon qui flotte comme les jardins de fleurs grasses. C'est le bain de la princesse Ouargla. Il y a des rideaux en velours bleu qui tombent tout le tour, mais que personne ne relève parce que le dedans est tout rouge.

— Rouge ?

— Oui, belle, rouge du sang de la princesse et de son amant que le sultan a surpris un jour dans cette cachette.

— Et il les a tués ?

— Il les a fait lier l'un à l'autre et le même sabre leur a tranché la tête.

— Quelle horreur ! C'est des sauvages dans ton pays !

— Mon pays, c'est pas le Maroc.

— Ô moi, tu sais, tout ce qui est de l'autre côté de la mer...

— Tant pis, je ferme ! dit Vincente, qui est revenue devant la fenêtre, ce gros bruit m'énerve.

— Juste, je crois que ce garçon voulait te parler ? remarque Mame.

— Lequel ?

— Celui que je te disais tout à l'heure, le plus grand.

— Hé, je m'en fiche ! répond Vincente en fermant la fenêtre.

— Tiens, voilà Raphaëlle qui arrive.

On entend s'ouvrir la porte du couloir. Vincente s'avance :

— Ô Raphaëlle ! Bonjour !

La jeune fille blonde entre dans la pièce :

— Bonjour, tout le monde ! Ah, monsieur Mémoire, vous êtes arrivé ? Elle est contente, Florina ?

— Et vois ce que j'ai !

— Hou, la jolie petite poule ! Qui t'a donné ça ?

— C'est Angéline Raimondi qui l'a fait cadeau à ma belle-sœur pour moi.

— Hé ben, ça te distraira. Tu sais, entre nous, tu es mieux ici. Quel bouluge dehors !

— Comme poussière et bruit, dit Vincente, rappelle-toi que nous nous en souviendrons, de leurs travaux !

— Où ils en sont ? demande Florina.

— Y vont bientôt creuser devant chez vous autres, dit Raphaëlle. Et y sont nombreux. Au moins dix qui piochent ! Y en a un qui est beau comme tout, un grand qui a l'air de tout mener, un autre qui semble un peu le contremaître, et puis ceux du pays qui ont été embauchés. J'ai vu Piston, notre voisin Gardarein, Delmazzo. Et puis, à la mairie, j'ai vu Joubert, l'ancien plombier, et son fils Francis. Y cherchaient Pacha qu'on sait pas où il est passé, pour s'entendre avec lui, parce qu'y parlaient avec monsieur Barge, pour le travail de mettre l'eau dans les maisons, que ceux qui voulaient, ça les regarde, et cætera, et cætera... Et juste, ma mère m'avait envoyée faire la déclaration pour la nôtre de la rue de l'Église, que lorsque je me marierai, peut-être que je l'habiterai, alors j'aime mieux qu'y ait l'installation.

Vincente s'exclame :

— C'est vrai, ça ! Moi aussi, y faudra que je fasse la déclaration pour la rue des Aires.

— Tu veux te faire mettre l'eau ? dit Mame.

— Bien sûr, ce sera plus commode, Géline sera bien contente.

— Les gens savent plus comment dépenser leurs sous, déplore Mame.

— Et alors, continue Raphaëlle, y faut voir s'y sont culottés, ces Bâbis ! Ils adressent la parole à toutes celles qui passent. Y a un ouvrier, avec un sourire, ma belle, magnifique ! Y m'a crié : « Hé, madémoiselle, vous êtes fille ? Parce que je veux pas quitter d'ici sans me marier et vous me plaisez beaucoup ! » Seulement, y s'est fait attraper par le chef qui l'a appelé : « Imbécile d'Attilio ! »

— Attilio ? Je le connais. Il aime bien rire.

— Mais dis, quand même y faut pas exagérer !

— Ici, où on la mettra alors cette eau ? demande Florina.

— A la cuisine d'abord, dit Vincente. Puis une prise dans la cour. Et moi je veux un lavabo dans ma chambre

— Moi aussi, dit Florina.

— Et où ? dit Mame.

— Je sais pas, mais j'en veux un.

Tout le monde pense qu'elle ne pourra pas aller s'y laver, mais personne n'ose le lui faire comprendre :

— Tu sais pas, toi, ce qu'y te faudrait ? dit Mémoire. Il faudrait que je te trouve une de ces fontaines anciennes en cuivre ou en étain, avec un réservoir et une cuvette, qu'on place contre un mur sur un panneau de bois. Chez les messieurs, tu en as des choses comme ça, tiens au domaine des Buis, du docteur, y en a une. Ce serait facile d'y faire arriver et d'en faire partir l'eau et toi tu aurais qu'à ouvrir les deux petits robinets et tu la verrais couler ! Tu pourras même y tenir un pot de fleurs, ça te rappellerait la grande baignoire de la sultane Ouargla.

Florina bat des mains :

— Ô oui ! Que ça me plairait ! Cherche m'en vite une, dis, Mémoire ? Tu serais si gentil. Je te ferai donner les sous par mon frère.

— C'est pas la question. La question c'est de trouver. Je verrai à Draguignan où il y a un antiquaire.

— Si c'est une chose comme vous expliquez, dit Raphaëlle, en cuivre rouge, avec un réservoir et une cuvette pour mettre dessous, nous en avons une dans le grenier des Grangettes que nous en faisons rien.

— Tu crois que c'est ça ? demande Florina anxieuse.

— Je le crois. Écoutez, j'irai la voir si vous voulez !

— Oui, et puis si elle vous plaît, Bertin a qu'à venir un jour la prendre en passant par chez nous.

— Mais pour me la placer ? dit Florina.

— Quand vous ferez l'installation, ça marchera avec, dit Mémoire.

— Ô toi, alors ! Tu as de ces idées... merveilleuses ! Tu iras quand ?

— Demain, dit le colporteur.

— Qu'est-ce que tu as acheté ? demande Vincente à Raphaëlle qui arrange des petits paquets. Du ruban bleu ?

— Oui, tu sais maintenant c'est la mode dans les villes de se mettre un lien qui passe sous les cheveux, derrière les oreilles et puis tu le fais venir sur le dessus et tu te fais une belle ganse.

— Ah ! oui, j'ai vu la sœur de madame Eynaud qui en avait une, c'est joli. Tu vas te le faire ?

— Oui, j'ai envie.

— Qu'est-ce que c'est ? demande Florina qui penche la tête.

— C'est du ruban bleu, tu sais, je disais à Vincente : maintenant, dans les villes, c'est la mode de se mettre des grands nœuds sur la tête ; alors, j'ai acheté ce ruban...

— La sœur de madame Eynaud, elle en a un vert, dit Vincente.

— Moi, j'ai choisi bleu, parce que je suis blonde, dit Raphaëlle.

— Ô, j'en voudrais un ! dit Florina.

— Toi, y te faudrait rouge, dit Raphaëlle. Le rouge, c'est le fard des brunes.

— Le vert vif aussi me va bien.

— Oui, mais alors, si la sœur de madame Eynaud en a un, tu te donnes l'air de l'imiter, dit Vincente.

— Et c'est une femme qui a vilain genre, lance Raphaëlle.

— Ô dis, elle a du chic ! proteste Florina.

— Du Chic, je te dis pas le contraire, mais vilain genre, elle l'a. Genre grue, tiens, si tu veux bien dire !

— Tu sais, fait observer Vincente, maintenant, dès que tu es un peu habillée avec du rouge aux lèvres, tu as vite le genre grue.

— Moi, je me maquille pas, dit Raphaëlle.

— A ton âge, c'est pas pareil, dit Vincente.

— C'est vrai que cette femme, la sœur de madame Eynaud, hé ben, elle est vieille, elle a au moins trente ans, dit Raphaëlle.

— Moi, dit Florina, je trouve qu'un peu d'arrangement ça va mal à personne. Regarde-toi à la glace, tu te ferais les sourcils au crayon, ça t'irait pas plus mal. Y se voient pas, c'est pas joli, qu'est-ce que tu crois ? Et les lèvres ? Si tu y passais le rouge « M'amour », qui résiste aux baisers et aux larmes...

— Ô, je m'en fiche, dit Raphaëlle. Je plais encore trop comme je suis. Alors, tu vois ? C'est fatigant...

Elles se mettent à rire toutes les trois, puis Vincente s'installe, avec de la couture, aux pieds de Florina.

— Je vais faire une commission, dit Mémoire.

Il sort. Dans le couloir, on l'entend dire bonjour et deux voix lui répondent. C'est Bertin qui arrive avec Pépé. Ils entrent. Florina, installée comme une reine qui tient sa cour, embrasse Pépé et fait un sourire à Bertin qui lui dit :

— Ça va, tu es contente ?

— Très contente.

— Où elle est ? demande Pépé en s'asseyant près de l'infirme.

— Là, sous ma couverture. Ô, elle est sage ! Mémoire dit que si je prends patience, je pourrai l'apprivoiser.

— Oui, c'est beaucoup brave, ces petites poules.

— Mémoire dit que ça s'appelle « Bantam ».

— Qué drôle de nom ! J'aime mieux « poule naine ».

— Moi, je l'appelle « Fille ». Et puis, tu sais pas ? Mémoire m'a porté un théâtre, c'est joli comme tout, je te ferai voir. Devant, y a une vitre et derrière des cocotiers, comme dans l'Afrique qu'il y est né, qu'il a manqué s'y faire tuer pour avoir voulu embrasser une danseuse.

— Pas possible ?

— Oui, oui ! Alors, y m'a porté ce théâtre et puis y va m'arranger une fontaine que j'aurai qu'à ouvrir les deux petits robinets et l'eau coulera et même je pourrai y mettre un petit pot de fleurs, comme dans le bassin de la sultane, et juste que Raphaëlle elle en a une qu'elle en fait rien...

Raphaëlle ? C'est précisément à celle-là que pense Pépé : « Qu'est-ce qu'elle fait au fond de la pièce à soi-disant regarder les photos, avec tout son corps appuyé contre celui de Bertin ? Ces filles de campagne ; ça a pas de tenue. »

Le colporteur rentre. Il pose un léger paquet sur les mains de Florina.

— Qu'est-ce que c'est ? demande-t-elle.

Il a un bon sourire de joie :

— Ton ruban rouge pour te faire le nœud comme les autres. Ça te fait plaisir ?

— Ô toi, alors ! tu es trop gentil ! Té, je t'embrasse !

Elle lui fait claquer un gros baiser sur la joue, puis elle crie :

— Raphaëlle, viens voir !

— Raphaëlle ! crie Pépé. Alors, tu entends pas ? Tu es dans la lune.

Raphaëlle relève des yeux troubles et quitte à regret les photos qu'elle tenait, les mains près de celles de Bertin.

— Qu'est-ce qu'il y a ? demande-t-elle.

— Regarde mon beau ruban rouge. Allez, tu vas me coiffer tout de suite !

— Qu'est-ce qu'il y a ? dit Bertin qui se rapproche à son tour.

Pépé lui lance un regard sombre qu'il fait semblant de ne pas voir.

— C'est Raphaëlle qui m'a expliqué pour se mettre un nœud sur la tête. Dans les villes, y paraît que c'est la grande mode. La sœur de madame Eynaud, elle en a un vert.

— C'est une rouquine, dit Pépé d'un air méprisant.

— Raphaëlle, qui est blonde, elle l'a pris bleu. Moi, je l'ai pris rouge, parce que le rouge, c'est le fard des brunes.

— Tu crois que ça t'ira bien ? demande Bertin.

— Pourquoi pas ? Tu l'as pas vu, toi, à cette madame... je sais pas. La belle-sœur Eynaud, enfin !

— Moussette, dit doucement Bertin.

— Moussette ?

— Oui, c'est son nom : Moussette. C'est pas joli ?

— Ça vous fait rire, dit Florina, c'est un nom comme d'un gâteau aux blancs d'œufs.

— C'est un nom de grue, appuie Raphaëlle. Tu vois ce que je te disais ?

— C'est pas une grue, proteste Bertin.

— Non ? dit Pépé. Et qu'est-ce que c'est d'autre ? Ma mère a assez vu ses manières au domaine des Buis, quand elle venait passer l'été chez le docteur Barge. Elle en a fait pleurer des larmes à la dame, à courir tout le temps derrière le monsieur !

— Elle couchait avec le père Barge ? Celui qui a les furoncles ? demande Raphaëlle. Hé ben ! Elle est pas dégoûtée !

— J'en sais rien, c'était pas un ménage reconnu comme le maire et madame Eynaud, mais c'était des « je t'accroche par-ci, je t'accroche par-là », de quoi rendre tout le monde fou !

— C'est pas des femmes qui couchent, dit Bertin. Elle est séparée de son mari, elle est charmante, elle est libre, elle a de l'argent, alors on la critique, voilà tout. A Sainte-Trinide, on a les idées étroites. La langue des gens marche.

Il rit tout seul en parlant. Il pense que, depuis hier, il est obligé de porter autour du cou son cache-col en soie blanche des nuits de bal, pour dissimuler une mince blessure faite par des lèvres avides. C'était dans un bois de chênes, sur la route de Draguignan, où Moussette a dû s'avouer à elle-même qu'on peut être marchand de grains et beau garçon et où Bertin s'est confirmé dans cette idée qu'il faut toujours tenter une aventure.

— Alors ? dit Florina, tandis que Raphaëlle lui arrange les cheveux. Tu as remarqué cette Moussette ? C'est bien ou non ?

— J'ai jamais fait attention, dit Bertin.

— Moi, je suis sûre que ça t'ira, dit Vincente. Range-lui comme il faut, Raphaëlle.

— Regarde. Comme ça ? dit Raphaëlle. Donnes-y sa place, Pépé.

— Oui, c'est très joli, dit Florina, mais les bouts sont un peu longs. Mame, fais passer les ciseaux. Seulement y faut que je me remette un peu de poudre, pour être bien ocre. Fais-moi passer ma boîte, Vincente.

Tout le monde la sert. Elle a un sourire éclatant.

— Tu es belle, dit Bertin. Ça tombe bien que tu vas avoir de la visite.

— Ah oui ! Et qui ?

— C'est pour ça que j'étais entré. Mame, y faut débarrasser les étagères et préparer un peu de bière au frais. Y va venir le chef de chantier avec Pacha pour marquer sur le mur, là où on fera passer les tuyaux. Moi, je veux un lavabo dans ma chambre.

— Dans ta chambre ! gémit la vieille Mame d'une voix désolée.

« Y sont fous, y sont fous », elle pense, et, statue de la résignation, elle reste immobile devant les casseroles à déménager.

— Y en a guère qui se font pas mettre l'eau courante, dit Bertin. Tous les voisins, l'oncle Geoffroy, Dâvi, le boulanger Chabre et son concurrent Martin que c'est des gens qui ont beaucoup besoin d'eau pour pétrir, Mounine le boucher, Sicard.

— Que celui-là, dit Mémoire, étant marchand de vin, il a aussi beaucoup besoin d'eau...

— Ça, c'est vrai, dit Bertin, et il continue :

— Consolin, du *Bazar de Paris,* Grimaud le charcutier, les sœurs Bénédit quoiqu'elles soient bien vieilles pour se laver encore quelque chose, enfin tout le monde, jusqu'à monsieur le curé, figurez-vous ! Aux écoles, on va faire un petit bassin avec une cascade et un ruisseau pour apprendre les rivières et les fleuves aux petits.

Bertin pérore devant deux filles en admiration béate. L'une, Pépé, cette mince brune sauvage, trop attachée à lui, dont il a tout son saoul et qui commence à le fatiguer ; l'autre, Raphaëlle, cette fille blonde à chair dure dont il n'a pas une grosse envie, mais que peut-être un jour il épousera pour avoir d'elle de beaux enfants. Il y a aussi cette troisième qu'il est seul à connaître dans l'abandon de sa passion savoureuse de femme, cette troisième si vite demandée, si vite donnée, sans plus d'importance qu'une cigarette : Moussette. La première, la seconde, la troisième. Et cette quatrième qu'il ne connaît pas encore et qui ne sait pas elle-même qu'elle vient...

— Y a quelqu'un ? appelle une voix brutale. Bonjour la compagnie !

C'est Raimondi. Il entre le premier.

— Je m'en vais, dit Raphaëlle.

Vincente l'arrête :

— Tu as le temps. Bois un peu de bière fraîche. Bonjour, messieurs, dit-elle aux arrivants.

Milan di Castaldo et Humberto Allioni entrent derrière Raimondi. Attilio Donata les suit.

— Bonjour ! disent-ils tour à tour.

— Je te présente ceux qui nous font tant de potin et de poussière, dit Bertin à Florina. C'est ma sœur, précise-t-il, tourné vers les deux hommes ; malheureusement elle n'est pas bien portante.

— Ça ne l'empêche pas d'être ravissante, assure gracieusement Milan ; puis : Nous vous ennuyons beaucoup, mademoiselle ?

— Que voulez-vous ? répond Florina, le proverbe dit qu'y faut savoir souffrir pour être belle. Nous, ça sera pour être propres.

— Bientôt vous retrouverez votre calme et vous aurez l'eau bien claire dans la maison.

— Ça sera avec plaisir ! Ah, vous savez, y faudra que vous regardiez un peu si vous pourrez m'installer ma petite fontaine.

Attilio fait de vastes sourires à cette jeune fille plus jolie que toutes celles qu'il a déjà remarquées, puis il voit Pépé et Raphaëlle. Il est ébloui par tant de splendeurs.

— Bonjour, madémoiselles ! jette-t-il à la ronde.

— Tu les connais ? demande Raimondi.

— Je connais toutes les belles madémoiselles que le bon Dieu il a fabriquées.

— Quelle fontaine ? demande Milan.

— Je vous expliquerai, dit Mémoire.

Humberto se tient à sa place, discrètement, comme c'est son habitude.

Mémoire ne parle pas beaucoup non plus. Lui, il n'est bien que seul avec Florina. C'est son amie, c'est son adoration, les autres ne l'intéressent guère.

— Eh bien, allons le voir le travail, dit Bertin, et puis nous boirons un coup, que la poussière doit plutôt vous sécher la gorge !

— Ah ça oui ! dit Raimondi. Bonne idée !

Le groupe d'hommes passe dans la cuisine, puis dans la cour, Vincente et Pépé tirent des verres du placard et les arrangent sur la table. Raphaëlle, décidément, préfère s'en aller. Elle voit qu'elle n'aura plus besoin de rester seule avec Bertin. Avant de partir, elle embrasse Florina, Vincente, même Pépé. Elle ne la craint pas, Pépé. Quoiqu'elle n'ait jamais reçu de confidences, elle sait que l'histoire date de longtemps et elle a deviné la lassitude du jeune homme. Il n'y a qu'à attendre que le fruit desséché tombe seul de la branche.

Les hommes sont revenus et la voix grossière de Raimondi domine les autres. Il avale son verre d'un coup :

— Rentrons ça avant qu'y pleuve, dit-il en tendant à nouveau le verre vide.

Attilio lui tient tête. Mais Humberto boit aussi peu que Milan. Avec un gentil sourire, ce dernier reprend des mains de Florina le verre qu'il lui a fait passer et demande aimablement à la jeune fille si leur bruit, quand même, ne l'empêche pas trop de se reposer dans le jour ? Elle regarde ce garçon énergique et droit, au regard dur, aux yeux directs, qui se penche sur son mal avec tant de sollicitude. Une seconde, elle pense comme ce serait bon de s'abandonner à la protection de ces bras solides : « Il me porterait, pense-t-elle, il me porterait partout au bout du monde, là où les baisers des danseuses font mourir, là où les rideaux de velours bleu sont doublés de rouge par le sang des amants. S'il m'aimait, il me porterait sur l'eau et je cueillerais les jasmins dans les jardins qui flottent et la tourterelle poignardée se reposerait sur mon épaule. Il me porterait s'il m'aimait. Seulement, seulement... »

Un bruit de quelque chose qui tombe, de corolle éclatante qui se fane en chiffon, un bruit que personne n'aurait entendu si Vincente et le colporteur ne tendaient aussitôt les bras pour recevoir ce corps qui s'abandonne.

Son masque tragique renversé dans ses grands cheveux noirs, Florina reste immobile, dans l'attente douloureuse des larmes qui vont venir. Sa belle-sœur est tendrement penchée sur elle, guettant le mal.

— Sortez, dit-elle aux hommes, elle a sa crise. Y vaut mieux la laisser.

Raimondi s'étouffe dans son dernier verre. Milan regarde Florina. Bertin les pousse doucement dehors. Il a peur quand sa sœur est dans ces états. Et voilà qu'il se heurte dans l'entrée à une fille de seize ans qui a des yeux d'une pureté vide, des cheveux clairs comme ses yeux et bien arrangés en deux tresses qu'elle épingle autour de sa tête... Il l'interroge d'un bonjour surpris. Elle répond d'une voix d'enfant :

— Je suis Inès, ma sœur Zelmira Cognata m'envoie, s'il vous plaît, parce que le garde demande Milan, à propos des autorisations.

— Moi ? dit Milan. Alors, il faut que j'y aille.

— Vous reviendrez ? lui dit Bertin.

Il sort. Bertin regarde Inès. Il ne sait pas encore que c'est elle la quatrième.

IX

Et maintenant, une semaine plus tard, à nouveau, il la regarde. C'est un dimanche après-midi, à la « Cantina del Piemonte ». Angéline, Pépé, Raimondi, Vincente, Bertin ont accepté de venir. Humberto, Delmonico, Aldo, Tosella, Genovesi, tous sont là, joyeux, en complets verts, marron, gris clair, avec l'éclat d'une cravate rouge ou jaune vif. Attilio seul ne s'est pas changé. Milan est élégant dans son éternel pantalon de toile pâlie sur une chemise nettement repassée de frais.

Inès est debout devant la cheminée, comme une claire statue. Elle chante d'une voix douce :

Amor, amor,
porte-mi tanti fiori.

Avec sa coiffure à la Junon où ses cheveux épais, d'un blond pâle, sont disciplinés, presque arrangés un par un depuis leurs racines, bien retenus ensuite par cette natte de mêmes cheveux, d'un lisse de rubans tressés ; avec ses yeux sans couleur, pleins d'un vide qui semble pathétique ; avec cette bouche d'enfant ouverte comme pour attendre sa becquée de la vie, la jeune fille, qui est encore une enfant, demande à l'amour de lui donner toutes ses fleurs. Et parmi ceux et celles qui l'écoutent, combien tendent leurs mains pour la même mendicité ?

— Bravo ! Bravo ! Qu'elle chante bien !

— Elle a une voix de prima donna, dit Zelmira.

Maintenant, c'est Attilio qui joue de la guitare, et, en même temps, il danse d'une manière comique.

— Celui-là, dit Zelmira, il engendre pas la mélancolie.

— Hé, vous ne venez pas danser, madémoiselle Pépé ? propose Attilio.

Pépé hésite, elle en a bien envie, oui, bien envie. D'autre part, elle se met dans son tort si elle danse la première avec un autre. Que pourra-t-elle dire quand Bertin invitera Inès et quand il invitera Raphaëlle ? Rien, n'est-ce pas ? Elle restera la plus bête ! Alors, elle ne bouge pas de son coin. Elle regarde, avec un sourire distrait, le grand garçon joyeux balancer son visage de rire, ses cheveux au vent, sa bouche qui lance la chanson et toute cette sorte de gros désir de joie qui virevolte avec lui. Elle attend. Mais alors, voilà qu'elle voit avancer Bertin :

— Vous dansez, mademoiselle ? dit-il à Inès.

— Oui, monsieur, dit la jeune fille et elle pose tout de suite, sur l'épaule de Bertin, son étroite main blanche où brille une bague avec un visage de la Vierge en émail bleu.

— Moi aussi ! crie Pépé à Attilio qui l'attrape au vol.

Vincente a peur et envie que Milan l'invite, mais il ne bouge pas, il s'est même assis, alors elle est un peu vexée.

— Maintenant, dit Zelmira, il faut boire.

— Vous vous déciderez à me panser mon pied ? dit Milan.

— Vous vous êtes blessé ? demande Vincente.

— Oui, je me suis coupé l'orteil dans l'espadrille, en marchant sur de la tôle et ça s'est envenimé.

— J'ai mis l'eau à bouillir, dit Zelmira.

Elle fait au chef de chantier un tel regard d'adoration que Vincente pense d'un coup : « Ça, par exemple, y coucheraient ensemble ? »

— Allons, buvons, dit Raimondi. Moi, les balettis, c'est pas mon fort. Monico, viens de mon côté ! Aldo, Tosella !

Déjà, il s'est installé, les cuisses largement écartées, et il a débouché les bouteilles de vin blanc. Angéline a honte pour lui, elle surprend sur elle le regard d'Humberto Allioni, ce garçon qui a l'air de comprendre bien des choses. Elle fait asseoir les trois petits qu'elle a amenés. Elle les surveille, parce que Marie-Louise et Henri veulent avoir chacun un verre. François, lui, ça lui est égal, mais il faut taper sur les doigts crispés d'Henri, pour lui faire lâcher prise, et enfin il renverse le vin sur son petit blouson bleu pâle, en trépignant.

— Qué cochon ! crie son père. Je te gifle, tu vas voir !

— C'est rien, va, dit Humberto, pleure pas. Y faut pas le gronder.

Bertin s'est assis à côté d'Inès. Il la regarde, rose et blanche comme une porcelaine transparente.

— Et vous êtes Italienne ? demande-t-il.

— Mais pourquoi ? dit-elle.

— Les Italiennes sont noires, d'habitude.

— Pas toujours. Ma mère était de Venise. Elle chantait au théâtre, mon père l'a enlevée, après elle est morte. C'était une blonde.

— C'est pour ça que vous avez une si jolie voix ? Et de si jolis cheveux ? Vous êtes toute jolie, ajoute-t-il plus bas.

« Qué sainte nitouche, pense Pépé. Celle-là, j'aurais dû m'en méfier dès le premier jour. Ces petites genre Madone, je les retiens. » Entre ses réflexions, elle écoute Attilio qui lui dit :

— Vous êtes la plus belle du monde entier. Jé vous adore.

Elle est triste. Elle comprend que Bertin se détache d'elle. Pour se distraire, elle écoute la voix criarde de son père qui demande à la ronde :

— Comment, vous connaissez pas l'histoire ?

— Non, dit Tosella. Raconte-la-leur.

— C'est vrai que vous êtes pas du pays, dit Raimondi. Ça vaut le coup ! Ce Delmazzo, qu'on l'a surnommé : « Mita de gaôu », « Moitié de coq » en français, il est un peu simple. Alors, vous allez rigoler. Une fois, figurez-vous, on avait fait combine ensemble. J'étais au bistrot avec un collègue et une pute de Marseille. Mon Delmazzo, il arrive et tout de suite y vise sur la femme. Y me prend à part :

— Y a pas moyen ? dit-il. Elle me plairait.

« J'y dis :

— Essaye !

« Y vient à notre table, y se pousse contre la femme qui rigole. Après, y propose :

— Si vous voulez, on va manger à mon bastidon, je paye le poulet et le lapin. On fait une nouba pépère !

— Allez ! nous autres nous disons.

« On va chez Grimaud, y prend un poulet rôti, un lapin espillé, tout nettoyé, plus qu'à le faire cuire ; après, il achète du roquefort, du pain, la dame-jeanne de vin, tout ! En sortant de chez Grimaud, y me dit :

— Tu me donneras vingt francs dessus, parce que ça me fait beaucoup de dépenses, qué ?

— Sois tranquille ! j'y dis.

« Je n'en pensais pas moins, vous devez vous le croire ! J'avais mon idée.

« Au bastidon, on mange, on boit et toujours Delmazzo y poussait la femme. Et y la pince si fort qu'elle gueule, puis comme il se fait tard, je dis au collègue :

— Allez, on met les bois ? Demain y faut travailler.

— Allez ! y dit.

« Et la femme dit :

— Allez !

« Delmazzo, lui, y regarde la femme et y se met à dire :

— Vous êtes pas pressée vous ? Vous travaillez pas ? Si nous se tenions un peu compagnie.

— Ah non ! elle dit ; moi, mon beau, y faut que je rentre. Les clients m'attendent.

« Elle cligne de l'œil au collègue que moi je savais qu'ils allaient ensemble pour le frotti-frotta.

« Alors, le collègue dit à la femme comme d'un air d'être en colère : Vous partez, vous restez ? Faudrait savoir.

— Je pars, elle dit la femme.

« Là, alors, vous auriez pas pleuré ! Mon « Mita de gaôu », y vient rouge comme un gratte-cul et y rouspète :

— Comme ? Vous partez ? Qué cative ! Elle veut me laisser seul, cette mauvaise ?

« Y le prend au rire, y lui envoie la main au cul. J'y dis :

— Allez, laisse-la ! Tu vois bien que tu y plais pas ?

« Mais elle, elle se retourne, mon vieux, elle te lui colle une de ces baffes... Qué rire ! Avec le collègue, nous se pissions aux brayes, force de plus en pouvoir !

« Delmazzo, il avait tellement bu qu'y restait debout comme un gêgi. Y nous regarde passer la porte, la nuit était claire pareil qu'à Noël. Le collègue y se met à gueuler *La Tosca :* « Le ciel luisait d'étoiles... » Je vois que la femme devient toute molle, alors je leur dis : « Moi, je vous quitte, hé ? » Ils attendaient que ça, les marque-mal !

« L'autre, il en est pas encore revenu ! Quand y me rencontre, y me dit : « Ô, et mes vingt francs, quand c'est que tu me les donnes ? » Chaque coup, j'y réponds : « J'irai les porter à ta femme un de ces jours, qué ? Tu as dû y raconter d'où je te les dois ? » Il est fou, y peut rien me répondre, parce que sa femme elle l'incendierait si elle savait le vrai de l'histoire ! »

Pépé détourne la tête : « Y me dégoûte », pense-t-elle.

— Alors, on danse plus ? crie Attilio qui commence à en avoir assez.

— C'est vrai ! dit Pépé. Dansons vaï, ça vaut mieux qu'écouter des bêtises.

— Votre eau est bouillie, dit Zelmira, vous venez ?

— Qu'est-ce que vous avez fait ? demande Pépé.

— Je me suis coupé le pied avec une tôle. Ce n'est rien, mais il faut le soigner.

Inès s'approche :

— Ça va pas mieux ? dit-elle.

— On va voir, dit Milan.

Il s'assied sur le banc et allonge sa jambe devant lui, après avoir démaillotté son pied des bandages.

Zelmira se penche dessus et retient son souffle.

— C'est pas beau, dit Milan.

— Ça vous fait rien de me passer le saladier d'eau bouillie, mademoiselle Pépé ? prie Zelmira. Inès, tiens-moi la cuvette pour y mettre les cotons sales.

Angéline s'approche à son tour :

— C'est bien irrité, dit-elle.

— Le pauvre, y doit souffrir ! gémit Zelmira.

— Si c'était moi, je tournerais de l'œil, dit Pépé.

Vincente éprouve une irritation dédaigneuse. Ce gros pied d'homme, nu là devant elle, avec ses tendons, ses veines apparentes, ses petits bouquets de poils dessus, comme c'est laid ! Et ces ongles durs, recourbés en griffes, qui doivent faire du bruit en tombant quand on les coupe... Elle n'aime pas ce pied d'homme, elle n'aime pas soigner les hommes, se coucher devant à plat ventre comme ces trois qui sont là, dont une tient le pied, l'autre le saladier, l'autre la cuvette... Pourtant, par politesse, elle s'approche.

— Vous allez vous salir, dit Milan. Vous en avez des bellures !

Il passe la revue de la jupe et de la petite veste bleu de ciel qui vont si bien à Vincente. Au poignet, au col, elle a des pierres bleues en bracelet, en broche. Il se moque d'elle :

— Vous êtes trop chic pour venir chez des ouvriers. Ici, le genre c'est d'être taché et un petit peu déchiré comme moi.

— Ou comme moi ! s'esclaffe Attilio en montrant sa poche arrachée.

— Qui t'a raccommodé ça ? demande Milan. C'est comme une toile d'araignée mal foutue.

— Hé, moi ! dit Attilio, qui veux-tu que ce soit ? J'ai point de femme, moi !

— On vous a jamais refusé, dit sèchement Zelmira, vous aviez que de le demander.

— Oui, les femmes, dit Milan, pour ça elles sont bonnes, y faut le reconnaître. Pour ça, pour vous soigner quand on se fait mal et vous faire la cuisine. Après ça, tu peux tirer l'échelle !

Son pied est pansé. Il se met à cheval sur le banc où il avait allongé sa jambe. Il baisse le bas de son pantalon, il continue.

— Autrement, les femmes, c'est quelque chose de complètement inutile.

— Vous êtes aimable ! dit Vincente.

— Pardon, pardon ! proteste Milan d'une voix forte et en levant la main : la reconnaissance, je l'ai ! C'est bien ce que je dis. Vous êtes bonnes à soigner, à raccommoder, à faire la cuisine, c'est ce que je dis. Après, le reste...

— Et les bises ? jette Zelmira, c'est Attilio qui viendra te les faire, les bises ?

Tout le monde rit. Bertin, qui boit avec Raimondi, rit aussi de son coin. Vincente, assise sur le bord de la table, reste glaciale.

— Les bises ? s'exclame Milan. Ah ! les garces, elles nous les vendent cher, leurs caresses !

Il s'est dressé, son grand corps robuste bouche toute la porte d'entrée. Il s'étire, il regarde dehors le mistral qui s'est levé passer comme un cheval emballé, en traînant des débris d'arbres et de terre. Il a l'air de rêver.

— A San-Spirito, dit-il, au-dessus de Turin, ma grand-mère avait une campagne, avec des camélias superbes contre un mur. Il n'y avait jamais de mistral, parce que autrement les fleurs seraient tombées. Le camélia, ça craint beaucoup le vent... C'est vrai, ça craint le vent.

— Allez, on danse ? crie Attilio.

— Moi il faut que je parte, dit Vincente. Ma belle-sœur m'attend. Et toi ton frère, dit-elle à Bertin, c'est l'heure de sa quadrette. Si tu es pas là, y fera un malheur.

— Vous partez, monsieur Bertin ? dit Inès. Mais vous reviendrez ?

— Bien sûr, dit-il, puis un dimanche nous irons tous à ma campagne de l'allégrerie. Delmonico m'a promis de me trouver l'eau.

— Sûr, je la trouverai ! dit Delmonico. Avec le pendule, je trouve tout ce que je veux, l'eau, l'or, le pétrole...

— Je me contenterai de l'eau, dit Bertin. Enfin, nous nous entendrons pour ça. Au revoir, tout le monde !

— Au revoir, répète mollement Vincente.

Elle se contente de partir. Voir ce Milan, ce Bâbiasse avec son mépris des femmes, ça l'a énervée. Devant l'entrée, qu'il bouche toujours de sa masse, elle dit d'un ton froid :

— Pardon, monsieur.

— Faites madame, dit-il.

Il s'efface et elle a tout juste le temps de sentir passer sur sa joue le regard d'un œil tendre, comme un velouté d'aile de papillon. Elle en reste saisie.

Dehors, elle respire le vent :

— Hou, on est bien ! dit-elle, je n'ai même plus vu Géline et les petits, tellement j'étais mal. On étouffait dans cette baraque d'Italiens.

Elle reste une minute silencieuse, tandis que son beau-frère et elle descendent la rue des Aires, puis elle demande :

— Tu fais la cour à cette Inès, maintenant ?

— Pourquoi ? dit-il.

— Je l'ai bien vu. C'est fini avec Pépé ?

— Ça a jamais commencé.

— O, c'est pas à moi que tu vas dire ça ?

— Tu veux en venir où ?

— Que ton écharpe est trop mince pour cacher tes marques.

— Et tu sais que c'est Pépé ?

— Qui, alors ?

— Des plus calées en amour…

— Ah oui ? Pas Raphaëlle, je suppose ?

— Laisse Raphaëlle tranquille.

— Qui alors ?

— Dis, tu es pas jalouse par hasard ? Parce que tu sais, j'en serais plutôt flatté !

Elle rit aux éclats, ça la détend, ça lui fait du bien.

— Que tu es bête, mon Dieu ! dit-elle.

— En tout cas, appuie-t-il, je suis pas seul à te trouver charmante.

— Ah oui ? Tu m'intrigues.

— Avec ça que tu as pas deviné ?

— Qui ?

— Ce Milan, voyons ! Ça crève les yeux.

Vincente rit encore aux éclats :

— Tu crois que je lui plais ?

— Il est beau type, tu sais.

— Tu as le pourcentage ?

— Ça me fait peine de te voir languir comme ça !

— Toi, alors, comme bêtise ! Tiens, rentre, va, que nous sommes arrivés. Lysée doit être dans un bel état !

— Ô ben, y transpirera un peu plus, voilà tout !

Vincente retient de la main l'avancée de son beau-frère.

— Elle pleure, murmure-t-elle.

— C'est toujours la même histoire, grogne Bertin. Voilà. Nous sommes sortis tous les deux. A la fin, elle exagère.

— Attends, je vais ranger ça. Y faut voir qu'elle est malade. Toi ne te montre pas et va attendre Lysée au café de Salernes.

Bertin repart. Vincente entre dans le salon :

— Qu'est-ce qu'il y a ? demande-t-elle.

— Ah tu arrives ! crie Élysée. Ce qu'y a ? Ce qu'y a ? Y a que cette pauvre petite, elle se désole parce qu'elle est seule.

— Et Mame ?

— Elle va, elle vient... Elle a sa lessive...

— Et Mémoire ?

— Y l'embêtait, elle l'a fait partir.

— Et toi ?

— Moi ? D'abord je sais pas quoi lui raconter ! Et puis, y faut que j'aille faire ma quadrette, moi !

— Vas-y, que ton frère t'attend depuis un moment au café de Salernes, je l'ai vu quand je suis passée en venant de chez les Raimondi.

— Mais vous étiez pas à la cantine, avec Bertin ? demande Florina.

Jusque-là, elle a caché une tête obstinée dans ses bras et elle a reniflé avec de petits sanglots.

— Leur cantine, dit Vincente, c'est une belle baraque.

— C'est vrai, tu t'y es pas amusée ? Viens à côté de moi.

— Attends, dit Vincente, je vais faire le chocolat, nous goûterons.

— Ah oui ! dit Florina dont le visage s'éclaire.

— Pourquoi tu as fait partir Mémoire ? demande Vincente d'un air sec.

— Y m'aime trop celui-là. A la fin y me tape sur les nerfs.

— Et ta petite poule ?

— Mame l'a menée dans la cour. Elle me grattait la main, ça m'agaçait.

— Puisque nous devions sortir, tu aurais dû inviter Raphaëlle ?

— Ô celle-là ! Pourvu qu'elle vous parle de son genre de pas se farder, de ses grands-parents Bourges qui étaient riches, de ses idées de mariage... Elle m'ennuie.

— Tu t'en rends compte, Florina, de tes manières ? dit sévèrement Vincente. Tu crois que c'est gentil ce que tu nou. fais, de nous prendre des crises de colère ou de larmes, comme l'autre soir devant ces ouvriers, parce que je sais pas quoi te passe par la tête ? Moi, écoute, j'aime mieux te prévenir, mais si tu continues dans cette façon, plus personne voudra t'aimer.

Florina baisse à nouveau la tête. D'un ton boudeur, elle demande :

— Quelle façon ?

— De trouver que les gens t'aiment trop, justement, de suivre tous tes caprices, de supporter personne.

— Ah oui ? Et qui m'aime ? Qui m'aimerait plus ? Personne, hé ? Vous vous en fichez pas mal de moi, tous autant que vous êtes !

— Mauvaise, dit Vincente, tu mériterais bien, va...

— Moi, je suis malade ! crie Florina.

Elle se rejette sur ses oreillers et recommence à gémir :

— Vous autres, vous allez, vous venez, vous êtes debout, vous mangez à table, le soir vous allez dans le lit, le matin, poff, vous sautez par terre, vous grimpez les collines, vous descendez dans les ruisseaux. Moi, rien, rien, toujours couchée, toujours couchée !

— C'est pas une raison pour être méchante ! dit Vincente.

Elle garde sa voix froide, elle sait qu'elle est seule à pouvoir dire ces choses à sa belle-sœur.

— Oui, je suis une méchante ! crie encore Florina, je suis une méchante, je le sais, et je le fais exprès d'être une méchante parce que je suis malade et vous non ! Je le voudrais que vous soyez tous malades, tous, tous. Et moi non ! Alors, oui je serais contente !

Elle frappe son oreiller de son poing cripé et sur sa joue, Vincente voit couler de lourdes larmes qui font un ruisseau. Elle se penche et prend le pauvre beau corps dans ses bras. Elle embrasse les pleurs sur cette peau douce et dans la fluide chevelure, elle verse des paroles de consolation :

— Mais non, mais non tu n'es pas méchante. Au

contraire, quand tu veux tu es bien gentille; tu vois, justement, c'est ce qu'on a dit de toi là-bas. « Elle a l'air beaucoup gentille votre belle-sœur et puis elle est si jolie. »

— Ah oui ? Qui disait ça ?

— Qui ? Ceux qui sont venus ici : Humberto, Attilio.

— Et le grand, non ?

— Quel grand ?

— Le grand, là, le chef du chantier, il y était pas ?

— Si.

— Il a rien dit ?

— Si. C'est lui qui a parlé de toi en premier.

— Il est gentil alors ?

— Oui.

— Y me plaît, je l'aimerais, un homme comme ça.

Vincente rit :

— Je lui ferai la commission, si tu veux ?

— Ô moi, dit Florina, on peut pas m'aimer.

Son visage est redevenu triste et les deux lignes s'approfondissent que la souffrance a creusées trop tôt dans les traits d'une enfant. Son regard perdu voyage au loin.

— Tu vas pas recommencer, non ?

— Je vais pas recommencer, mais c'est vrai, va, je le sais, qu'on peut pas m'aimer d'amour et même quand je le dis pas, j'y pense.

— Tiens, voilà ton chocolat, coupe Vincente.

Elle sert sa belle-sœur, puis elle se met à goûter avec les petits gestes calmes de son habitude. Pourtant, en elle, un remuement de marée reprend et rejette ses pensées comme des épaves. Tout ce qui tourne autour de sa vie en ce moment se mêle et se démêle : cette pauvre petite rendue si capricieuse par son mal et la misère de savoir que jamais un homme ne l'aimera, sauf cet Arabe dit « Mémoire », ce colporteur dont les fils Revest, trop orgueilleux, ne voudraient pas comme beau-frère. « Un aventurier ! » dit Élysée avec le plus grand mépris. Bon, il y a ça. Et puis il y a Géline. Elle avait les yeux rouges et la bouche bien tombante cet après-midi. Pacha a dû faire encore une scène. Celui-là, comme il est devant les gens et chez lui, ça fait deux. « Coq de carrière, douleur de maison. » Le jour où il a giflé Géline pour la première fois, pendant qu'elle pleurait lui il est allé manger les crêpes chez Geoffroy qui les avait invités tous les deux. Son cœur, c'est une pierre de marbre. Encore une qui était pas contente : Pépé. Elle faisait trop mal semblant avec Attilio. Ce Bertin, dans son genre, c'est un putassier de la plus belle eau. Il a Pépé, Raphaëlle, maintenant il a l'air de chercher Inès. Et la bugadière des Eynaud raconte qu'il va prononcer avec la sœur, la rousse, celle qu'il appelle Moussette. Et sûrement que les petites ont raison, elle est pas sérieuse. Moi je suis embêtée par Bertin, par Raimondi, par ce vieux Barge, le maire, qui me refait la proposition chaque minute qu'y me voit..., celui-là, ça le tient : « Je t'aurai avant de mourir ! » y m'a dit. — « Au besoin, j'ai répondu, nous ferons ça dans votre tombeau ! » C'est pour ça que j'épouserai Lysée. D'être veuve pas trop vieille, ça vous met tous les hommes après les jupes comme des chiens. Et maintenant... Ô non ! Si cette espèce de type, ce Milan, que je reconnais qu'il est pas mal, se met à me chercher, cette fois alors, c'est le comble. Qu'est-ce qu'ils ont tous, de tant penser à l'amour ?

X

Cette vaste pièce de terre qui tient le fond du pays, elle est d'un rouge saignant, lisse et gonflée comme un cœur. Sa pointe en vient juste toucher le dernier carrefour avant l'Allégrerie. Deux routes encadrent ses côtés, celle de Boscodon à gauche, celle de l'Aumône à droite. Et quand on est debout sur le bord coupé net du plateau des Aires, on voit très bien cette forme de cœur. La base en est Sainte-Trinide. Bordée par l'avenue de la Gare et la rue du Portail, la grosse bourgade presse les unes contre les autres, en hauteur, ses maisons autour de son église, escaladant la colline par les ruelles des Migraniers, du Laurier, des Treize-Vents, faites d'escaliers sous des voûtes. Quand on va à pied vers l'Allégrerie, on traverse les Aires, on descend sur l'avenue de la Gare, on prend le chemin des Argeïras qui vous laisse sur la route de l'Aumône. Encore un petit morceau à faire puis on y est. A droite, il y a l'allée qui conduit tout droit à l'Allégrerie, mais comme elle est mal entretenue, on entre, plus loin, par la route, sur la terrasse. De vieilles herbes jaunes sèchent entre les dalles, autour d'une simple fleur blanche sans parfum, que les enfants appellent « pipe de mai », et dont ils arrachent les cinq pétales gras pour fumer la tige qui porte une ronde poche brune. C'est une fleur qui ne sert qu'à ça.

Mame Granier, quand on l'appelait Françoise, et même toute petite Zizi, en a arraché bien souvent de ces pipes de mai pour ses compagnes de jeu qui sont maintenant, ou mortes comme la mère Geoffroy, ou ne vous parlant plus pour une histoire de quatre sous comme la femme du boucher Mounine, ou mariées au diable comme cette Louisette Guérin qui est, dit-on, vers les Antilles, vous vous rendez compte ?

Depuis que pour épouser Henri Revest, elle a quitté sa maison de jeunesse, Mame n'a plus bougé de place et elle compte bien finir comme ça. « A quoi ça sert, dis un peu, de courir à droite ou à gauche que, t'en fais pas, la mort finit bien par te trouver quand même ? Allez, allez ! Où le bon Dieu t'a mis, c'est que tu dois y rester. Elle a eu sa part sur cette terre, trois beaux garçons, c'est pas pour dire. Son aîné, ç'a été un malheur de le perdre mais Élysée c'est du solide et çui-là, ce fou que tout à l'heure y nous jette dans le ravin, je le crois ce que la belle-fille raconte, que toutes les femmes lui courent à l'après. »

Mame regarde son dernier-né avec orgueil. Assise à côté de lui sur le siège de la camionnette, elle tente de tenir bien d'aplomb sur elle, le poêlon du civet de lapin.

De temps à autre ainsi, elle semble sortir d'un rêve et c'est pour dire :

— Moun dîou, qué malheur ! Que tu vas vite !

Bertin rit aux éclats. Ses cheveux sont emportés par le vent derrière lui. Il chante à pleine voix fausse :

Amor, amor,
donne-mi tanti fiori

En même temps il pense à Moussette qui, hier soir, voulait lui faire encore une autre marque. Elle est folle. Merci ! Porter le cache-col avec ce soleil, ça n'a rien d'amusant ! Sa chanson s'arrête. Il songe à cette scène avec Pépé, oui, il lui a encore manqué le rendez-vous à celle-là, et alors ? Les femmes, à ce qu'il comprend, elles sont extraordinaires. Parce qu'on les a voulues une fois, mettons plusieurs fois même, il faudrait les vouloir toujours. C'est un peu ridicule. Pépé, il l'a trop laissé s'attacher à lui. C'est qu'il n'avait encore personne à cette époque de ses dix-huit ans. Maintenant, elle devrait bien comprendre. « Mais non, elle ne comprend qu'une chose : elle m'aime toujours, moi non. Qu'est-ce qu'y faut y faire à ça ? »

Entre lui et sa mère, sur le siège, on a fait monter les trois petits Raimondi. Dans la caisse de la camionnette, sur des paquets de sacs vides, sont assises Angéline, Vincente, Inès et Zelmira. Auprès d'elles bien arrangée sur un matelas et de gros coussins, Florina est installée comme une reine fainéante. La joie éclate sur son visage. Tous les étés, on la sort un peu comme ça, pour aller à la campagne et ça lui fait un gros plaisir, surtout quand on est en bande comme aujourd'hui.

Accrochés sur les bords des ridelles, il y a Élysée Revest, Milan di Castaldo, Humberto Allioni, Pacha et Delmonico. D'une conversation entre l'équipe et Bertin d'abord, puis Élysée ensuite, il est ressorti que ce garçon italien, Monico, était sorcier. Bien des fois, Mame a entendu dire à son père : « Ah ! si on avait l'eau à l'Allégrerie, ce serait un trésor ! » Il n'y a pas même un puits, on n'a jamais eu qu'une citerne.

Alors Bertin et Vincente ont décidé Lysée, toujours si mou, à préparer cette sortie, tous ensemble, pour aller se rendre compte sur place. D'abord on devait aller seulement l'après-midi, puis les femmes ont proposé : « A tant faire, portons-y le dîner, on profitera mieux. » Zelmira a préparé la polenta avec la sauce au poulet ; Angéline, des omelettes d'artichauts et Mame, ce gros civet. Tout le monde est content. Pépé a déclaré qu'elle ne venait pas, qu'elle avait promis sa journée.

— A qui ? lui a demandé Florina, la veille au soir.

Elle a gardé un sourire mystérieux, en regardant son

amant du coin de l'œil. Mais comme Attilio a refusé aussi, Bertin a compris et il a pensé : « Elle peut bien y coucher avec son mange-macaronis. Qu'est-ce que je m'en fous ! »

Le colporteur Mémoire viendra peut-être à pied par les chemins. On a jusque amené « La fille ». Pour le moment, elle est tenue prisonnière, mais tout à l'heure on lui attachera une ficelle à la patte et on la fera promener dans l'herbe.

En l'honneur de la circonstance, Zelmira s'est frisé, hier soir, les quatre cheveux de son dessus de tête. Ceux de derrière, dont la permanente est depuis longtemps détruite, pendent lamentablement dans son cou. Ce sont des choses qu'Inès n'arrive pas à faire comprendre à sa sœur. Appuyée contre elle, elle la fait paraître encore plus laide, par le paisible éclat d'une beauté de statue. Sous son air naïf, elle fait des combinaisons qui pourraient bien la mener à devenir Mme Revest. Ces gens sont des gros et Bertin est loin de lui déplaire.

L'arrivée à Allégrerie est une fête. Mame et Zelmira se consacrent aussitôt à la cuisine. La vieille cheminée est toute salie de suie mouillée, mais les hommes apportent des brassées de bois sec et l'humide est vide chassé par le feu.

— Oui, c'est ma maison de jeune fille, dit Mame ; du temps des Granier, elle était pas tant à l'abandon. Nous y restions huit mois de l'an et le reste, nous y venions, avec ma mère et moi, sur l'âne, que mon père le menait. Dans ces jours, c'était une chose bastide pleine de tout.

Elle se sent un peu vivante aujourd'hui, à revoir sa demeure d'enfance dont jamais elle ne parle sans que son vieux cuir racorni ne tressaille de regret.

Vincente et Angéline ont installé Florina sur la terrasse, mi-ombre mi-soleil. Pendant que Bertin arrange la chaise longue avec le matelas et les coussins, Milan tient la petite poule et lui gratte le dessus de la tête, disant d'un ton doux :

— Fillia fillia fillia !

— Vous voulez que je regarde tout de suite ? demande Delmonico.

— Allez ! dit Élysée.

Ils partent tous les deux vers cet endroit où, sous un marronnier poussé seul, l'herbe est toujours verte. Monico lève le nez et dit :

— Ça sent l'eau.

Il sort de sa poche une ficelle fine, au bout de laquelle pend une petite boule de plomb. Il dit encore :

— Pendule.

Et il se met à marcher en avant, promenant au-dessus de la terre, son magique instrument.

— Inès, venez visiter ma campagne, dit Bertin.

Inès le suit. Ils entrent dans la maison, heurtent Raimondi qui en sort, deux bouteilles à chaque main :

— Ô, Pacha, tu es déjà au travail ?

— Je mets au frais, dit Raimondi. J'aime pas de boire chaud.

— Voilà la cuisine, dit Bertin ; elle est grande, hé ? La salle à manger la fait deux fois. Voyez, au fond, y a la cave avec tout ce qu'y faut pour faire le vin, seulement la vigne est morte. Y faudrait replanter. La terre est infestée de romarins et d'argeïras.

— Qu'est-ce que c'est, argeïras ?

— Vous avez pas vu, cette espèce de genêt plein d'épines, à fleurs jaunes, que ça sent si fort ?

— Ah, c'est ça ?

— Oui. Ça détruit tout. Surtout sans eau, on peut pas lutter.

— L'escalier il est large. Où y va ?

— Aux chambres. Y en a quatre : deux devant, deux derrière et un débarras. Nous montons ?

— Si vous voulez. C'est bien, dit-elle là-haut où elle arrive un peu émue.

Ils ont tous les deux le cœur qui bat fort.

— C'est bien, hé ? C'est vieux, naturellement, ç'a éte abandonné, mais avec un peu de réparations...

— Moi, j'ai toujours eu envie d'une grande maison ancienne, comme ça, pour y installer mon ménage de dame...

— Hé ben, vous en avez une ! dit Bertin en haut. Je vous la donne, elle est à vous.

Inès rit. Sa gorge blanche fait trembler la lumière. Bertin a envie de mordre à ses petites dents. Il dit :

— Allez ! je vous signe l'acte.

— Sur quoi ? elle demande riant aussi, nous avons point de papier ?

— Là-dessus, dit-il.

Il l'enserre vivement. Elle veut s'échapper, mais déjà une bouche chaude presse sur ses lèvres.

— C'est très mal, dit-elle toute rouge, descendons.

Ses petits talons tapent au long de l'escalier. Quand elle arrive en bas, dans la cuisine, sa sœur la fixe au fond des yeux.

Delmonico et Lysée ont transporté la grande table du dedans sur la terrasse, auprès de Florina, et les femmes commencent à mettre le couvert. Bertin les regarde aller et venir, apportant les assiettes et les verres, Zelmira sur ses maigres mollets de coq, Inès sur le tac-tac de ses talons pointus, Vincente sur le balancement moelleux de ses hanches. Il les regarde, les compare et pense combien il aime les femmes, leurs formes, leurs gestes gracieux et qu'il voudrait toujours en avoir quatre ou cinq autour de lui. Ça lui aurait plu d'être un genre de sultan du Maroc ou quelque chose comme ça et avoir ses favorites, les unes pour la cuisine, pour les enfants, pour la maison ; les autres pour la danse, les plaisirs, l'amour. Il s'amuse à penser au choix qu'il ferait parmi celles qu'il connaît, s'il était libre. Voilà : pour la maison, les enfants, ce serait Raphaëlle. C'est son rôle tout craché. Pour l'amour, ce serait Pépé. Non... pas Pépé, puisqu'il n'a plus de désir pour elle. Non,

Pépé, elle aiderait à la cuisine, et le soir, de temps en temps, il l'appellerait dans sa chambre pour la consoler. Alors ce serait Inès, cette nouvelle, lisse et d'un blond pâle, blanche de peau et si chaste, qu'il frémit du plaisir de la troubler. Seulement, elle durerait combien celle-là ? Le calme, ça plaît un moment, puis on en a assez. Eh bien, il ferait venir Moussette. Ça, oui. Moussette, c'est l'amusement, le rire, les caresses, la danse, à tort et à travers ; Moussette ? Un beau petit chameau, il l'a deviné tout de suite. Alors, finalement, avec Raphaëlle, Pépé, Inès, Moussette, il ne trouverait pas le moyen de se faire son bonheur ? Il y en a peut-être une qui les réunit toutes les quatre sans en avoir l'air, celle qui a ce visage couleur de blé mûr et cette ardeur secrète qu'on devine. Malheureusement, là, il n'y a rien à faire, c'est sa belle-sœur.

Il les regarde, toutes ces femmes. Maintenant, Inès est avec Vincente, à côté de Florina. Elles lui ont préparé une petite table volante. Zelmira, assise sur la pierre de seuil de la maison, écoute Mame, appuyée contre la porte, lui confier le secret de son civet. C'est vrai que ce parfum domine toutes les bonnes odeurs qui viennent de la cuisine et chatouillent l'appétit.

— Vous comprenez, dit Mame avec importance, le centre du lapin, c'est la sauce.

Zelmira a l'air de comprendre, même elle approuve en hochant la tête :

— Hé, voui, la sauce, c'est tout. Le lapin, de sa propre viande, c'est une chose molle qui a pas de goût, dites la vérité ? Si tu l'entoures bien, alors elle prend du relevé.

— Sûr dit Mame. D'abord, y lui faut beaucoup de bonnes herbes. Tu en as qu'une fois qu'elles ont mis une feuille de laurier et deux brins de thym, elles se croient d'en avoir fini. Moi, y me faut quatre feuilles de laurier au moins, une bonne branche de thym, un bout de romarin, un bout de pèbre-d'aï et, si tu trouves de la marjolaine, tu en ajoutes, avec un gros paquet de persil. Ça, voui, c'est un bouquet garni que c'est un bouquet garni ! Et tu le mets la veille dans la marinade, parce que, à vous, je vais vous le dire, et, vous savez, je le dis pas à tout le monde : le gros secret de mon civet, il est dans le fond de la marinade. Moi, le fond de la marinade, voilà comment je le fais...

— Man, on mange pas ? crie Bertin. Moi, je la crève !

Mame ressaute et jette un regard apeuré vers son fils :

— C'est pas moi, dit-elle, moi, je suis prête, c'est Lysée qui blague, tu vois pas ?

— Lysée ! crie Bertin. On mange pas ?

— Oui, oui ! crie Lysée.

Il se tourne vers Bertin :

— Tu aurais mieux fait d'écouter, dit-il. Çui-là, avec son air de rien, il en sait, des choses intéressantes !

Il frappe sur l'épaule de Delmonico, dont le visage éclate d'orgueil. Ce petit homme maigre, mal fait, portant sur deux jambes tordues un bassin déjeté, un buste au dos rond et une poitrine creuse, a la tête pleine d'idées d'un créateur. Milan prend plaisir à le voir faire, le soir, quand, ayant planté aux bouts de la rue du Portail, les piquets surmontés des disques rouges : « Attention ! Travaux », ils remontent vers la cantine del Piemonte. Là, tout de suite, le manœuvre ouvre quelque gros livre, crasseux d'avoir été trimbalé malgré qu'il en ait grand soin et s'isole dans sa lecture.

— Vous avez encore des gens, dit-il, mais c'est des gnares, poverello, des gnares ! Qui vous disent que tout ça, c'est d'histoires pour endormir les bambinos. Mais, monsieur, la preuve, elle en est là ! Votre eau, je l'ai pas encore trouvée, mais je la trouverai si elle y est. Parce que ça peut pas se faire autrement. Mon pendule, y connaît pas le mensonge. Seulement y faut le temps, vous comprenez. Ah ! si j'avais l'installation de monsieur le professeur Haalk...

— Qui c'est celui-là ? demande Bertin qui s'est approché.

— Le professeur Haalk, monsieur ? C'est un radiesthésiste, comme on l'appelle, qu'il a eu une idée : y s'est dit que la terre est beaucoup grande et que jamais y vivrait assez pour découvrir tout ce qu'y voulait. Alors, il a fait monter ses appareils sur une auto, et comme ça y visite trente kilomètres par jour, vous vous rendez compte ?

— Et qu'est-ce qu'il a trouvé ? demande Bertin.

— De tout. Du charbon, dans la Pennsylvanie, un peu plus tard, dans l'Ontario, des nouvelles couches de minerai de nickel. Et y dit que sous l'eau de la mer, qu'elle occupe plus des soixante et dix pour cent de la surface terrestre, soixante et dix pour cent, vous m'entendez ? il dit qu'y a des couches métallifères aussi riches que celles de la terre ferme.

— Comme tu fais pour retenir tout ça ? admire Élysée.

— Il l'apprend par cœur, dit Milan, il est tout le temps dans ses livres, c'est forcé !

— Ah, on mange ! dit Bertin ; Nous aurons le temps de parler après le dîner.

— J'apporte le pastis, dit Raimondi.

Sur la table rustique en ciment, où le père Granier a incrusté des fragments brillants d'assiettes cassées, la bouteille d'absinthe et la cruche fraîche sont préparées.

— Toi, tu perds pas le nord, qué Pacha ? plaisante Élysée. L'eau qui est sous la terre, elle t'intéresse pas. Tu préfères celle de dessus, à condition de guère en mettre dans ton verre, pas vrai ?

— Le pendule, tu comprends, explique Delmonico à Bertin, ses amplitudes varient selon que tu es sur l'eau ou sur la terre...

— Venez boire frais, mademoiselle Inès, dit Bertin

— Ô, vous pouvez me dire Inès tout court !

Zelmira regarde le fils Revest avec une grimace qui veut être un sourire. Elle pense que ça ferait un joli mari pour sa sœur

— Maintenant, tu as les récepteurs de radio, continue Delmonico, que c'est encore plus sensible.

— Bois, dit Raimondi à Delmonico, ça te fera oublier tes couillonnades.

— Tu en veux un peu de pastis, Florina ?

— Ô non, dit Mame à Bertin, ça va y faire mal.

— Et pourquoi tu veux que ça y fasse mal ? Y a que de le lui préparer léger.

— Avec un sucre, alors, dit Florina.

Inès se précipite à la cuisine. Bertin la coince juste dans le cadre épais de la porte. Au passage, il heurte un petit sein dressé à sa rencontre.

— Ô pardon ! dit-il.

Maintenant, on est à table. Au bout qui est le plus rapproché de la maison, Mame et Zelmira, femmes-servantes, sont assises en biais sur leur chaise. Élysée tient le milieu du couvert. A côté de lui, il a fait mettre Delmonico qu'il admire peureusement. De l'autre côté, il y a Vincente. Puis la petite table de Florina devant sa chaise longue, séparant juste Vincente de Milan, puis Humberto et on arrive à l'autre bout. Là, il y a François, Angéline, Marie-Louise, Henri et Raimondi. Puis Inès et enfin Bertin. Ça fait quinze personnes, de quoi garnir une belle table.

Les assiettes voient vite passer le salami italien, fourni par l'équipe, et les olives vertes et noires du verger de Soleilhas. Alors Mame se lève discrètement et, revenant de la cuisine, pose sur la table un vaste plat que remplit le civet de lapin. Bertin va en chercher un autre et là, on commence à se régaler.

Élysée, qui a attaché sa serviette à son cou, malgré les efforts de Vincente pour la lui faire poser sur les genoux, proteste :

— Ah vé, laisse-moi manger comme je veux, qu'autrement tu me coupes tout l'appétit !

Tenant son quignon de pain tout entier serré dans sa

main gauche, comme s'il avait peur qu'on vienne le lui prendre, il pique à la fourchette les gros morceaux de viande brune, enrobés de sauce.

— Votre sauce..., dit Zelmira.

Fermant les yeux, serrant les lèvres, elle balance la tête de droite à gauche. A la fin, elle met ses doigts maigres en bouquet sur ses lèvres fanées et elle termine :

— C'est une fleur !

— Ah ! pour ça, ma mère, dit Bertin, elle a toujours été cuisinière extra.

— J'aime beaucoup faire la cuisine, moi aussi, dit Inès.

— Et moi j'aime beaucoup la cuisine bien faite, dit Bertin. Alors nous irons d'accord !

Il rit aux éclats, montrant tout le dedans frais de ses yeux et de sa bouche. Il mange presque aussi mal que son frère, mais par la grâce de sa jeunesse, c'est moins vilain.

— Je vous l'ai dit, répète Mame à Zelmira, le vrai secret du civet, c'est le fond de la marinade et y faut y penser la veille : tu prends le foie, tu le piles, tu piles quatre gousses d'ail, un péçu d'oignon, deux grains de genièvre quand tu peux, et ça que c'est une chose que tu le croirais jamais, deux anchois ! Je te parle pour un gros plat, sinon tu en mets qu'un.

— De l'anchois ?

— Oui ! dit Mame. Ça vous paraît drôle, qué ? Eh bien, c'est ce qui fait bon. Tu piles bien tout ensemble que ça te rende une belle pommade. Là-dedans, tu verses doucement le sang de ton lapin, tu tournes avec bien de patience, puis chinchérin-chinchérin tu arroses d'un verre de fine. Le lendemain, quand tu as fait cuire ta bête, tu ajoutes ça au dernier moment, juste avant de lier ta sauce avec ta farine et ton vin. Tu laisses faire deux tours sans que ça bout et tu mets ton poêlon sur le côté du fourneau. Je vous en dis des nouvelles. Tu en mangerais sur la tête d'un galeux !

— Je comprends ! dit Zelmira, y a qu'à voir comme y se

lèchent les doigts. Vous me la marquerez sur un bout de papier, votre recette ?

— Moi, dit Mame, je sais pas écrire, mais je vous la ferai donner par ma fille. Hé, Florina, tu y marqueras ma recette à la dame ?

— Fais-moi penser, dit Florina.

— Merci bien, dit Zelmira. J'irai vous la demander.

Après le lapin, Angéline apporte les omelettes, les coupe et sert chacun à la ronde. Dès la première bouchée :

— C'est sec, dit Raimondi d'un ton bourru.

— Quoi ? demande Angéline.

— C'est sec, je te dis ! On croirait d'amadou.

Il fait une grimace d'étouffement. Sa pomme d'Adam s'agite sous la peau rouge de son cou.

— Bois un verre, dit Bertin, ça la mouillera.

— Je te crois que je bois ! Des plats comme ça, on boirait un tonneau !

— Et qui t'empêche ? dit Bertin en riant.

— Ne le poussez pas, va, qu'y se pousse assez tout seul, dit Angéline.

— C'est ça, dis que je suis un ivrogne maintenant ? Pas assez de faire l'omelette sèche comme une semelle, insulte-moi !

— Qu'est-ce que vous lui reprochez à cette omelette ? Elle est bonne comme tout, dit Humberto.

— Moi, je la trouve bien à point, dit Milan.

— Moi, je la trouve magnifique, appuie Humberto.

Jusque-là, il s'est occupé de François, tandis qu'Angéline s'occupait de Marie-Louise et d'Henri. Raimondi a assez à faire à s'occuper de lui-même. Le bout de la serviette enfoncé dans le gilet, il se nourrit. Entre-temps, il boit. Puis il gueule avec un gros rire :

— Quand mon verre est plein je le vide, quand il est vide je le plains !

Florina est tout éclairée de rose. Pour elle, ce sont de vrais plaisirs, des journées pareilles. A côté de sa chaise, il y a ce grand garçon qu'elle trouve si beau, ce chef d'équipe, ce Milan qui se penche à chaque minute sur elle, pour lui demander si elle n'a besoin de rien. Quand il ne la regarde pas, c'est elle qui détaille ce profil volontaire, ce front large, ces cheveux hardiment rejetés et le pli amer de cette bouche passionnée. Mais quand il la regarde, elle baisse les paupières, car les yeux du garçon sont directs et audacieux.

Elle a mis ce matin sa blouse rouge à pastilles et, tout à l'heure, sous prétexte de mal à la tête, elle a défait tous ses épais cheveux noirs qui, seulement retenus au-dessus du front par le ruban écarlate, lui coulent autour des épaules. Elle sait qu'elle est belle et maintenant elle sent que les yeux de Milan le lui disent. Elle fait des rêves de joie, oubliant son mal.

A présent, c'est Zelmira qui apporte sa spécialité : la polenta, avec deux poulets rôtis. De la cuisine, on l'entend appeler :

— Milano ! Viens un peu m'aider.

— J'y vais, dit Delmonico qui est plus près.

— Non, Milan, dit-elle, il a mieux l'habitude.

— Vas-y, Humberto dit Milan ; moi j'arrange mademoiselle Florina.

Humberto lui obéit. Dans la cuisine on entend Zelmira lui parler vivement en italien. Et quand elle sort, elle semble avoir la figure de travers. Mais des applaudissements saluent les deux plats de polenta qui, décorés avec les morceaux de poulets ruisselant de jus, sont appétissants.

Delmonico, d'enthousiasme, monte sur sa chaise, en criant à pleine gorge :

— *Eviva l'Italia !*

— Servez-vous comme vous voudrez, dit Zelmira.

— Moi, j'aime le blanc, dit Raimondi.

Humberto en pique vite un morceau qu'il coupe dans l'assiette de François. Un autre pour Marie-Louise et Henri. Il sourit :

— Les petits, y faut un peu les gâter, dit-il.

Angéline regarde ce bon visage clair de garçon franc avec gratitude, tandis que Raimondi fait la tête.

— Merci, dit-elle à voix basse.

— On boit de bons coups ici, mais y sont rares ! crie Raimondi. Où il est le châteauneuf ?

— Dans la cuisine, dit Bertin, je vais le chercher.

— Je vais avec toi !

— Hé, reste assis ! D'abord, tu ne tiens pas debout.

« Mon Dieu, déjà ! » pense Angéline.

— Venez, Inès, vous en porterez une, commande Bertin.

Quand ils reviennent, une mèche blonde, glissante comme un serpent, s'est détachée de la coiffure de la jeune fille. Assis à nouveau, Bertin presse son genou contre un petit genou tiède qui ne le fuit pas.

Le vin généreux s'échauffe dans les veines. Mame, déjà levée de table, s'en va faire la vaisselle. Zelmira emporte la salade à laquelle personne n'a touché. Puis Vincente, commençant à desservir avec Angéline, donne le fromage et les fruits. C'est la fin. Tous les ventres sont pleins à craquer. Élysée, rouge comme un soleil couchant, essuie à grands coups de mouchoir la sueur qui trace des ruisseaux sur sa face luisante. Il n'a plus aucune force pour réagir contre Delmonico qui lui parle avec une fureur têtue. A travers un nuage, il entend les mots : « Attraction de la terre, couches conductrices », et répond : « Sûrement, tu as raison », en essayant de tenir les yeux ouverts. Enfin il abandonne :

— Moi, je vais m'allonger sous le marronnier, tu me porteras le café, qué Vincente ?

Raimondi s'attrape à la table, veut se lever mais y arrive mal :

— Hé, pars pas ! Quand on s'amuse, tu pars !

— Reste tranquille, lui dit Angéline.

— Toi, dit-il, dès qu'on rigole un peu, y faut que tu

grognes. La rigolade, tu y comprends rien ! C'est malheureux, mais c'est comme ça.

Il regarde Humberto et Milan :

— C'est vrai, il redit, elle y comprend rien. L'autre soir, je voulais y faire une bonne manière. On était couché, je me tourne de son côté...

Bertin se lève de table :

— Tu es saoul, Pacha ! dit-il. Venez, Inès, nous allons manger le dessert sur l'herbe.

— Allez ! dit-elle.

Ils partent en riant, emportant des fruits et vont s'asseoir à dix pas, le dos appuyé contre le parapet de la terrasse. On entend d'abord leurs voix gaies qui deviennent des chuchotements. Zelmira les regarde avec indulgence :

— Sont jeunes, dit-elle.

Humberto a pris sur les genoux le petit Henri et lui fait : « Beau front, beaux yeux, nez de carcan. » Celui-ci rit, mais bâille.

— Je vais le coucher, dit Angéline, y se meurt de sommeil.

François et Marie-Louise restent à jouer autour de la table. Vincente s'occupe du café. Milan, Humberto et Delmonico sont assis autour de Florina. C'est à ce moment que le drame arrive.

— Alors, y a plus rien à boire ? crie Raimondi.

Personne ne fait attention, sauf Bertin qui, de loin, répond en riant :

— Ô Pacha, prends la dame-jeanne, y reste encore du vin.

— Viens boire avec moi, alors !

— Non, dit Bertin, saoule-toi la gueule mais fous-moi la paix !

Raimondi se lève avec un geste désespéré et va prendre au pied de la citerne, la bonbonne de dix litres aux trois quarts vide. Il la brandit au-dessus de sa tête et marche en criant :

— Qui veut boire un coup ? Personne ?

Angéline, qui arrive avec le pot de café, le regarde et hoche la tête, mais avant qu'elle ait pu dire quelque chose, son mari a crié :

— Tant pis, je bois seul, alors !

Et soulevant la dame-jeanne à deux bras, il fait couler dans sa bouche un gros jet de liquide. Seulement, en même temps, son pied incertain bute contre une pierre, il se balance une seconde, puis il s'écroule au sol, crachant, jurant, couvert de vin et de débris de verre.

Angéline, étant la plus près, s'est élancée pour le relever :

— Laisse-moi ! il crie. Garçasse ! Que c'est toi qui m'as fait tomber avec ta manière de me regarder ! Tu crois que je t'ai pas vue ?

Du torchon qu'elle tenait à la main, elle lui éponge le devant de la chemise et du pantalon qui sont rouges.

— Tais-toi, dit-elle, au moins tais-toi devant le monde, je t'en prie !

— Oui, c'est toi qui m'as fait tomber ! Oui, c'est toi, je le sais, va !

Il est fou de rage. La brume de l'ivresse lui fait voir les Revest et tous ces Italiens moqueurs, et, au premier rang de tous, sa femme se tordant de rire. La colère l'étrangle :

— Ça se fout de moi ! Une femme qui sait seulement pas faire l'omelette d'artichauts. Une bonne à rien ! Une putassière ! Tiens ! il crie.

Et se relevant d'un coup il se jette sur elle.

La gifle et le mot sont partis en même temps. Du groupe, qui jusque-là ne songeait qu'à prendre la chose en plaisanterie, des protestations jaillissent. Humberto se dresse brusquement, sa chaise tombe derrière lui.

— Reste tranquille, murmure Milan.

— Toujours la même brute ! dit Vincente en s'approchant de son amie.

— Qué cative ! dit Zelmira.

Bertin, retenant contre lui Inès qui s'est à demi dégagée, presse doucement, dans deux grandes mains, la courbe d'une taille mince. Les histoires de Pacha et de Géline, ce n'est pas neuf pour lui. Il s'en fiche.

Milan et Delmonico restent sans paroles, ils ne sont pas chez eux, mais on sent qu'ils ne donnent pas raison à Raimondi. Humberto a pâli et tremble de rage.

— C'est un saoulard, on le sait, dit Milan.

Florina pense que si un homme se risquait à la traiter comme ça, elle le tuerait. Élysée ne s'est pas éveillé. Il dort à l'ombre du marronnier touffu. L'ivrogne est retombé à terre, dans son vin.

Du coin de la terrasse, deux yeux de peur et de haine se sont accrochés à lui. Personne n'y fait attention. Ce sont ceux de son fils aîné. Ceux-là, s'ils étaient des poignards, trouveraient aisément leur but et la brute s'écroulerait définitivement. Marie-Louise, Henri sont petits, ils ne se rendent pas compte, ils n'ont pas vu comme lui, tant de fois, pleurer leur mère, ils n'ont pas frémi, recroquevillés dans leurs lits, en entendant les grandes disputes, les assiettes jetées à terre ; ils ne connaissent pas encore ce qui peut faire qu'à dix ans un petit garçon n'a plus très envie de rire. Il se serre contre sa mère qui reste immobile, sans une parole.

A ce moment, un « Hou-hou » joyeux retentit sur le chemin.

— Qu'est-ce que c'est ? Par exemple, dit Vincente, c'est Raphaëlle !

Et elle pense : « Celle-là, elle arrive bien... »

Les hommes ont couché Raimondi dans un coin à l'ombre et l'ont enroulé dans une couverture pendant que ses vêtements sèchent au soleil. Il s'est à moitié endormi, après avoir engueulé tout le monde et vomi. Angéline, honteuse, est partie dans la cuisine avec Vincente. François est vite revenu contre elle et il passe doucement sa main sur la joue chaude de sa mère. Henri repose toujours et Marie-Louise continue à s'amuser aux pierrettes.

— Bonjour ! crie gaiement Raphaëlle à l'entrée de la maison. Qu'est-ce qui vous arrive d'être dedans ?

— Nous avions chaud, dit Vincente. Géline était un peu fatiguée.

— Et Bertin ?

— Il est par là, dit Vincente. Mais toi, comment tu as su que nous étions là ?

— Tu sais bien qu'on voit votre terrasse depuis les Grangettes ? dit-elle, et, avec l'ancienne longue-vue de mon père on distingue tout. Alors, je vous ai aperçus et je suis venue. Où il est Bertin ?

— Tu as bien fait, dit poliment Vincente.

Et encore une fois elle pense : « Y en a peut-être qui seront pas trop contents. »

Elle sort sur la terrasse, elle crie :

— Florina ! Bertin ! Y a Raphaëlle.

Dans cette cache verte, derrière le massif de romarins, il y a du mouvement et Bertin se lève en disant d'une voix molle :

— Bonjour...

Raphaëlle s'approche, elle voit Inès. Elle dit :

— Bonjour Bertin. Bonjour mademoiselle.

— Mademoiselle Inès qui est venue un peu nous voir. C'est la sœur de madame Cognata, de la cantine du Piémont, tu sais ? explique Bertin.

— Ah oui ! dit Raphaëlle d'un ton glacé.

Elle se tourne vers Florina :

— Eh ben, tu es heureuse, toi, là ?

— Ô oui ! dit Florina.

— Tu as ta petite poule ?

— Oui, elle picote dans l'herbe. Tiens, je te présente trois jeunes gens, ce sont ceux qui font les travaux pour l'eau.

— Je les connais, dit Raphaëlle, on voit qu'eux dans la rue du Portail !
— Nous aussi, on vous a vue passer, dit Milan.
— Enfin, voilà, c'est Milan, Humberto et Delmonico. Je sais jamais vos autres noms.
— Ça n'y fait rien, dit Milan.
— Et mademoiselle, c'est Raphaëlle Bourges, une de mes amies.
Élysée se réveille et s'approche :
— Té, Raphaëlle ? Bonjour. Moi, j'ai bien dormi. Alors, monsieur Monico, nous allons encore nous en servir, de votre petit machin ?
— Si vous voulez, dit Delmonico qui sort déjà de sa poche la ficelle et le plomb.
— Et Vincente ? demande Élysée.
— Elle est dedans, dit Florina. Elle console Géline que, pour pas changer, Pacha s'est saoulé et lui a fait une scène, y l'a giflée.
Élysée hoche la tête :
— D'homme qui boit, dit-il, que veux-tu attendre de bon ?
— Pourquoi elle quitte pas ? demande Humberto.
— Elle a trois enfants, dit Milan, ça ne doit pas être commode.
— Avec ça, dit Élysée, c'est feignant comme une couleuvre. Quand y voit le travail à la place de Salernes, y fout le camp à la place de Varrage. Où il est ?
— Y cuve son vin, dit Florina.
— Qué salaud ! dit Élysée.
Il redemande à Delmonico :
— Alors, nous y allons ?
Ils s'éloignent tous les deux. Raphaëlle s'assied auprès de Florina. Angéline et Vincente sortent de la maison et viennent faire groupe. Zelmira et Mame se sont armées de couteaux et vont couper de l'herbe pour les lapins.
— Si on veut manger les bons civets, dites, y faut bien

penser à nourrir les bêtes, fait remarquer Mame. Le grain, à la longue, les échauffe, un peu de cardelle, ça les rafraîchit.

Avant de partir, Zelmira est allée trouver Inès dans la cache des romarins et elle lui a dit quatre mots secs en italien. La petite s'est levée, a défroissé sa robe, a lissé sous les tresses le tissu blond pâle de sa coiffure, puis a fait comprendre à Bertin qu'il valait mieux aller avec tout le monde parce que autrement elle se fait gronder. Bertin a compris. Il a dit :

— Bon.

Puis il a demandé :

— Après on va à Soleilhas, vous viendrez avec moi ?

— Oui, a-t-elle promis avec un sourire secret.

Alors, ils sont retournés auprès de Florina.

Raphaëlle, rouge et brûlante jusqu'au bord de ses cheveux flambants, les a regardés s'approcher d'un air détaché, puis elle a essayé son charme sain sur les deux autres garçons, mais cet Humberto a l'air de penser à autre chose et ce Milan, que comprendre ? Elle pense à se venger avec éclat de l'affront que lui fait aujourd'hui Bertin Revest. Ah ! si seulement Francis Joubert était là, le fils de l'ancien plombier, ce garçon qu'elle a connu avant son service et qui est revenu bien embelli et qui, l'autre jour à la mairie, avait l'air de la serrer de près... Ô mais, ce ne sera pas difficile de le retrouver et Bertin verra si on s'amuse d'une Raphaëlle Bourges ! S'il ne la connaît pas, il apprendra à la connaître. « Et tout ça pour qui ? Pour une petite Bâbiasse qui sait pas se tenir, pas s'habiller, rien ! Qui est raide, plate, coiffée comme une statue ! Je suis bien bête de me faire du mauvais sang, j'en trouverai tant que je voudrai, des garçons ! Si c'est pas Francis Joubert, ça sera un autre. »

Sa petite bouche, mince et étroite, se serre de mépris. Elle comprend qu'il vaut mieux qu'elle s'en aille, de quoi elle a l'air ? Bertin lui a seulement pas adressé deux mots.

— Tu t'en vas si vite ? dit Florina.

— Ô oui, ma chère mère m'attend. Je suis juste passée pour te dire bonjour à toi.

Zan ! Là, elle a bien marqué le coup. Il a dû comprendre. Maintenant, elle peut partir.

— Tu viendras me voir à la maison ? insiste Florina.

— Oui, bien sûr. Seulement, je vais être beaucoup occupée, parce que Joubert, l'ancien plombier, doit venir avec son fils nous faire des réparations aux Grangettes. Tu le connais, Francis ?

— Oui, dit Florina.

— Il est bien, qué ? Il a beaucoup de chic, y me plaît et y me fait la cour.

Là-dessus, elle enfourche sa bicyclette et disparaît, dansant sur ses pédales.

— Au revoir ! lui crie Bertin quand même un peu vexé.

Maintenant, l'après-midi tire en longueur. La scène de Raimondi a jeté un froid. Florina commence à porter la fatigue de son excitation... Bertin est tout morose d'avoir été dérangé. Heureusement que, dans un moment, ils partiront pour Soleilhas où Inès a promis de venir. En attendant on ne peut plus s'éloigner. Chaque fois qu'il tire la petite à lui pour l'entraîner, elle résiste et fait non avec les yeux.

— Dommage qu'y ait pas Attilio avec sa guitare, dit-elle, on danserait.

— Il a pas pu venir, dit Milan, il garde la casa avec Genio.

« Oui, y vaut mieux le croire, pense Bertin. Pépé, elle fait comme Raphaëlle avec son Francis Joubert, elle cherche un remède contre moi. »

Il est tout fier à cette idée d'être un garçon si dangereux pour les filles. « Ça fait rien, pense-t-il encore, le jour où je les revoudrai, je les aurai comme une fleur. » Il s'étire, il fait bomber, sous le tricot immaculé qui lui est cher, les pectoraux de sa poitrine. il détend les bras dont une peau fine couvre les muscles. C'est agréable d'être un homme et d'avoir toutes ces femmes en adoration devant soi.

— Ce mari de Zelmira, dit Vincente, il a l'air aussi d'un beau sauvage.

— Oui, dit Angéline, mais au moins y boit seul, lui ! Sa femme raconte qu'y s'enferme tête à tête avec des bouteilles. Quand il en peut plus, y va se coucher. Il est pas brute et il embête personne, c'est toujours ça.

— Ô, toutes les fois qu'elle a pris les calottes... dit Milan.

— Elle les lui rend bien, dit Humberto. Y se battent comme des chiens.

Angéline réfléchit, puis elle remarque :

— Elle me l'a pas dit. C'est vrai que les femmes aiment guère de raconter ça.

— Enfin, heureusement, y a pas que des ivrognes sur terre, reprend Vincente. Ni mon mari ni mes beaux-frères ont jamais bu. Et vous autres, à l'équipe ?

— Non, dit Milan. Il y a bien Genovesi qui aime la bouteille, mais lui, il est pas méchant. Au contraire, il fait rire tout le monde. D'habitude, il ne parle guère, mais y a rien comme une cuite pour le mettre de bonne humeur. Il accroche tous ceux qui entrent dans le bar en leur tapant sur l'épaule. Il tend les mains vers tout le monde : « Sian touti d'amis, il dit, sian touti de la même famiglia. Sian touti di braves gens ! » On lui paie à boire rien que pour le voir rire et faire rire. Il se tient au bord du comptoir, il flotte un peu, puis il dit : « Moi je peux boire tant que je veux, ça me saoule pas. Je pisse un coup et je recommence, mais mon raisonnement, toujours je me le garde. »

— Des fois, quand même il fait du bruit, dit Humberto.

— Oui, dit Milan, alors on le pousse dehors. Les autres se tordent et le regardent à travers la vitre. A la première borne, il s'embronche et il reste là, couché dans le ruisseau. Mais le lendemain il est toujours à son travail. Je peux rien lui dire, quoique ça me plaise guère. C'est un malheureux ;

sa mère qui était de Coni, est repartie en l'abandonnant. Des Français l'ont recueilli et nous, en passant, nous l'avons ramassé comme manœuvre.

— Quand même, cette boisson, ça vous pourrit les hommes ! dit Angéline.

— Pas tous, heureusement, dit Humberto.

— Mémoire devait venir, dit Florina.

— Il se saoule encore celui-là ? demande Milan.

— Ô non, dit Florina, lui ? Y boit juste de l'eau.

— Je l'ai vu chez vous, dit Milan, c'est quoi ?

— C'est un Arabe, un homme que nous avons connu parce qu'il passait, dans les maisons, vendre des choses, dit Florina, j'étais encore bien petite. Alors, il a pris le genre de rester avec moi des heures, à me parler, à m'amuser, vous pouvez croire qu'il m'a donné de la distraction. Et même maintenant, y me raconte des histoires, y m'apporte des cadeaux, il est très gentil avec moi. Y m'adore. Son vrai nom, c'est Alloua Hamida ben Gacem. Il est né en Afrique.

— Quel âge il a ? demande Milan.

— Quarante ans par là. Et y paraît plus vieux parce que, d'être toujours au soleil, au vent, à la pluie, à n'importe quoi, sur toutes les routes, ça vous arrange pas la figure.

— Il va loin ? dit Humberto.

— Ô, je comprends ! D'abord y prend le train pour Lyon ; là, il achète des tissus, de la confection chez les soldeurs, y fait partir ses ballots pour une autre ville et après y fait les campagnes, maison par maison.

— Hé ben, dit Humberto, c'est un travail ! Pourquoi il a pas une auto ?

— Y dit que non, y préfère aller à pied. Y dit que les fermières de ces petits endroits, elles se méfient de ces gens qui arrivent dans des voitures et qu'elles ont gardé l'habitude des colporteurs d'autrefois.

— Ça doit être un homme intéressant, dit Milan.

— Ô oui, allez ! dit Florina. Il en sait, des choses !

— Et avec ça, c'est un cœur d'or, dit Vincente, je l'estime beaucoup.

— Si on s'en allait ? propose Bertin. Qu'est-ce qu'on fait là ? Y faut encore aller à Soleilhas. Un peu voir Pacha, s'il a fini de cuver son vin ? Ses habits doivent être secs depuis.

Il va vers le coin derrière la maison où on a installé Raimondi. On l'entend appeler, s'exclamer, puis il revient tout riant :

— Celle-là, par exemple, elle est bonne ! Il y est plus. Il est parti.

— Pas possible ? s'étonne Angéline.

— Té, venez voir ! dit Bertin.

Ils y retournent, suivis de Vincente. C'est vrai. L'ivrogne s'est rhabillé, il est parti tout seul de son côté.

— Hé ben, bon débarras ! dit Vincente.

— Vous ne l'aimez guère, dit Milan.

— L'aimer ? Je voudrais le voir mort pour ce qu'y fait souffrir mon amie. Ce soir, c'est elle qui va encore attraper.

— Y la frappe ? demande Humberto.

— Malheureusement oui.

— Allez, nous partons ? crie Bertin.

Mame et Zelmira sont revenues traînant un gros sac d'herbe qu'on hisse dans la camionnette avec les papiers où sont les restes du repas, les couverts et le linge. On arrange le matelas et les coussins de Florina, pendant qu'elle attend, allongée à terre sur une couverture. Puis on l'installe, avec Inès assise à côté, Élysée et Delmonico qui ne se lâchent plus. Sur le siège, Bertin avec Mame et les deux plus jeunes Raimondi.

Vincente a décidé de rentrer directement à pied par le raccourci pour préparer l'arrivée de sa belle-sœur, qu'elle trouve son lit, sa bouillotte, son chocolat du soir, comme d'habitude. Angéline a dit :

— Je vais avec toi, je t'aiderai, ça me fera du bien de marcher.

Et François a prié :

— Man, moi je veux aller avec vous autres.

Florina croyait bien que Milan monterait avec elle dans la voiture, mais de son air de chef, il l'a prévenue :

— Vous m'excuserez, mademoiselle, je dois être à la cantine pas trop tard pour préparer la journée de lundi. Nous commençons à placer les joints et c'est un travail délicat. Alors, à demain, j'irai vous dire bonjour.

— Et ma fille ? dit Florina. Y faut pas que je l'oublie.

— La voilà, dit Humberto.

Il lui tend la petite poule qui s'est garnie d'un gavage énorme de graviers et de verdure.

Vincente embrasse Florina qui détourne un peu la tête par jalousie et la camionnette vire vers la route de Soleilhas, tandis que ceux qui vont à pied reprennent celle de Sainte-Trinide.

— Nous passerons par le chemin des Argeïras, dit Vincente, ça raccourcit.

Au passage, Milan remarque une grosse maison trapue avec, à côté d'elle, une sorte d'église un peu ruinée :

— Qu'est-ce que c'est ? demande-t-il.

— Ça, c'est la ferme de la Despérado, dit Vincente. Et cette chapelle à côté, c'est Saint-Donat. L'histoire serait trop longue à vous raconter. C'est une femme dont le mari, un Revest comme nous, un parent, a été tué par accident aux briqueteries de Salernes et elle en est devenue folle. On l'entendait crier depuis Boscodon, la pauvre !

— Ces argeïras, dit Angéline, ça a une odeur qui vous lève la respiration.

Après la traverse de Saint-Donat, qui, par la route de Boscodon, mène aux Grangettes, le chemin devient un peu tortueux et descend pour remonter vers la gare. A des moments, il se sépare même en plusieurs sentiers, à travers les buissons épineux. François va devant, tenant la main d'Angéline et riant à Humberto qui lui fait des sifflets avec une tige de sureau. Zelmira, ayant compté se trouver un peu seule avec Milan, ce qui lui a fait abandonner sa surveillance auprès d'Inès, traîne en arrière, espérant qu'il l'attendra, mais il marche auprès de Vincente sans s'occuper d'autre chose : « Ah ces hommes, pense-t-elle, quel malheur de s'attacher à un, c'est comme si tu bâtissais dans l'eau courante. »

Milan et Vincente parlent paisiblement de toutes choses, quand ils s'aperçoivent qu'ils se trouvent seuls dans le sentier, sous un de ces tunnels de verdure, qu'en Provence on appelle une tèze. Deux ruisseaux passent au pied des rangées d'arbres qui sont touffues. Une ombre fraîche et mystérieuse l'emplit. Vincente a un secret frémissement. Elle marche sur un des bords, Milan sur l'autre. Ils cessent de parler. Vincente se juge stupide de sentir son cœur taper dans sa poitrine. Sa tête se perd, il lui semble à chaque pas que Milan va se jeter contre elle et la prendre dans ses bras. Et elle est stupéfaite d'être sûre que, tout de suite, elle y resterait. C'est une minute de grand trouble qui lui est tombée dessus sans qu'elle s'y attende. Enfin, au bout de la tèze qui est courte, ils retrouvent leurs paroles. Vincente respire, à la fois triste et heureuse d'avoir échappé à ce gros danger, auquel il aurait été si bon de s'abandonner. « Moi alors, pense-t-elle, qu'est-ce qu'y me prend ? Ce n'est pas le premier homme qui m'ait fait la cour ? Et d'ailleurs, il ne m'a pas fait la cour, il ne m'a presque pas parlé. C'est moi qui m'imagine. Et je m'imagine quoi ? Que je lui plais ? Je suis bien sotte. Depuis la mort de mon mari, je n'ai pas eu beaucoup de peine à rester tranquille, je n'ai jamais rencontré personne qui m'ait tentée. Alors, je n'ai qu'à continuer, je suis très bien comme ça. »

Milan tourne son visage vers elle, il lui semble qu'il est pâle.

— Vous êtes pâle, dit-elle.

— Vous êtes pâle, dit Milan à la même seconde.

— C'est le vert des feuilles qui fait ça, dit-elle. Elle avale la salive qui emplit sa bouche. Elle écoute le rythme de son sang s'apaiser. Milan et elle rient au soleil retrouvé.

Zelmira les rejoint et précise d'un ton sec :

— Je prends le raccourci des Aires. Tu viens, Milano ?

— Nous aussi, dit Vincente. En vous quittant, nous couperons par la ruelle du Laurier.

Ils arrivent ensemble devant la cantine. Attilio et Pépé sont dans un coin de la cuisine, serrés debout contre le mur.

— Et Genio ? demande Zelmira.

— Y s'est enfermé avec sa bouteille, dit Attilio, maintenant y doit dormir.

— Madona ! soupire Zelmira.

XI

Aujourd'hui, il y a réunion d'amis à la Cantine del Piemonte. Les jeux ont commencé avant l'arrivée d'Angéline et d'Humberto. Au milieu de la grande salle, on a disposé, dos à dos, douze chaises en fer. Autour, treize garçons et filles tournent en chantant, les mains sur les épaules des uns des autres. Celui qui guide la marche guide aussi le chant. Tous les gens de l'équipe sont là. Pépé, Raphaëlle, Angéline et Vincente, Francis Joubert et sa sœur Lydia, Bertin Revest ont été invités.

Au sortir de la grosse lumière de la rue et encore tout chargés d'un trouble qu'ils sont seuls à connaître, Angéline et Humberto regardent tourner la ronde, puis se disloquer avec de grands cris et une brutalité qui la jette contre les angles aigus des chaises. Ceux qui tombent sont piétinés avec des rires sauvages. Celui qui reste sans chaise est moqué et va s'appuyer au mur pour regarder à son tour.

Tosella, qui est le plus vieux, s'envoie hors du cercle en criant qu'il est mort. Au passage, Zelmira, les mains sur les épaules de Milan, tente vers Humberto un geste d'invitation.

— Non, dit-il.

Il est abruti. Tant de bruit après cette solitude et ce plaisir délicat d'une main de femme, une minute abandonnée dans la sienne, lui emplit la tête à la faire éclater. Il se sent d'une tristesse à mourir ; mais soudain, tout d'un coup, il crie :

— Je joue !

Et il se met à la tête du cortège.

Ses cheveux, tout en désordre, coulant en boucles épaisses comme une eau d'orage sur ses oreilles, sa tête roidement levée au-dessus de son cou nu, dans le triangle de la chemise ouverte sur son torse trapu, ses reins sanglés dans le mince pantalon de treillis crème, tout de lui marche en avant. Son pas, scandé par le rythme, soulève mécaniquement ses pieds, il serre ses deux petits poings d'enfant et les retient à sa ceinture par les pouces passés dans le lien de cuir. Il chante :

Le soleil se lève tout clair mes amis.
Le gai soleil se lève.

Sa bouche ouverte fait un vide où brillent les dents. Angéline le regarde et le trouve beau. « Il est fait pour mener », pense-t-elle.

A ce moment, Vincente arrive. Au milieu de grands cris, la chaîne se disloque, mais il y a des exclamations déçues : il ne manque point de chaises ! C'est parce que Milan, lâchant le jeu, est venu jusqu'à la porte, à la rencontre de la visiteuse :

— Bonsoir, dit-il, j'avais peur que vous ne veniez pas.

Le jeu s'est arrêté, Bertin s'approche :

— Elle t'a laissé partir ? demande-t-il.

— Mémoire est arrivé, alors...

— Bonjour ! lance joyeusement Raphaëlle.

— Tiens, tu es là, toi ?

— Oui.

Elle tient par la taille une grande fille au visage gai :

— Tu reconnais Lydia Joubert, je pense ? La sœur de Francis. Et Francis, tu le reconnais ? Elle vient d'arriver de chez sa tante de Draguignan et lui de son service. Il était à Paris.

Bertin, derrière eux, reprend la main d'Inès :

— Allez, qu'est-ce qu'on fait maintenant ?

— Ce que vous voudrez, dit Inès avec un regard soumis De l'autre bout de la pièce, Pépé regarde Bertin. Il y a plus d'une semaine qu'ils ne se sont pas adressé la parole. Elle a souffert, elle souffre encore, ô ça oui ! Mais que faire ? Un coureur comme lui, il n'y a rien de bon à en tirer. Elle a appris, de source certaine, qu'au même moment où il lui laissait encore croire qu'il l'aimait, il avait des rendez-vous dans le bois avec cette sœur de madame Eynaud, cette coureuse, cette rouquine que tout le pays l'appelle Moussette. Après, il s'est attaqué à Inès. Avec ça, il paraît qu'il fréquente plus que ce qu'on croit, Raphaëlle Bourges. Alors, s'il faut se battre avec trois ou quatre pour avoir sa fidélité, merci ! Bien assez des ennuis du travail et de ceux de la maison. Qu'elles se le gardent, toutes les autres, ce joli garçon ! Elle, elle a Attilio, elle ne l'aime pas. C'est mal fait dans la vie.

— Et votre petit ? demande Zelmira à Angéline.

— Y va mieux, il est retourné à l'école, mais, quand même, je suis pas tranquille ; je suis seulement venue dire à Vincente que je restais pas.

— Il a plus rendu ? demande encore Zelmira.

— Non. Vous savez, depuis le soir de l'Allégrerie, où il a été si malade avec cette fièvre, que j'ai cru qu'il allait me mourir, ça lui a plus repris. Qui a été serviable, ce soir-là, c'est monsieur Humberto ! Mon mari est rentré à trois heures du matin, aussi saoul qu'à midi. Si j'avais été seule pour aller chercher le docteur.

— C'est un garçon qu'il a beaucoup bon cœur, dit Zelmira.

— Ah, je vais parler à mon amie, puis je pars, dit Angéline, je me fais trop de souci.

Vincente, Milan et Humberto justement lui font signe :

— Comment va François ? demande Vincente.

— On ne l'a pas ramené de l'école, alors c'est qu'il n'a pas eu mal ; mais je vais rentrer, je suis venue pour te voir et te le dire. Tu passeras à la maison après ?

— Oui, j'irai l'embrasser, dit Vincente.

A la porte, Angéline voit qu'Humberto s'est remis dans le jeu. Elle pense en le regardant : « Il est jeune, je pourrai jamais compter sur lui d'aucune façon. Il aurait mieux valu qu'il arrive pas ce qui est arrivé. » Et traversant les Aires pour rentrer chez elle, elle revoit toute seule les heures qu'ils ont vécues ensemble au chevet de ce petit si malade, glacé, claquant des dents, bouillant de fièvre, pleurant jusqu'à ce qu'enfin, il finisse par vomir son repas de midi. Mais avant ce soulagement, que de souffrance dans ces cris, dans ces pleurs : « Man, je veux plus que tu restes avec lui ! Man, je veux qu'on parte ! Je veux plus le voir, je veux plus qu'y te frappe. » Les larmes et la sueur mêlées coulaient sur ce visage maigre où, seuls, deux grands yeux gardent une tragique vie. « Sois sage, mon petit, disait-elle doucement. Oui, oui, nous partirons. » Et elle passait sa main sur le front moite de l'enfant.

C'est alors qu'elle avait senti une autre main prendre la sienne, la serrer et, sans aller plus loin, sans tenter de la toucher davantage, rester là, comme une paisible protection.

Après les vomissements, après le départ du docteur Barge, après que ce garçon italien, hier inconnu, eut aidé à tous les soins, il était revenu s'asseoir à côté d'elle et lui avait repris la main. Puis François s'était assoupi, alors elle lui avait dit :

— Partez maintenant. Allez dormir. C'est plus de minuit.

Et il avait répondu.

— Non.

— Demain vous travaillez.

— Ça n'y fait rien.

Il avait dit :

— Je vous laisse pas seule. Quand votre mari sera là je monterai.

— J'aurai une scène s'y vous voit.

— Je l'entendrai venir et je monterai doucement.

— Pour ça, vous l'entendrez, avait-elle dit. Y fera sûrement assez de potin !

— Vous croyez qu'y sera encore saoul ?

— J'en ai peur.

— Alors je resterai. Je veux pas qu'y vous frappe.

Elle avait retiré sa main puis sans le regarder elle avait demandé à voix basse :

— Pourquoi ?

— Parce que... il avait dit.

Et un grand silence de nuit était tombé entre eux avec la seule respiration faible de l'enfant.

Quand Raimondi était arrivé tapant du soulier à toutes les marches, grognant un refrain coupé de hoquets. Humberto, ouvrant la porte, avait mis un doigt sur ses lèvres et dit d'un ton impératif :

— Chut ! Le bambino est malade. Y faut pas faire du bruit.

L'ivrogne, de surprise, était devenu silencieux. Titubant sur ses lourdes jambes, il restait cloué sur place.

— Va te coucher, avait dit Angéline, moi je le veille.

— Je reste un petit moment pour rendre service, avait dit Humberto.

Un peu plus tard, Angéline était allée voir : son mari ronflait tranquillement, jeté en travers du lit dans toute sa pesanteur.

— Vous pouvez aller dormir, avait-elle dit en revenant. Et merci.

— Pas de quoi, avait-il répondu.

Elle l'avait écouté monter l'escalier avec précaution. Ses deux mains, pâlies par les lessives, se serraient contre cette place où, sous ses seins flétris, battait son cœur, elle avait écouté s'en aller le pas d'Humberto. Puis elle s'était assise pour finir la nuit auprès de son fils.

Oui, il aurait mieux valu que ces choses ne soient pas arrivées. Elle était sans espoir. Elle s'était résignée à cette vie où ses seules joies pouvaient lui venir de ses enfants. Bien soigner François si fragile, arriver à en faire un garçon solide, élever Henri et Marie-Louise, avoir assez de lavage pour gagner sa vie et celle de ses petits, voilà quelle était toute son ambition. La misère, elle la connaissait, avec un homme comme le sien qui ne savait faire que des dettes ! Elle avait déjà eu, à Salernes, de ces jours sans dîner, où il n'y avait pas besoin de mettre le couvert. Elle avait tout accepté : les privations, les mauvaises paroles, les gifles même ; oui, les gifles, devant tout le monde. Mais le plus dur, ç'avait été le manque d'amour. Je sais que ça fait rire, une femme de trente-cinq ans qui parle de ça. Les gens se moquent d'elle et peut-être ils ont raison. Pourtant comme elle aurait besoin de tendresse ! Besoin surtout pour une femme, d'être gardée, d'être protégée. Les enfants, oui, c'est bon, mais ils s'appuient sur vous, toujours, on ne s'appuie pas sur eux. Tout petits, à peine formés dans votre ventre, ils commencent à peser contre votre estomac, contre vos reins. Après, quand ils sont nés, c'est sur vos bras, sur vos seins qu'ils tirent. Plus tard, c'est toute votre force qu'ils usent, pour apprendre à marcher, à manger, à parler. Ils se font mal, ils pleurent : il faut les consoler. La nuit, ils ont chaud, ils ont froid, ils ont des cauchemars : tu te lèves, tu les découvres, tu les bordes, tu les rassures, tu es là pour ça, c'est ton métier de mère. Tu le fais une fois, deux fois, trois fois, même plus. Et toi, petite femme fragile et toute douce dans ta chair, sensible dans tes nerfs, qui te rassure et te borde contre le froid ? Et te découvre contre le chaud ? Et te console si tu te fais mal et que tu pleures ? Personne. Toi, tu t'occupes du mari, des enfants, mais personne s'occupe de toi. L'homme travaille, oui. Y en a qui travaillent. Ils font leurs huits heures, puis ils vont au bar ou blaguer avec les collègues. Toi, levée depuis cinq heures, le soir à dix heures, tu laves encore les chaussettes de la petite et tu passes les sandales au blanc, pour que le lendemain matin, à l'école, elle ait des petits pieds qui te fassent honneur. C'est ça d'être mère. Encore merci, mon Dieu, qu'ils se portent bien !

En passant devant les lavoirs, un appel la tire de son rêve :

— Ô, bonsoir, Raimondine !

— Bonsoir, Bonnesœur, je t'avais pas vue ! Qu'est-ce que tu fais ?

— Je nettoie la pierre pour l'Italienne, que lundi elle commence une grande lessive. Elle est bien, cette cantine, qué ? Y paraît qu'on s'amuse là-dedans ?

— Tu sais, les jeunes, y trouvent toujours moyen de s'amuser ! Ah, je vais vite, que mon François est un peu malade.

— Ta belle-fille, dis, y me semble qu'avec le grand, là ? Celui qu'on appelle Attilio ?

— Hé ben ?

— Hé ben, ça marche, qué ?

— Y sont libres tous les deux, dit Angéline. Au revoir, je suis pressée.

Elle s'en va, laissant la vieille déçue dans son envie de bavardage. « Pour peu que je me laisse prendre au doux d'être consolée par ce garçon, pense-t-elle, comme tout à l'heure où je lui ai abandonné ma main, bientôt ce sera pour moi, les tripotages du lavoir. »

Chez elle, elle fait vite cuire une bouillie d'orge pour François, avec un peu de poudre de chocolat dedans et un jaune d'œuf battu, ça le fortifiera bien. Penchée sur le bol, elle entend du bruit en bas, où elle a laissé la porte ouverte : « C'est lui, se dit-elle, ce sera tout juste prêt. » Marie-Louise qui est à l'école des filles et Henri à la maternelle sortent un peu plus tard. François installé devant son goûter, elle ira à leur rencontre. Le pas léger dans l'escalier et derrière elle, dans la cuisine, ne la surprend pas, mais le sentant si proche, elle se retourne d'un coup et c'est à cause de ce geste qu'elle reçoit, tout entier contre elle, un corps qui tremble.

— Humberto ! dit-elle sourdement.

— Que faire ? dit-il d'une voix trouble. Je souffrais trop.

Il reste là, sans bouger, mettant sur cette mince épaule tout le poids de sa tête robuste, pleine de battements de sang, de douleur, de désir, de pitié. Si Angéline avait encore le pouvoir de réfléchir, elle penserait : « Lui aussi, il s'appuie. » Mais elle ne réfléchit pas, elle abaisse doucement sa bouche vers celle du garçon. Quelques secondes, la malchance, la misère, les soucis sont oubliés. L'amour se moque de toutes les histoires tristes de la vie. Où il se pose, les fleurs renaissent vierges. Ils restent serrés l'un contre l'autre, sans parler.

Et, tout à coup, c'est le brouhaha joyeux de plusieurs pas : Vincente, Milan, François, Marie-Louise, Henri.

— On est allé te les chercher aux écoles, dit Vincente.

— Oui, et puis marraine a acheté de bons gâteaux, dit François.

— On va bien goûter, dit Marie-Louise.

Henri frappe des mains, tout heureux.

— Tu es bien gentille, dit Angéline, reprenant pied dans le réel.

Elle ne sait pas comment elle peut parler, tellement tout cela lui a sauté dessus à la fois. Humberto est resté appuyé à la cuisinière.

— Je te croyais encore aux jeux ? remarque Milan.

— Je suis rentré et, en montant, j'ai dit bonsoir.

— On goûte, man ? demande Marie-Louise.

— Allez, dit Angéline, la première chose, François va prendre son chocolat.

— Et nous ? dit Henri.

— Vous, vous aurez des gâteaux.

— Et on boira l'asti, dit Milan.

Il met sur la table une bouteille blonde.
— Qu'est-ce qu'on fête ? dit Vincente.
Humberto et Angéline n'osent pas se regarder. Elle prend son fils dans ses bras :
— Comment tu te sens ? demande-t-elle.
— Bien, dit le petit. La tête me tourne un peu, pas plus.
— Mange vite, que ça c'est de faiblesse.
Elle l'installe à la table et va chercher des assiettes et des verres. Vincente déplie le papier des gâteaux. A ce moment, un choc de soulier envoie la porte contre le mur :
— Hé ben, y me semble qu'on s'embête pas ici ?
C'est Raimondi.
— Bonjour, monsieur Pacha, dit Milan.
— Il faut profiter quand j'y suis pas, qué ? Les femmes c'est bien ça, elles te font la gueule à longueur de journée, puis elles rigolent avec les autres. C'est des garçasses !
— Nous avons apporté le goûter pour les petits, commence Vincente.
— Je dis pas, mais vous auriez pu m'inviter !
— Vous êtes invité, dit Milan.
Raimondi envoie la main sur un gros chou à la crème. Marie-Louise éclate en sanglots :
— Qu'est-ce que tu as ? lui demande Humberto.
— Je le voulais.
— Pleure pas, je t'en achèterai d'autres, dit Humberto.
— Té, celle-là ! dit Raimondi. Tu les aimes, les choux à la crème ? Moi aussi, figure-toi. Et je me le mange !
Il ouvre sa grande gueule et y enfourne le gâteau en deux bouchées. La petite le regarde du même œil de haine que déjà François a eu pour son père, tandis qu'il rit d'un gros rire.
— Tiens, dit Humberto, voilà un éclair, Zize, je sais que tu les aimes aussi les éclairs !
— Ah ! je vois qu'on a pensé au biberon ! dit Raimondi avisant la bouteille.
Milan arrête vivement son geste.

— Les dames d'abord, dit-il.

Il sert Vincente la première, puis Angéline.

— C'est pas la peine, dit Raimondi faisant un geste vers sa femme, ça y plaît pas. Donne-moi ça, ma belle, moi je…

— Ça suffit, coupe Humberto d'un ton sec, lui rabattant la main d'un revers de doigts.

— Ô, mais dites, vous ? réplique Raimondi, vexé.

— Tenez, buvez, vous allez voir, dit Milan, c'est du spumante de la bonne marque.

— Ah ça, oui, il est bon ! avoue Raimondi adouci. Il a qu'un défaut, y s'appelle : « Trop guère. »

— Ça se boit pas comme le gros rouge, dit sèchement Vincente. Moi, je regrette, mais il faut que je rentre. Déjà Florina était guère contente que je sois partie, j'ai peur qu'y lui prenne sa crise. Alors, écoute-moi, Géline, le petit, donne-lui bien tous les matins son jaune battu dans le muscat, hé ? Je t'ai mis la bouteille et les douze œufs dans le placard. Et c'est pour François, vous savez, c'est pas pour vous, Pacha. Tâchez de vous le rappeler, qué ?

— Et tu crois que ça me ferait mal, à moi ? dit-il. J'en aurais tant besoin que lui, va !

— Dans ce cas, vous avez qu'à vous les payer, répond Vincente d'un ton froid. A un de ces jours, dit-elle à Angéline. Viens un peu au magasin.

— Tu crois qu'elle a rien à faire ? grogne Raimondi.

Vincente embrasse les petits sans répondre.

— J'accompagne un peu madame, dit Milan.

— Moi, je monte, dit Humberto.

Il ne veut pas quitter la maison. Angéline le comprend et lui glisse un doux regard furtif. Elle aura plus de courage si elle le sait là-haut.

Quand ils sont partis :

— Ça me plaît guère, dit Raimondi avec un air méchant.

— Quoi ?

— Ces choses… Ce genre de réception, ces manières de régaler des hommes quand j'y suis pas.

— J'ai régalé personne, dit Angéline, ce sont eux qui ont tout apporté.

— D'abord, ce Milan, y fricote avec la veuve, ça saute à l'œil.

— C'est pas vrai ! Et puis, après, qu'est-ce que ça pourrait te faire ?

— Je trouve que c'est pas convenable pour les Revest. Toi, y a ce jeune qu'on le voit tout le temps ici...

— Y loge dans la maison, c'est forcé.

— Il a que de rentrer tout droit chez lui, voilà tout !

— En tout cas, y m'a bien rendu service, le soir où tu étais saoul.

— Je ne sais pas s'y t'a rendu service, mais y a une chose que je suis sûr : c'est que moi, moi ! je me lève la peau du cul pour travailler et que toi, de ce temps, tu te payes des fivocloques avec des autres au vu et au su de tes enfants.

— Mes enfants, ils ont rien à me reprocher, proteste Angéline rougissante.

Elle s'énerve. Depuis quelque temps, dans ces discussions, elle est prise de tremblements qui la tiennent des pieds à la tête. Elle sent la colère l'envahir. Il lui semble que si elle avait une hache et la force pour la jeter, elle étendrait l'homme, là, à ses pieds.

On frappe à la porte. C'est Humberto. Il a dû percevoir les éclats de voix. Il propose :

— Monsieur Pacha, je vais à la cantine. Descendez avec moi, on boira un coup, puis on remonte.

— Allez ! dit Raimondi.

Il est vite prêt. Humberto a regardé Angéline par-derrière son mari. Elle va pouvoir faire manger les petits et les coucher tranquille. Est-ce que, par hasard, elle l'aurait enfin trouvée, cette épaule où la vie lui permettra, en toute confiance, de s'appuyer ? Ce serait trop beau. Y aurait de quoi croire au bon Dieu.

XII

La vieille Mame suit le trottoir de la rue du Portail comme une poule peureuse, ne sachant où placer son pas au milieu de tous ces trous, puis elle entre dans l'entrepôt où on la regarde venir avec étonnement, parce qu'il y a bien six mois qu'elle n'avait plus mis les pieds au magasin. Achille, dans le fond, décharge des caisses. Élysée ferme des sacs avec de la ficelle. Il relève la tête :

— Qu'est-ce qu'y t'arrive ? Florina est pas bien ?

— Si, dit-elle.

— Alors, qu'est-ce qu'y a ?

— Rien. Seulement je voulais te parler.

— Et tu pouvais pas me parler à la maison !

— On est jamais seuls, dit-elle.

— Et y faut que nous soyons seuls ?

Elle prend un air mystérieux :

— Pour ce que j'ai à te dire, voui. C'est pour ça que j'ai profité que Bertin est allé livrer et que Vincente est chez Géline. Tu trouves pas qu'elle y va souvent chez Géline ?

Élysée essuie son front avec son grand mouchoir. Il se demande pourquoi sa mère vient lui raconter tout ça :

— Où tu veux ? demande-t-il.

— Chez Géline maintenant, y a toujours ces deux hommes.

— Qué deux hommes ?

— Ces Italiens, hé, que tu sais pas d'où y sortent !

— Y sortent de son pays, comme nous nous sortons du nôtre, pas plus.

Élysée pose sur un sac la grosse pelote de ficelle qu'il tenait à la main.

— J'ai beaucoup de travail, il dit.

— Le monde parle, dit Mame.

— Ah c'est ça ? dit Élysée. Le monde ? Et qu'est-ce qu'y barjaque, le monde ?

— Y dit qu'une femme encore jeune et charmante comme ta belle-sœur, elle a autre à fréquenter que ces Bâbiasses.

Élysée reprend la pelote de ficelle :

— Si c'est que pour ça, c'était pas la peine de me déranger.

Mame s'appuie contre le sac et fixe sur son fils un regard aigu :

— Tu as toujours idée d'épouser Vincente ?

Élysée remet la pelote sur le sac et fait de gros yeux ronds :

— Toi, par exemple, s'étonne-t-il, tu en as de bonnes ! Qu'est-ce qu'y te prend de me demander ça ?

— C'était pour savoir. Parce que alors, fais attention, les gens disent que le chef de l'équipe, y cherche Vincente.

— Milan ?

— Oui. Et qu'y pourrait bien te la faire sauter. Voilà. C'est ça.

Cette fois, la pelote tombe du sac et roule derrière une touque.

— Nom di Dîou ! jure Élysée.

— Tu as pas besoin de te mettre en colère, dit Mame. Tu as que d'y parler.

— Hé, tu vois pas, cette sacrée garce de ficelle qui me part des mains !

Il se baisse péniblement, déplace la touque pleine de

sulfate, ramasse la pelote et replie soigneusement tout ce qui s'est défait, puis il demande :

— Qui te l'a dit ?

— Le monde en parle.

— Oui, mais à toi, qui te l'a dit ?

— A moi ?

— Oui ! A toi ! Tu es sourde ?

— C'est Florina.

— Florina ?

— Oui. Tu vas pas y faire une histoire ?

— Non. Et qui le lui a dit à Florina ? Elle sort pas.

— A Florina ? C'est Raphaëlle.

— Raphaëlle Bourges ? Celle-là, elle m'a toujours fait l'effet vipère.

— C'est Francis Joubert y paraît, le fils de l'ancien plombier, que Raphaëlle le voit beaucoup, qui lui a dit à elle.

— Ah oui ? Et Francis Joubert, y l'a vue, Vincente avec cet Italien ? Il a dit qu'y l'avait vue ?

— Non, il a dit que c'était Pacha qui avait dit à son père : « Cette veuve Revest, elle doit s'envoyer en l'air avec le chef d'équipe. » Le monde sont si méchant, tu sais !

— Et c'est tout ? crie Élysée. Et ça te suffit pour foutre une histoire de tous les diables et venir me corner aux oreilles des racontars de vieilles femmes. Ah ! tu en es bien une, va, de vieille femme ! Quand tu avais tes quatre petits à soigner, tu avais pas le temps de t'occuper de ces imbécillités ! Té, tu me ferais mettre en colère !

Il ressort son large mouchoir et, cette fois, s'éponge en grand le visage et le cou :

— Laisse-moi travailler que ça vaudra mieux.

Il reprend en main sa pelote de ficelle ; à ce moment, il voit sa belle-sœur sur le trottoir d'en face.

— Té, la voilà, dit-il, y a que de l'appeler.

— Non, vaï laisse ! dit Mame gênée.

— Et pourquoi ? Comme ça on aura une explication.

Il vient sur le seuil et crie :

— Ô Cente !

Elle se retourne à l'appel.

— Viens un peu, dit-il.

Elle s'approche en souriant :

— D'où tu arrives comme ça ?

— De chez Géline. François est encore malade.

Elle aperçoit Mame et lui jette un regard aigu :

— Par exemple, vous au magasin ? C'est rare.

— Lysée avait oublié son mouchoir, j'y ai rapporté.

— Alors, il est encore malade, François ? demande Élysée.

— Hé oui, dit Vincente, il a beaucoup la fièvre.

— Qui le soigne ?

— Qui veux-tu ? Sa mère, pardi ! Pas Raimondi, bien sûr. Moi, quand j'y vais.

— Et qui vous aide ?

— Personne.

— Je veux dire, s'y faut aller au docteur ? Ou je sais pas…

— Le jeune de l'équipe, Humberto, lui donne bien un coup de main, mais il est jamais là. Avec son travail…

— C'est vrai, dit Élysée, avec leur travail, ils ont guère de temps, ces hommes.

— Tu les vois, dit Vincente, y sont devant ta porte toute la journée.

— Ça c'est vrai, redit Élysée, y sont devant ma porte !

Et ses gros yeux fixés sur sa vieille mère, répète-t-il encore une fois :

— C'est vrai ça, y sont devant ma porte, tout le jour. Alors ?

Mame abaisse son regard :

— Je rentre à la maison, dit-elle.

— Attends, attends ! dit Élysée. Je veux demander quelque chose à Vincente et je veux que tu l'entendes.

— Quoi ? dit Vincente. Vous faites bien des mystères ?

— Voilà, dit Élysée : tu es toujours décidée à te marier avec moi ?

— Bien sûr, dit Vincente d'un ton surpris.

— Quand alors ?

— Quand tu voudras.

— Quand les grains seront rentrés, tu veux ? En septembre ?

— Si tu veux, dit-elle.

Elle a répondu avec un sourire paisible.

— Tu vois ? dit Élysée à sa mère.

— Qu'est-ce qu'il y a ? demande Vincente.

— Rien, dit Élysée. Nous se comprenons.

Vincente et Mame rentrent dans la maison. Florina est à demi allongée sur son lit. Les volets sont presque fermés. Quand sa belle-sœur pénètre dans la chambre, elle ne bouge pas. C'est un signe de mauvaise humeur. Le colporteur est assis auprès d'elle.

— Comment es-tu ? demande Vincente.

— Toujours pareil, répond-elle sans la regarder et elle demande à Mémoire : Alors ?

— Bonjour, madame Vincente, dit le colporteur.

Il continue :

— Alors, tu comprends, ces bulbes de tulipes, si on les laisse tranquilles dans le sol, ils restent presque à fleur, mais si on les tracasse, ils lancent, dans la profondeur de la terre, un cordon de cinquante centimètres et font un petit oignon au bout qui se gonfle pendant que celui d'en haut se pourrit. Et ainsi, la plante jette des nouvelles racines à des profondeurs incroyables, tant qu'on la dérange. Je connais un paysan qu'en creusant un puits, il a trouvé de ces bulbes à trois mètres.

— C'est intelligent alors, les plantes ? dit Florina.

— Si c'est intelligent ? Je te crois. Tiens, ces mêmes tulipes encore : par ici, dans les terres chaudes, leurs oignons sont protégés par une couche d'ouate sous la peau. Tu as jamais vu ? Une ouate fine comme de la soie de coton. Une fois, j'en emporte à des amis de la Haute-Savoie, des gens de Tanninges qui ont un jardin. Un an plus tard, je revois les bulbes, ils n'avaient plus leur ouate. Je la croyais mise là pour la garder du froid, je me trompais, c'était pour les garder du soleil. Ça devait pomper l'eau des pluies pour conserver l'humidité. Tu crois que ce n'est pas magnifique ?

— Oui c'est beau, dit Florina.

— Les gens me demandent si je ne me fatigue pas d'aller à pied ? Mais comment s'en fatiguer quand il y a tant de choses à regarder ? Tiens, un jour, ça c'était du côté de Batna, j'ai trouvé une grande fleur poussée toute seule dans le sable, une fleur dont je n'ai jamais su le nom. Elle faisait un grand cornet mauve de vingt-deux centimètres de longueur, je l'ai mesurée. Elle avait cent étamines collées contre ce large pétale et quatre cents autres étamines libres. Quatre cents, tu crois ? Je me suis amusé à les compter pour en être sûr.

— Les étamines, c'est les petits poils du milieu de la fleur ?

— Oui. Et le pistil, c'est ce qui est au centre. Celui-là, à cette extrémité qui sortait de la corolle, il portait une sorte de roue dentelée...

— C'est extraordinaire, dit Florina.

— Je te fais ton chocolat, hé ? propose Vincente.

— Merci, dit Florina sèchement, j'ai pas faim. Si tu veux sortir, tu peux.

— Sortir ? Pour quoi faire ? Je rentre, dit Vincente.

— Qu'est-ce que ça fait ? Si tu voulais sortir encore, tu es libre ? Ça te plaît tant de sortir.

— Je te remercie, dit Vincente d'un ton froid.

Elle comprend. Florina boude. Elle boude depuis ce matin. L'autre jour, déjà, quand Vincente et Bertin sont retournés à la Cantine del Piemonte, elle a fait grise mine au départ et elle n'a pas voulu les embrasser. C'est un peu injuste bien sûr, mais elle est si malheureuse d'être là, clouée sur ce lit, en pleine jeunesse. Vincente pense qu'il faut avoir pour elle une grande pitié.

C'est pour ça qu'il ne faut écouter aucune autre voix venue d'ailleurs et qu'il faut répondre : « Si tu veux », à Lysée, quand il parle de mariage pour septembre. Sa vie est là, entre Mame, Bertin, Lysée et Florina, parce qu'ils ont été bons pour elle, parce qu'elle n'avait pas de famille honorable et qu'ils lui en ont donné une. La petite Falconnet, qu'est-ce que c'était ? La fille d'un voleur, d'une femme qui avait traîné dans des endroits qu'il vaut mieux ne pas nommer. Madame Revest, madame François Revest, madame Élysée Revest, c'est quelque chose. Elle est à l'honneur du monde. Ça compte, allez !

— Les paysans, reprend Mémoire, savent bien des choses qu'on ne trouve pas dans les livres. Celui-là te dira que tel pêcher n'aura jamais de fruits parce qu'il a été greffé à la mauvaise lune et ce sera vrai. Puis s'il te dit que les fleurs n'aiment pas les couleurs, tu riras ? Pourtant, sur la côte, vers Bandol, quand ils veulent garder de la graine de giroflées, c'est tout un travail. Ils choisissent un plant mâle à fleurs simples qui se trouve à côté d'un plant femelle à fleurs doubles et bien de la même teinte. Alors, ils les séparent des autres, en élevant autour une petite cabane, de façon qu'ils soient bien seuls. Sinon les plants qui naîtront seront tachés de toutes les couleurs environnantes. Ce n'est pas drôle ?

— Ô, oui ! dit Florina.

— Tiens, bois ton chocolat, dit Vincente. En revenant, je t'ai pris deux brioches.

— Tu sais tout, toi ! dit Florina à Mémoire.

— Je ne sais pas tout. Je regarde... Je tâche de retenir les choses.

— On t'a pas mis ce faux nom pour rien !

— C'est vrai. Ça date de quand ? demande Vincente.

— Ô, je devais être bien jeune, dit le colporteur. A force de me dire : « Quelle mémoire ! » ça m'est resté.

— Autrement, ton vrai nom, c'est Éloi ?

— Même pas Éloi. C'est Alloua, Alloua Hamida ben Gacem, exactement. Selon les pays on m'a appelé « Éloi » ou Hamid. Mais moi, ça m'est bien égal. Je m'appelle un homme, c'est tout.

— Je vais étendre avec Mame, dans le pré des Geoffroy, dit Vincente. Nous allons revenir.

— Bon, dit Florina.

Elle entend sa mère et sa belle-sœur sortir par la petite cour. Elle regarde Mémoire d'un œil doux. Elle demande :

— Et ce que tu m'as promis ?

— Je voulais te faire un peu languir avant de te les montrer.

— Fais voir, fais voir ! crie-t-elle en battant des mains.

Il prend dans son sac tyrolien à ses pieds, une boîte qu'il pose sur le lit. Florina en sort deux souliers de chevreau rouge, ravissants, minuscules, avec un talon de quatre doigts, effilés en pointe, avec de fines barrettes de cuir se croisant sur le coup de pied. Elle s'exclame :

— Ô, qu'ils sont jolis !

— Ça te plaît ?

— Ô oui ! dit-elle.

Son visage a la splendeur éclatante qu'il prend quand elle a un plaisir. Elle est faite pour la joie et elle la porte comme une parure naturelle. Un rayonnement d'étoile illumine ses yeux, ses lèvres s'entrouvent sur la clarté de ses dents, tout brille en elle dans le cadre sombre de sa chevelure noire.

— Que tu es belle... dit l'homme en extase. Tu es heureuse ?

— Ô oui !

— Dis-le encore, c'est tellement mon bonheur de te l'entendre dire !

— Je suis bien heureuse, Alloua, dit-elle.

Un frémissement parcourt la face tannée par les cent pluies et les cent vents de la grande route. Il s'approche plus près de ce visage de joie qu'il a créé avec sa peine. Ses lèvres tremblent avec humilité :

— Alors, tu veux bien ? dit-il.

Elle le regarde une seconde, puis enfin avec un sourire de malice, elle dit :

— Oui.

Elle s'y attendait. Il lui a promis les jolies chaussures et elle lui a promis de le laisser regarder. Alors, délicatement, il a ouvert le corsage à dix doigts et découvert les seins :

— Ô ! dit-il. Éblouissante, que tu es belle !

— Tu trouves ça si beau ? dit-elle.

— Que tu es belle ! répète-t-il, tu ne peux pas savoir. J'en ai vu des noirs, brillants et durs comme la figue de Barbarie, des blancs à peine gonflés comme les nénuphars des lacs, des cuivrés comme les boucliers des guerriers chleuhs. Mais comme les tiens, si beaux, jamais ! Et tu permets, ô dis, pour ma reconnaissance, que je baise la terre !

Alloua se courbe et sur le sol, devant le lit de l'infirme, trois fois il presse sa bouche.

Florina a commencé par avoir envie de rire, mais maintenant ça la trouble, cet homme ainsi jeté devant son corps, en adoration.

— Tu mettras jamais ton beau costume ? dit-elle. Ton costume d'Arabe ?

— Si tu veux, dit-il.

Il s'est relevé et elle a refermé son corsage. Elle se reprend à regarder les petits souliers de fin cuir rouge. Elle glisse dedans ses mains maigres et fait jouer ses doigts sous les lanières. Pour marcher sur une route de Nice au plein soleil, ce serait si joli, jambes nues, jambes dorées par le hâle, jambes souples, vives, lestes, gonflées de dure chair, genoux ronds, mollets cambrés, chevilles fines et au bout de tout ça, les petits souliers dansants.

Brusquement, elle dit à voix haute :

— Je les mettrai jamais... Jamais ! Jamais ! elle crie.

Elle les envoie avec violence, loin d'elle, l'un va fêler la vitre d'un petit meuble bas, l'autre roule sous la table.

Elle se jette la tête dans ses coussins, elle s'enlise dans la noire matière de ses cheveux, elle continue à crier dans tout ce sombre :

— Va-t'en ! Va-t'en ! Je te déteste !

— Qu'est-ce qu'y arrive ? demande Vincente qui rentre.

— Rien, dit d'une voix douce le colporteur. Pauvre petite.

Il la regarde encore, puis :

— Je viendrai demain, dit-il.

Il glisse une main de pitié sur la tête écroulée en murmurant :

— Au revoir.

Vincente s'assied à côté du lit. Elle a l'habitude de ces orages, il n'y a qu'à les laisser passer. Ça s'apaisera. Tout à l'heure, Bertin va rentrer, puis ce sera Élysée, puis la porte de la maison se fermera sur ce foyer qui est celui d'une vieille famille paysanne, accrochée à la terre varoise depuis des siècles. Florina se calmera, elle retrouvera son sourire d'enfant gâtée, Mame mettra sur la table la grosse soupière qui est venue depuis les Granier, sans avoir perdu le fruit de faïence qui orne son couvercle ; Lysée essuiera une dernière fois son crâne ruisselant et plantera sa cuiller dans la soupe comme s'il n'avait plus mangé depuis huit jours. Bertin racontera toutes les histoires de ces femmes, de ces filles qui lui courent après parce qu'il est beau garçon. Et elle, Vincente, eh bien, elle fera comme tous les soirs, elle débarrassera la table, elle remettra à leur place le couvert en argent de Florina, le verre en cristal où elle boit, elle lui aidera à se déshabiller, elle lui passera sa chemise de nuit rose à petits festons bleus, elle la regardera brosser sa chevelure, elle lui donnera son livre, son remède contre l'insomnie, sa tisane calmante. Et puis elle ira se coucher, toute seule.

Bertin sera ressorti pour filer au bar des *Colonnes*,

retrouver ses amis : Francis Joubert, Loulou Geoffroy, son cousin, d'autres du pays qu'elle connaît. Élysée ira peut-être faire une quadrette au café de Salernes, mais ce n'est pas sûr, le soir il a sommeil. Mame s'enfermera dans son chambron pour prier sous le triangle de son chapelet en boules de buis, avant de s'endormir.

Et le lendemain, la vie recommencera pareille.

XIII

Vincente quitte la rue du Portail. En tournant par la ruelle du Laurier, elle se trouve dans la rue des Treize-Vents. Ce passage, c'est un escalier en torrent de cailloux, roulant de marche en marche comme une rivière sèche qui passe sous des voûtes de pierre. Au bout de tout, dans le rond du dernier cintre, il y a une grosse boule de ciel, un ciel noir, un ciel pourri, un ciel plein de tout le tragique mauvais temps. Au sortir de cet abri de roche, tout d'un coup, on débouche sur les vastes Aires et le vent vous saute dessus.

Sitôt que Vincente arrive sur cette esplanade, elle suffoque de se trouver face à face avec l'effrayant tumulte de ce vent. D'en bas, on aurait bien pu croire que cette énorme larguade qui soufflait ce matin était apaisée, mais non.

Il y a trois vents à Sainte-Trinide, il n'y en a que trois. Si, dans la ruelle en escalier, les gens en ont trouvé treize, c'est parce que la moindre brise, jouant à la tempête entre les voûtes, multiplie sa petite force. Le vent du sud, qui est le plus rare, monte depuis l'Albenc. Alors, dans la rue du Portail et dans l'appartement même des Revest, on trouve des feuilles arrachées aux peupliers du bord de l'eau et ces jours-là, le ciel est d'un vert défaillant, l'air d'une douceur sucrée qui vous comble la bouche d'un miel fade. Le vent d'ouest, lui, le terrible, il arrive en courant depuis Varrage ; il file sur la route, entre les platanes, secoue les branches, fait valser les pointes des cyprès sur un fond bleu dur et brillant comme un seul saphir, d'un bord à l'autre de l'horizon. C'est le mistral. Il dure trois jours, on le sait. On n'essaie pas de lutter avec lui, on attend sa fin. Sa puissance joyeuse de Dieu vous écrase. C'est une âme tumultueuse, cherchant un corps humain pour s'y réincarner. Quand elle le trouve, il naît au monde un saint François d'Assise, un Ravachol ou un Wagner.

Le troisième vent, c'est celui qui vient de la côte. Par-dessus les Maures et l'Esterel, il emporte, couchés dans son fleuve, les goélands, fatigués de se battre avec la larguade. Les grands oiseaux, alors, survolent les terres, poussent de longs cris aigus et les paysans se disent : « Il doit pas faire bon sur la mer. » Tout le rivage, des Martigues à Saint-Raphaël, est balayé par la poussière d'écume, les vagues de fond s'enroulent sur elles-mêmes, se déroulent comme des serpents verts, viennent se jeter avec colère sur les roches déchiquetées.

C'est ce vent qui souffle aujourd'hui. Quand il tombe, soudain plaqué contre le sol, les femmes, les aisselles en sueur, passent leur langue sur leurs lèvres sèches. C'est une sorte de vent qui vous énerve.

Vincente, debout au bord du plateau des Aires, le regarde se déchaîner impitoyablement sur cette vaste terre en forme de cœur, dont la pointe touche à l'Allégrerie. Ce paysage, qui lui est familier, est transformé par la torture, au point qu'il semble être celui d'une autre planète. Les rangées de platanes sont ces vagues de fond de la mer, qui se roulent sur elles-mêmes, se déroulent en serpents verts et se jettent, coléreuses, sur un ciel déchiqueté. Les argeïras, d'un jaune pourri, rasent le sol comme des chiens battus. Les oliviers se rebroussent en boules argentées et s'enfuient tous dans le même sens. Les arbres fruitiers, plus chargés de feuillage, s'abandonnent avec des gestes de rampement. Toute cette lutte est éclairée d'une lumière livide, perçant à grands coups de poignards blancs la masse des nuages qui emplit tout l'horizon du côté de la Méditerranée.

Vincente, devant ce grand bouillonnement de la nature, se dit : « Y va faire orage. J'aurais peut-être dû attendre demain. Mais celle-là, si je n'étais pas venue ! »

La veille, un dimanche qui avait été si calme, les Revest étaient de nouveau allés à l'Allégrerie et, cette fois, Florina avait oublié de remporter sa petite poule. Après la journée, passée bien paisible et rien qu'à eux cinq, vers le soir, la jeune fille s'était abandonnée tout à coup à une de ces crises de larmes qui la prenaient plus souvent. Elle avait voulu rentrer. A ces moments-là, elle se sentait si sensible, si écorchée, qu'il lui fallait tout de suite son abri familier, son lit, son repos. On était parti. Elle s'était calmée. Ce matin seulement, elle avait demandé sa petite poule à sa mère et on s'était aperçu qu'on l'avait oubliée à l'Allégrerie. Bertin dehors tout le jour, Élysée trop occupé, Mame à la cuisine, Vincente s'était offerte à aller la chercher. Florina pleurait :

— Elle est morte, j'en suis sûre. Une bête me l'aura mangée !

— Mais non, disait Vincente. Elle se sera branchée pour la nuit et je te la rapporterai, tu verras.

Elle était partie dès le repas de midi. Maintenant, arrivée sur ce plateau des Aires, elle pense une seconde à aller chez Angéline prendre des nouvelles de François qui est de plus en plus mal. Ce petit, quelle inquiétude ! Heureusement encore, que Pépé, après avoir fait deux semaines de couture au Domaine des Buis, vient de rentrer chez les Raimondi. Angéline va avoir un peu plus d'aide. Vincente réfléchit qu'elle ira au retour, quand elle sera sûre d'avoir retrouvé la poule naine.

Elle descend le chemin des ordures entre les pavots défleuris. Elle traverse l'avenue de la Gare où la poussière soulevée lui poudre le visage et elle remonte par le chemin de Terrargeïras.

Là, tout d'un coup, tout d'elle est emporté. Son fichu de laine lui passe par-dessus la tête et ses jupes tourbillonnent, lui laissent les cuisses nues. C'est dur pour marcher contre ce vent, elle a de la peine à se défendre. Il l'assaille par grandes attaques, il se jette sur ses jambes avec une force de vague et ses pas s'empêtrent dans lui comme dans une eau. A un tournant du chemin, dès qu'elle se trouve sur la hauteur, une si grosse rafale tente de la renverser qu'elle s'appuie au tronc d'un chêne pour reprendre son souffle. Puis elle se remet à marcher.

Dans sa bouche ouverte, le vent fait un bond. Elle se sent pleine de cet air froid, pénétrée de cet air jusque dans chaque veine de son corps. Le seuil des fermes semble scellé depuis le commencement des âges, elle est seule dans le monde avec ce vent. Les argeïras tordus sifflent, rampent, bavant au ras du sol un venin de pourriture. La colline de Bois-Brûlé, avec ses grosses pierres calcinées par le feu, entre lesquelles rien ne veut repousser, est plus sinistre que d'habitude, sous le mauvais temps. A son faîte, la roche triangulaire de « La tête de chat », porte le hameau de l'Aumône et sa chapelle toute seule là-haut, perdue en plein ciel tourmenté. De l'autre côté, les toits demi-ruinés de Boscodon, dégringolant depuis la crête des Escaffarels jusque dans les massifs d'épines, ont l'air tout à fait à l'abandon. Maisons, arbres, plantes, tout semble se resserrer sur soi-même, dans l'effroi de ce qui va venir. « On croirait un temps de cataclysme », pense Vincente. Elle se jette de côté, vers un petit bois formé par trois gros chênes verts. Sous les larges branches horizontales, le vent s'apaise un peu. De petits thyms, trapus et tortueux, roulent de boule en boule, entre des graviers. Une épaisse couche de feuilles sèches, tombées de plusieurs hivers, fait un tapis argenté, dessinant des festons comme le sable au bord d'une plage. Elle s'y laisse glisser. Elle a mal dans les nerfs de s'être battue avec cet ouragan. Maintenant, elle se met à le regarder, qui tourne autour de la masse solide des trois chênes, faisant un gros bruit d'homme ivre qui n'arrive pas à entrer dans sa maison.

De là, elle le voit bien venir du bout de l'horizon, ce sauvage, bousculant à gros coups de poing les nuages qui glissent sur leur fond comme des vaisseaux à la dérive. Et même on pourrait croire que c'est la vraie mer qu'on voit là-bas, derrière la ligne violette de l'Esterel, la mer écumeuse et verte avec des îles grises... Mais ce n'est que du ciel, du vent et des nuages qui, sans cesse, se défont et se refont sans cesse.

Dans ce repos, sa fatigue enfin calmée, avant de repartir, Vincente regarde autour d'elle. A sa gauche, il y a la chapelle de Saint-Donat et cette ferme de la Despérado qui ont fait autrefois partie de l'immense domaine du Revestet, perdu depuis longtemps pour la famille. Leur histoire, qu'elle n'a pas dite l'autre jour à Milan, elle l'a souvent entendu raconter par Mame. C'est une histoire terrible : un des grands-oncles d'Henri, Donat Revest, un beau garçon de vingt-deux ans, trois mois après s'être marié avec la fille d'un Espagnol travaillant aux carrières de Salernes, avait été écrasé par une charretée de pierres qu'il déchargeait. On avait rapporté chez lui des lambeaux ensanglantés dans une toile à bâche. Sa femme, une de ces ardentes qui ont du feu dans le milieu du corps, était devenue comme folle après l'accident. C'est vrai que, depuis Boscodon, on l'entendait hurler pendant des nuits et insulter le nom de Dieu. Les voisins rentraient chez eux en se signant et, le matin, on la ramassait, glacée de froid, jetée en croix sur le sol, devant sa maison.

Six mois plus tard, elle avait cependant mis sur terre l'enfant du mort. Une petite qui pesait trois kilos à sa naissance, qui était bâtie de travers et toute rongée de mal. Cette Donatienne avait grandi, avec un vieux valet, dans la ferme que la veuve avait baptisée de ce nom tragique, à force de crier dans les nuits : « So despérado ! So despérado ! »

Au premier anniversaire de la mort, l'Espagnole avait fait bâtir, à côté, cette basse chapelle nue, qu'elle avait consacrée à saint Donat, le patron de son mari. Puis elle était morte, puis sa fille était morte. Des parents éloignés avaient hérité, qui laissaient la maison fermée, la terre sans culture. Seule, la chapelle était restée accueillante à tous les passants, abri du chemineau et du berger, dans ce paysage désolé, mangé par les argeïras. Vincente frémit de penser à ce drame.

Elle se lève et sort du couvert des branches, elle avait oublié le vent, mais il la reprend aussitôt à pleins bras de brute. Elle court vers le sanctuaire. La porte, coincée par les ronces, est demeurée ouverte. Elle se jette là, dans l'ombre et, tout de suite, elle est baignée de douceur. Le bénitier du dehors est comblé de feuilles sèches. Mais ici une terrine jaune est pleine d'eau, quelque vieille du voisinage doit veiller à ce soin.

Elle y plonge la main jusqu'au poignet, elle touche son front, sa poitrine, ses épaules et alors, mouillée de cette eau sainte qui lui coule en larmes contre le nez, elle se met à prier cette Vierge qui luit vaguement au fond de l'autel : « Je vous salue Marie pleine de grâce, faites que François guérisse. » Oui, c'est la première chose à demander. Mame les gronde toujours, elle et Florina :

— Vous avez plus de religion, dit-elle, c'est pas bien.

Mame a peut-être raison. Vincente se sent dans un moment à chercher le secours partout où il peut se trouver : voir François guéri, Florina plus calme, Angéline plus heureuse et elle, arriver à savoir ce qu'elle veut, où ça va la conduire cette pensée qui s'est installée en elle, la pensée têtue de cet étranger, de ce garçon, de cet Italien ? Évidemment, qui s'en douterait ? Elle n'a pas des accès de mauvaise humeur, ni des crises de larmes. Quand Lysée propose de se marier après la rentrée des grains, c'est-àdire quand les achats du magasin étant faits, on sera plus tranquille, elle dit : « Si tu veux. » Elle est comme ça, c'est une femme paisible ou du moins, elle en a l'air.

A la prière rituelle, elle ajoute à présent une prière à son idée, faite de mots un peu fous : « Vierge, vous qui devinez les raisons des femmes, vous qui avez protégé saint Georges du dragon, vous devez comprendre que ça ne doit pas arriver, que c'est condamné d'avance un amour de ce genre entre un homme d'un autre pays, d'un travail qui le mène par monts et par vaux, un de ces hommes qui passent et d'une femme qui s'est enracinée à Sainte-Trinide, dans cette rue du Portail, dans cette famille Revest. Non non, ça ne doit pas être. Bonne Mère des anges, y faut que vous m'aidiez. Au nom du Père, du Fils et du Saint-Esprit. »

Elle se relève. « Il est temps que j'aille à l'Allégrerie », se dit-elle. Elle serre son fichu sur ses cheveux pour se défendre du vent et elle sort. Alors elle a un cri d'effroi. Elle voit un homme : c'est Milan.

— Je vous ai suivie à bicyclette, dit-il.

Puis il se tait. Elle le regarde comme si elle le voyait pour la première fois et elle ne sait que répéter :

— Vous m'avez suivie ?

— Oui.

Il se tait encore, puis il reprend d'une voix trouble :

— J'étais dans la ruelle avec Humberto. Il m'a dit : « Regarde-la qui passe. » Parce qu'il y a longtemps qu'il a compris. L'autre fois déjà il m'a dit : « Tu l'aimes, ça se voit. » Je ne lui ai pas répondu. Je t'ai suivie. Deux fois je me suis jeté dans les buissons d'épines ou derrière un arbre, pour pas que tu me voies. Tu t'es assise, j'allais te parler, puis tu es entrée dans cette chapelle...

Vincente le regarde, elle se sent un visage brûlant. Elle demande d'un ton de mépris :

— Pourquoi vous me tutoyez ?

— Parce que tu es mienne, dit-il.

— Non, non ! elle crie.

— Oui ! dit-il. Je le sais. Aux autres, tu peux le cacher, à toi peut-être aussi, mais à moi non. Dans notre premier regard, quand je suis passé sur la camionnette et que toi tu étais devant ton magasin, tu te rappelles pas de notre premier regard ? Tout ce qui devait arriver y était déjà.

— C'est pas vrai ! dit-elle.

Il la serre avec hardiesse dans ses bras durs :

— Pourquoi tu dis non, quand c'est oui ? Tu m'as pas encore assez fait souffrir ?

— Vous, souffrir ? dit-elle.

— Oui, depuis que je te connais, parce que je t'ai aimée tout de suite.

Il frotte doucement sa joue contre celle de Vincente. Il demande à voix basse, avec une rauque douceur :

— Emmène-moi avec toi à ton Allégrerie.

— Non, non ! crie-elle encore.

— Tu sais bien que c'est oui ! dit-il en approchant sa bouche chaude.

Écrasée sous cet ardent visage qui descend sur le sien, elle sent sa force couler d'elle comme une eau. Un tremblement doux la prend. Elle pense : « Mon Dieu, je suis perdue... »

— Viens, dit-il.

Il a laissé sa bicyclette contre la chapelle. Il tient dans sa main rude une main prisonnière et sous ce ciel déchiré, l'homme et la femme éternels vont vers l'accouplement.

Dansent sur place, dansent les oliviers, dansent les pieds dans les garrots de la terre, la tête dans l'huile bouillante de l'air ; dansent la torture et le plaisir. Le démon Vent fouette et crie : « Danse ! » Fouette et crie : « Danse ! » le démon Amour. A travers le bois brûlé, où brasillante, la racine a fondu dans les flammes, se jette sur eux le vent gifleur que la furieuse mer depuis elle apporte, par-dessus les sommets. Deux oliviers séparés des autres, seuls au bord de ce champ, après lequel le sol n'est plus que roche et leur danse tragique sous le combat de nuages qui démantèle l'orbe vaste de l'horizon.

Quel Dieu là-haut fait traîner son char qui roule à grand fracas ?

Quel démon là-haut aiguise, à grands éclairs, ses lames d'assassin ?

— L'orage !

— Laisse.

— J'ai peur !

— Laisse, mio amore...

Deux oliviers dansant la danse sacrée de la peur, de l'amour, du don et du refus. Dans la longue robe persane, écorce cloquée de bronze, brodée de durs lichens, danse l'un avec un long corps mince et deux bras levés vers Némésis ; avec des seins qui se gonflent et des reins qui se meuvent, danse l'autre, vêtu de soie livide par le reflet d'un ciel tourmenté. Mystérieuse et déchaînée, rythmée par un halètement de forge, danse avec les deux oliviers, dans la peur, dans le mal, dans les éléments déchaînés, la danse de la création des mondes.

Les nuages, montant depuis la mer, ont fini par crever au-dessus de la terre. Les éclairs ont écartelé le ciel, les tonnerres ont fait craquer l'horizon, l'averse crépite durement sur le sol.

Maintenant, pour le retour, il faut courir au long du chemin des Argeïras. La petite poule pleureuse trouvée si tard blottie dans le bûcher se serre dans la chaleur humaine. Vincente se retrouve seule sur le plateau. La pluie cingle son corps et sa robe. Ses jambes sont mouillées jusqu'aux cuisses et sur elle l'eau fume, parce que sa peau est chaude. A lourdes mains, elle serre sa tête bouillante et relève ses cheveux qui se plaquent sous le fichu trempé. Elle arrive à la rue des Aires : « Je vais vite voir comment va François », pense-t-elle. Elle pousse la porte d'en bas et monte pesamment, sans force. Son souffle brûle ses lèvres enfiévrées. Elle entre humblement. Au pied du petit lit, à côté de Pépé et d'Humberto, Angéline, courbée sur elle-même, relève vers son amie un visage figé :

— Tu vois, mon petit est mort, dit-elle.

XIV

Vincente a veillé la première nuit. Le lendemain on a fait l'enterrement. Les ouvriers de l'équipe se sont cotisés pour envoyer une grande gerbe d'œillets et de roses, où était imprimé sur un ruban de moire : « Souvenir-Amitié. » Tous, ils ont suivi le cortège. Raimondi a marché en tête, derrière l'étroit cercueil, dont le joyeux vent d'ouest, qui succède aux orages, soulevait le drap blanc. Raimondi, noyé dans ses larmes, bute contre les pavés soulevés dans toutes les voies par les travaux. Maintenant, c'est la rue des Aires où la Sanat commence les tranchées, puis elle prendra la rue de l'église, la place, la rue des Migraniers, l'avenue de la Gare, la route de Salernes et celle de Varrage jusqu'aux limites de la commune où la mairie fera placer une fontaine. Il y en a encore pour tout le mois d'août, facilement.

Raimondi n'a qu'un neveu avec qui il est fâché. Angéline a perdu ses parents. Ce sont les deux frères Revest qui ont marché à côté du père. Ensuite, il y avait Joubert et son fils Francis, Geoffroy le maquignon, Mounine le boucher, enfin tous les voisins et même le maire, monsieur Barge. Après venaient Milan, Humberto, Attilio et les autres, puis toutes les connaissances du pays.

Les voisines, regardant par la fenêtre derrière le rideau, ont dit :

— Ce petit, vaï, il est pas parti seul !

Les femmes sont restées dans la cuisine : Pépé, Vincente, Zelmira, Inès, Raphaëlle, Lydia Joubert et Bonnesœur, fière d'être là, ont fait groupe autour de la mère accablée. Pépé a préparé le café. Quand le corbillard est parti, Vincente a beaucoup embrassé la pauvre Angéline qui s'est évanouie et Pépé lui a fait boire chaud.

A présent, tout est terminé, François a fini de vivre sa vie de gosse souffreteux. Il n'y a plus que deux enfants à la maison. Bertin les a ramenés chez les Revest où Mame les avait hébergés une nuit. Angéline, voyant son petit si mal, renversé dans ses bras pour la première syncope, avait envoyé Marie-Louise et Henri, par Bonnesœur, à la rue du Portail. Elle avait dit : « Marraine vous gardera. » Marraine était absente, mais il y avait Florina.

— Elle est partie à l'Allégrerie, pour me chercher ma petite poule oubliée de dimanche. J'ai bien peur qu'elle attrape l'orage !

— Tu me la laisseras toucher ?

— Bien sûr, avait dit Florina à Marie-Louise.

— A moi aussi ? avait dit Henri.

— A toi aussi.

Les enfants avaient été heureux. Maintenant, ils comprennent mal pourquoi leur mère est toujours triste.

— François est parti voir le bon Dieu, leur dit Pépé.

Raimondi, revenu de l'enterrement, est resté longtemps debout devant le lit vide de son fils, puis il est allé au placard prendre la bouteille, il s'est versé un verre de vin blanc et l'a bu avec un grand geste tragique, de la main levée au ciel, un geste de dire à la Fatalité :

— Ni plus ni moins, maintenant qu'il est mort...

Angéline l'a regardé finir ce muscat dans lequel elle battait pour son petit le jaune d'œuf qui devait le fortifier.

« A présent tout est terminé, se dit-elle, j'ai un enfant de moins. Ma chair, mon sang, ce que j'ai fait avec ma chair et mon sang, ça commence déjà à se pourrir dans la terre.

C'est fini de pouvoir penser à autre chose. Mon premier petit, mon aîné, il est mort. Quand je désespérais, je me consolais un peu en réfléchissant qu'il avait dix ans, que bientôt, il serait capable de comprendre. Et déjà trop, y comprenait, mon François, déjà trop, parce que ça me l'a fait souffrir. »

Elle regarde à ses côtés cette brute écroulée dans son début de saoulerie. Tout à l'heure, il va sortir, les gens sur son passage murmureront :

— Ça y a fait beaucoup de peine ! Quand même qu'y boive un peu, il est pas des plus mauvais.

« Ils ne savent pas, les gens, c'est forcé. Un ivrogne, on le blague, on le suit dans les rues, quand il titube on trouve que c'est drôle. Il chante, et puis il a des hoquets et il promène sur tout des yeux bienveillants et les autres s'amusent : « Ah, s'ils pensaient un peu à la femme, se dit Angéline, à la femme qui a fait sa journée de lessive ou de ménage et qui se voit arriver ça, rouge, suant, vomissant, se pissant dessous, furieux à te frapper ou rigoleur en te prenant dans ses bras pour t'embrasser, avec sa bouche molle à odeur de vinasse. Quel malheur ! Et il y a des lois. Tu as vu qu'on les observe, toi, ces lois ? Dans un bar on le met à la porte, dans l'autre on lui verse un verre. C'est comme ça. Tu les as vus, toi, les patrons de bistrot, refuser de servir de l'alcool aux mineurs ? Pourtant ça y est écrit sur leur papier collé contre le mur. Ah ! de penser que mon François peut-être serait venu comme son père, je me dis que c'est une bénédiction qu'il soit mort...

« Qu'est-ce que je vais faire, moi, à présent ? Rester là ? Continuer cette vie ? Attendre que ces deux derniers, si petits, soient en âge de consoler ? Ou les prendre sur mes bras et partir ? Mais où, alors ? Je connais rien, ni personne. Ici, j'ai Vincente, j'ai Pépé, j'ai des amis. Ailleurs... Des amis, je dis ? Qui, à part Vincente ? Celui-là que là-haut je sais qu'il pense à moi, celui qui a soigné et pleuré mon fils avec moi dès la première heure, celui que lui-même il est presque un enfant ? Dix-neuf ans... Et puis, il va s'en aller lui aussi, bientôt. »

— Je sors, dit Raimondi.

Elle le regarde. La bouteille de muscat est vide. Il va boire ailleurs. Les petits s'ennuient.

— Man, dit Marie-Louise, on peut pas aller jouer aux lavoirs avec Henri ?

— Mais oui, allez-y, dit la mère. Quand le dîner sera prêt, je vous appellerai.

Dès que les bruits de pas se sont éteints en bas, un bruit de pas moins sonores descend l'escalier du second. Une douceur d'ombre entre dans la cuisine et reste contre la porte :

— Je vous gêne pas, au moins ?

— Non, dit Angéline, vous pouvez entrer. Je prépare la soupe des petits. Les pauvres, y faut quand même qu'y mangent. Et puis mon amie va venir.

— Elle vous aime beaucoup ? dit Humberto.

— Beaucoup. Depuis l'école nous nous aimons.

— C'est bon d'avoir des amis, surtout dans des moments pareils.

— Ô, j'en ai pas d'autres, dit Angéline. Y a bien Pépé. Mais Pépé, qu'est-ce que vous voulez, elle est jeune, elle a sa vie à faire. Ça m'inquiète un peu avec Attilio, qu'est-ce qu'y fabriquent ?

— Je sais qu'y sortent ensemble, dit Humberto.

— Oui, mais quelles intentions il a, ce jeune ? Parce que, d'abord, elle avait commencé de fréquenter Bertin Revest et j'espérais que ça ferait un mariage, et puis ça c'est gâté.

— Il est un peu coureur, je crois, ce Bertin ?

— Oui et elle pas trop sérieuse. Enfin, si Attilio voulait l'épouser ?

— Je sais pas. Avant, il avait demandé Inès, mais elle l'a refusé.

— Et maintenant, Inès cherche Bertin ?

— Oui.

— Je parle de tout ça, vous savez, c'est pour me distraire un peu, me sortir de ma peine. Autrement, les affaires des autres, je m'en suis jamais occupée et je veux pas commencer. Seulement Pépé, c'est ma belle-fille, et, au fond, ce qui m'arrangerait le mieux, ce serait qu'elle reste avec son père, mariée ou pas mariée. Alors, moi, je pourrais partir.

Humberto redresse la tête.

— Ô vous pouvez croire que ce serait volontiers ! Prendre les deux petits qui me restent et m'en aller quelque part, où Raimondi puisse plus me trouver.

— Vous le feriez pas...

— Je le ferais pas ? Et qu'est-ce que j'ai qui me retient, autre que Vincente ? Elle comprendrait.

— Nous, après les travaux d'ici, nous allons à Annemasse, puis à Lucerne.

— Où c'est ça ?

— Lucerne ? C'est en Suisse, sur les bords d'un lac.

— J'en ai vu un, de lac, sur une carte postale. C'était beau, c'était bleu !

— Après, nous retournerons en Italie. Ma mère elle habite à Delmonte, une ferme dans la montagne, toute seule, parce que mes deux frères et mes trois sœurs sont partis. Elle m'écrit toujours : « Prends-toi une bonne femme avec toi et reviens. » Nous étions bien d'accord.

— Le dernier devoir de mon François, à l'école, ç'a été une carte d'italie. Y me l'a montrée en m'expliquant : « Tu vois, man, c'est comme une botte. »

— A Lucerne, vous seriez pas malheureuse, vous auriez pas le besoin d'aller laver.

— Moi ? A Lucerne ?

— Vous disiez : « Je partirai. »

— Oui, je l'ai dit. Mais le dire et le faire, c'est deux choses. J'ai Marie-Louise, j'ai Henri.

— On peut les mener.

— Si loin ?

— Une fois sur le camion, vous savez, on va jusqu'au bout.

Angéline se relève du fauteuil où elle était enfoncée dans son accablement :

— Y faut pas que je laisse brûler ma soupe, moi.

Devant le fourneau, elle soulève le couvercle et tourne une louche dans la marmite. Elle revient vers Humberto :

— Vous savez pas, dit-elle, que quand le petit a commencé d'être malade, là-haut dans notre chambre, mon mari me forçait de coucher par terre, sur la descente de lit ? Et vous savez pas pourquoi ? Parce que je le réveillais ce beau monsieur qui fout rien ! Oui, en me levant deux fois, cinq fois, dans la nuit, pour soigner mon gosse qui étouffait. Voilà, c'est un mari, ça ! C'est ça que, des fois, les femmes elles ont pour les aider à élever leurs enfants. Ah ! qué malheur !

— Tous les hommes ne sont pas pareils, dit Humberto.

— Heureusement, dit Angéline, Vincente, elle a eu un bon mari et son second, ce sera pareil. Ce sont des braves garçons honnêtes qui prennent ses responsabilités.

— Son second ? Vous le connaissez ? Elle va se remarier ?

— Mais oui, sûrement, avec Lysée, le frère de son premier.

— Ce gros rouge, toujours en sueur ?

— Oui, vous pouvez croire qu'il a des grandes qualités.

— Elle l'aime ?

— En tout cas, elle l'épousera et elle fera bien. Ce sera un bon ménage. Elle aura peut-être un enfant, qu'elle en a pas eu encore.

— C'est drôle, je la voyais pas comme ça.

— Pourquoi ? dit Angéline.

— Elle est encore bien.

Ils se taisent tous deux, puis Angéline demande :

— Votre collègue lui fait la cour ?

— Je sais pas, dit Humberto.

— Mon Dieu, dit Angéline, je parle, je parle, puis tout d'un coup je me mets à penser que mon petit est sous la terre, alors... Ô, je voudrais me tuer quand je pense à ça !

Elle se jette sur le fauteuil, elle écrase dans le fond son corps secoué de sanglots nerveux.

— Pauvre ! dit Humberto.

— Je peux plus pleurer, je peux plus pleurer ! gémit-elle, le visage caché dans ses bras repliés.

Humberto se penche, ramasse sur la robe noire une main maigre qui pend, abandonnée, il la caresse de ses doigts. Une grande pitié tendre envahit le garçon, il pense comme ce serait bon de rendre la joie à ces yeux usés de larmes, à cette pauvre chair maltraitée par le destin, à ce cœur qui a tant souffert. Il se penche un peu plus. Contre la main abîmée par les lessives, il pose la fraîcheur de sa bouche d'adolescent et reste là, sans paroles. Alors, la pluie bienfaisante des larmes inonde le visage trop tôt vieilli dans le chagrin.

La porte s'ouvre. C'est Vincente. Angéline sort de ses bras et tend vers son amie un visage égaré. Elle crie :

— Vincente ! Vincente ! Mon petit qui est mort !

Vincente s'agenouille contre le fauteuil, elle prend à pleins bras le corps d'Angéline, elle embrasse les joues mouillées. Elle pleure :

— Ma belle, ma belle ! Ne pleure plus ! Tu as tes autres, tu as Marie-Louise, tu as Henri, tu as moi. Ce pauvre petit, rappelle-toi, il était trop souvent malade, tu l'aurais pas gardé.

— Je peux plus voir Raimondi ! crie Angéline sans écouter, je peux plus rester ici ! Je veux partir, je veux partir !

Le corps raidi, les dents claquantes, les mains accrochées l'une à l'autre par leur tremblement, Angéline se tord dans le fauteuil. Humberto regarde avec effroi ce visage contracté.

— Vous avez pas un peu de blanche chez vous ?

demande Vincente. Ici, je sais qu'elle en garde pas à cause du saoulard.

— Oui, oui... dit Humberto.

Il court. La brûlure de l'eau-de-vie ramène quelque roseur aux joues décolorées. Angéline jette autour d'elle un regard qui contient toute la désolation du monde. Ses dents continuent à claquer doucement.

— J'ai froid, dit-elle.

Vincente l'entoure d'une couverture :

— Tu vas boire un peu de tilleul, dit-elle. Où sont les enfants ?

— Y sont partis jouer aux lavoirs.

— Humberto va aller les chercher et je les emmènerai encore cette nuit. Comme ça tu te reposeras tranquille. Où est Pacha ?

— Il est sorti.

Vincente regarde sur la table le verre à côté de la bouteille de muscat qui est vide.

— C'est lui ?

— Oui, dit Angéline avec honte.

— Pauvres de nous ! soupire Vincente. Des hommes comme ça, on devrait pouvoir les jeter aux ordures. Tu as encore de l'aspirine ?

— Je crois pas.

— Eh ben, écoutez, Humberto, décide Vincente, vous serez gentil : prenez les petits en bas, montez-les à ma belle-mère, dites-lui qu'elle les fasse manger et qu'elle les couche dans mon lit. On les gâte bien, va ! Moi, je vais rester ici. Je veux pas que Géline soit seule cette nuit, vous le direz aussi chez moi et qu'on vous donne l'aspirine qui est sur ma tablette.

— Ça va encore te déranger ? dit Angéline.

— Non, va, ni plus ni moins, je dormirai pas tranquille, à savoir que tu es malade et que s'il a bu, pour noyer son chagrin, y te fera encore des émotions.

— A tout à l'heure, dit Humberto.

Les deux amies restent seules dans l'insolente beauté d'un soir d'été qui jette par poignées ses fleurs de lumière, dans la pièce où vient de mourir un enfant.

— J'aimerais ôter ce lit de la cuisine, dit Angéline. Tu veux m'aider ?

Ensemble, elles plient la carcasse et la traînent dans le couloir. Vincente cale sur sa hanche robuste le petit matelas et le monte au grenier. Humberto et Milan se chargeront des fers.

— Mon pauvre petit ! dit Angéline. Ah, tu peux pas savoir ce que c'est, y faut être mère.

— Moi aussi je l'aimais bien, dit Vincente. C'était mon filleul, et puis il était gentil.

— Si gentil, si doux, tu te rappelles ? C'est le meilleur de ma maison que j'ai perdu avec lui.

Elle se tait, puis reprend d'une voix sourde :

— Vincente, je voudrais m'en aller.

— T'en aller, ma fille, mais où ?

— N'importe où. Je peux plus me voir avec Raimondi. Tu as pas entendu cette scène, hier ? Mon fils à peine froid, me reprocher de l'avoir mal soigné ?

— Tu le connais, c'est un sans-raison.

— Mais quand même, dis, toute saignante de mon mal comme je suis, avoir le courage de...

Les longues lourdes larmes descendent à nouveau sur le visage fané.

— Tu as besoin d'un grand repos, dit Vincente, après tu partiras. Mais où tu veux partir ?

Elle répond nettement :

— A Lucerne.

— A Lucerne ? Où c'est ça ?

— En Suisse.

— En Suisse ? Tu es pas folle ? Et les petits ?

— Je les mènerai.

— Si loin ?

— Ô, sur le camion, quand on y est on va jusqu'au bout.

— Géline !

Vincente regarde avec terreur son amie renversée dans le fauteuil : elle a un étroit visage de morte aux yeux fermés, à la bouche qui se serre :

— Géline ? Tu te sens mal ?

Et la voix qui répond est faible comme le souffle d'une agonie :

— Sur les bords d'un lac qui est tout bleu. Et puis la ferme dans la montagne, à Delmonte : « Prends-toi une bonne femme et reviens. »

La voix se perd, la tête a roulé sur l'épaule, comme si la vie l'abandonnait. Vincente a peur, elle voit à nouveau pâlir le teint, se tirer les traits, trembler le menton et les mains. « Quel malheur ! » pense-t-elle. Elle verse vite un peu d'eau-de-vie dans sa paume, elle frotte les tempes, les poignets, elle fait couler quelques gouttes entre les dents entrechoquées, mais c'est trop tard, l'ange de l'oubli lui a enlevé son amie et l'emporte sur sa grande aile à plumes douces : « Mon Dieu, elle s'évanouit ! » pense encore Vincente affolée. Elle soutient le corps défait dans ses bras. Elle baise la joue glacée. Alors, une voix qui n'est plus de ce monde, se glisse dans son oreille et murmure :

— Tu comprends, c'est que moi, je l'aime.

XV

C'est à la fin du repas que la discussion a commencé. La salle à manger des Revest est protégée du soleil par un grand store jaune déroulé devant la fenêtre. Dehors, midi plaque sur tout sa main brûlante. Florina, dans son coin d'ombre, ouvre et ferme les robinets de la petite fontaine de cuivre où il n'y a pas encore d'eau et se désintéresse du reste. Vincente est restée à table. Mame va et vient sans rien dire, mais en dedans, elle donne raison à son aîné, quoique « ce Bertin, il est si charmant », pense-t-elle. Élysée, debout, gesticule en séchant son visage mouillé :

— Je vais à l'entrepôt, dit-il enfin, là au moins j'embête personne. Pourvu que je vous gagne la vie...

— Nous la gagnons, nous aussi, dit Vincente d'un ton sec. On croirait toujours qu'il y a que toi qui travailles ?

— En tout cas, tu pourrais me donner raison. Vous êtes là, toutes les trois, à bader devant ce pétrousquin, parce que, soi-disant, il est beau garçon. Vous êtes bien des femmes, té, vous me faites suer !

— Ah non ! dit Bertin. Le faites pas suer, autrement y a l'inondation !

— Qué bécile ! jette Élysée d'un ton rageur.

— Mais enfin, qu'est-ce que ça peut te faire ? demande Bertin.

— Ça me fait que ça me plaît pas, voilà tout !

— Et pourquoi ça te plaît pas ? Toi, tu joues bien à la quadrette ?

— Et toi tu joues à faire le putassier. Une fois une, une fois l'autre et puis tu changes, et puis tu y reviens ! Tu crois que ça peut durer ?

— Elles sont venues se plaindre à toi que j'y faisais mal l'amour ? demande Bertin.

— Couillonas ! Ce qu'y a, c'est qu'elles sont trop souvent à l'entrepôt, les unes ou les autres, ça te lève l'idée du travail. Un jour, c'est Pépé, celle-là elle a la larme à l'œil ; le lendemain, c'est Raphaëlle Bourges et vous rigolez dans les coins ; une heure après, la belle-sœur Eynaud vient asseoir son derrière pointu sur des sacs de repasse et elle reste là à te dévorer des yeux...

— Elle vient plus, celle-là, elle est partie. Tu es pas content ?

Bertin prend un petit air fanfaron qui ravive la colère de son frère.

— Ô, grogne-t-il, si celle-là part, tu en ramasseras bien encore une ! Maintenant, c'est cette Italienne de mes pieds.

— Tu es guère galant, sourit Bertin. Tu la trouves pas jolie ?

— Jolie ou non, je m'en fous ! Je veux que tu t'occupes de ton travail ! Ta place est à peser la marchandise ! A regarder la balance et pas la voisine ! Ta place, elle est sur la route, dans la camionnette. A côté de moi, tu entends ? Et pas dans les drailles de colline à faire les parties de jambes en l'air. Ta place, c'est de m'aider, pas plus !

Bertin se lève d'un air nonchalant. Son joli visage porte les marques de son ennui.

— Té, tu m'embêtes, dit-il, j'aime mieux m'en aller. Tu es embêtant de nature. Tu nous a tous embêtés depuis qu'on est au monde et tu nous embêteras toujours. Vincente, elle a de la vertu de vouloir t'épouser !

Il hausse les épaules et sort de la pièce. On entend claquer derrière lui la porte du couloir.

— Qu'est-ce qu'y dit? Qu'est-ce qu'y dit? bégaie Élysée.
— Fais pas attention, dit Vincente, il était vexé. Aussi tu devrais comprendre qu'il est jeune.
— Il est jeune? Mois aussi j'ai été jeune! Et jamais j'ai eu ces manières. Ni mon pauvre frère non plus, pas vrai, man?
— François, il était beaucoup sérieux, approuve Mame.
— Ah, tu vois! Et moi, c'est pareil. On te l'a dit que je cours à droite à gauche? Tu m'as vu avoir des rendez-vous dans la campagne? J'ai les marques des suçons, moi, sous mon foulard?
— C'est pas la même chose, dit Vincente en souriant.
— Quoi, pas la même chose? Moi, je suis sérieux, voilà tout. Tu crois que j'en trouverais pas des femmes, si je voulais? Tiens, la fille Blache, de Boscodon, elle m'a fait assez des avances!
— Hé ben! s'exclame Florina, cette grosse? Avec sa figure bouillie et ses quatre cheveux?
Élysée se retourne vivement vers sa sœur :
— Toi, je t'ai pas demandé ton avis.
— Et moi, je te le donne quand même, dit Florina.
— Et moi je te prie de te taire!
— Tu es bien de mauvaise humeur, Lysée! dit Vincente.
— Hé aussi, à la fin, on me fait sortir de moi-même! crie Élysée. Je vais à mon travail, té, j'aurais dû commencer par là, j'aurais évité la discussion.
Il sort à son tour, la porte claque une seconde fois.
— Ces hommes! soupire Mame.
Hochant sa vieille tête, elle retourne à la cuisine.
— Et tu veux te marier, Vincente? dit Florina. Tu as du courage!
— Ô, dit Vincente, il est pas toujours comme ça.
Elle réfléchit, puis elle dit encore :
— Il a des bons moments. Tu sais, lui ou un autre...

— Quand même, continue Florina, moi, si je me mariais, je voudrais que ce soit dans l'illusion.

— L'illusion de quoi ?

— L'illusion de croire que personne a jamais eu un bonheur si grand que le mien.

— Tu es jeune, dit Vincente.

— Toi aussi, tu es jeune, et si tu en voulais des autres que mon frère, je sais que tu en trouverais.

— J'en veux pas d'autres, assure Vincente et elle pense : « Où elle cherche à en venir ? »

— On dit que le jeune de l'équipe, Humberto, y couche avec Géline.

— Ah oui ? Première nouvelle.

— Ô, elle aurait bien raison, mal servie comme elle est. On dit qu'Attilio, il a remplacé Bertin dans le cœur de Pépé. Et on dit que la vieille Zelmira, elle est la maîtresse de Milan depuis des années.

— Hé ben ! jette Vincente, tu es renseignée toi au moins. Qui t'a appris tout ça ?

— Les gens ! Tu penses bien que ça fait parler, toute cette équipe de jeunes qui est arrivée d'un coup à Sainte-Trinide. Tiens, Monico, y paraît, ce vilain mal fichu qui a trouvé l'eau à l'Allégrerie, y va au *Figuier* le samedi, avec Aldo et Genovesi, je le sais.

— Voilà de beaux renseignements pour une jeune fille.

— Tout le monde le raconte. C'est pas ma faute.

— C'est ta faute si tu le répètes.

— Mais, dis, je m'ennuie comme la mort, moi, derrière ma fenêtre ! Si j'avais pas tout ça pour un peu m'amuser... Tiens, la petite Inès, avec son genre de Madone bien sage, hé ben, tu le croiras pas que, tous les soirs, elle reçoit Bertin dans sa chambre ?

— Tu es folle ! dit Vincente. Tu finis par dire des bêtises.

— Je suis pas folle. C'est Attilio qui les a vus. Et celui-là, même qu'il aime Inès et qu'y couche avec Pépé, quand y passe, y s'arrête à me faire ses confidences. Y m'a juré que jamais il a vu une fille si jolie que moi.

— C'est des racontars, tout ça, dit Vincente. Tu devrais ni les écouter ni les répandre.

— Moi, ça m'amuse, dit Florina en riant.

— Oui, reprend Vincente qui reste sérieuse, ça t'amuse aussi de dire à Mame, qui le répète à Lysée, qui naturellement me le répète, que le chef d'équipe me fait la cour ?

— Y te fait pas la cour ?

— Non. D'abord. Et puis tu es bien médisante.

Vincente regarde sa belle-sœur avec des yeux sévères :

— Pourquoi tu as dit ça ?

— Pour savoir, avoue Florina avec un sourire secret au coin de sa bouche trop rouge.

— Savoir quoi ?

— Savoir ce qu'il y avait de vrai.

— De vrai où ?

— Dans ce qui se raconte.

— Et qu'est-ce qui se raconte ? demande Vincente le cœur battant.

— Qu'y te cherche. Pacha l'a dit à Joubert. D'un autre côté, Raphaëlle t'a vue dans le chemin des Argeïras avec lui.

— Et alors ? Y a ça ! On m'a vue dans le chemin des Argeïras avec lui ! Je le sais, va, c'est ce jour que j'ai été assez bête pour courir te chercher ta petite poule sous la pluie, le jour de ce gros orage, le jour que le pauvre François est mort. Tiens, y a un mois !

— Oui, c'est ce jour-là justement. Elle dit qu'il est allé avec toi à l'Allégrerie.

— C'est pas vrai ! C'est pas vrai ! crie Vincente. Vous êtes toutes des sales langues ! Je l'ai rencontré, oui, y m'a dit quatre mots et il est parti de son côté et moi du mien.

— Ô moi, dit Florina, du ton le plus doux, je ne demande pas mieux de le croire.

— Ah oui ?

— Oui, parce que je l'aime.

— Et Mémoire ?

— Quoi, Mémoire ? J'ai jamais dit que j'aimais Mémoire !

— Tu l'as pas dit, mais on pouvait le penser. Il est toujours là près de toi et on sait qu'y voudrait t'épouser, tu diras pas non ?

— La fille aussi, elle est toujours près de moi, dit Florina, en prenant dans ses mains sa petite poule. Pourtant, j'ai pas envie de me marier avec, pas vrai, ma fifille ?

— Et avec Milan, tu veux te marier ?

— Oui. S'il veut, oui, je veux bien. Il est beau. Tu trouves pas qu'il est si beau ?

— Il t'a fait des propositions ? demande Vincente.

— Je l'ai compris sans paroles, dit Florina. Tu le vois pas qu'y vient tous les jours ici, qu'y passe jamais devant la fenêtre sans s'arrêter ? Tu l'as pas remarqué ?

— Non.

— Peut-être qu'il est capable de m'aimer malgré mon mal. Ô, ce serait une chose, ça, Vincente, tu t'imagines ? Y ferait installer une roulotte derrière son camion, et je verrais toutes les routes de la terre, tu te rends compte ?

De ses doigts nerveux, Florina serre le bras de Vincente en répétant d'un ton de fièvre :

— Quel bonheur ! Quel bonheur !

« Pauvre », pense Vincente.

Elle se lève et s'arrange les cheveux :

— Il faut que j'aille à l'entrepôt, dit-elle, autrement Lysée se mettra encore plus de mauvaise humeur.

Florina la regarde avec curiosité :

— Tu l'aimes, toi, mon frère ?

— Parle pas toujours d'amour, dit Vincente, c'est agaçant ! Tu as besoin de rien ?

— Non, dit Florina. Mémoire va venir. A ce soir.

— A ce soir, dit Vincente.

Et elle s'en va. « Ouf ! » Dehors elle respire. Elle n'en pouvait plus. Tout en elle s'étouffait. « Ô, je me sens pas le courage de rentrer tout de suite, elle pense. Je vais faire un tour. » Ce tour la fait monter par la ruelle et elle se trouve dans la rue des Migraniers. « Tiens, je vais dire bonjour à la cantine puisque je suis là », pense-t-elle encore. Elle pousse la grande porte branlante. Elle entre dans la salle. Le silence et l'ombre sont sur tout. Un homme est assis sur un sac, contre la cheminée fraîche. C'est Milan.

— Chut, dit-il, tout le monde dort.

D'un souple bond silencieux, il est debout et lui prend la main.

— Tu es venue ? dit-il à voix basse.

— Taisez-vous, dit-elle plus bas encore.

— Tu es une merveille d'être venue. J'avais tant envie de te voir, je pensais à toi, à aller là-bas, mais tu n'es jamais seule, y a ta belle-sœur, ta belle-mère, tes beaux-frères. Et tu es venue ! Ne restons pas là.

Il l'entraîne doucement vers la porte.

— Où voulez-vous aller ? chuchote-t-elle.

— Chez moi, dit-il. Pacha est à Draguignan, et Humberto chez Angéline. Ils ne nous dérangeront pas.

Vincente reste saisie :

— Ah oui ?

— C'est son amant, dit Milan, tu ne le savais pas ? Mais viens vite. Quelqu'un peut se réveiller et descendre.

— Zelmira, par exemple, précise Vincente en lui arrachant sa main.

— Pourquoi Zelmira ?

— Ta maîtresse, tu crois que je ne sais rien ?

— Viens, dit-il, je passe le premier pour t'ouvrir la porte, tu monteras après moi. Il faut que nous nous parlions.

Quand elle est seule : « J'irai pas, se répète Vincente en elle-même, c'est un coureur comme les autres, plus que les autres : Zelmira, Florina, moi, et puis qui sait qui ? » Elle traverse à pas résolus la place écrasée sous le soleil qui fait des bassins de clarté éblouissante avec les anciennes aires à carreaux rouges. Elle passe devant les lavoirs déserts, Bonnesœur dort à l'ombre de la pierre, roulée en boule comme un chien, sa monstrueuse figure à bouche béante sous le ciel, ses pieds chaussés d'espadrilles effrangées, traînant dans le ruisseau d'eau sale. « Je peux toujours passer chez Géline, se donne Vincente comme excuse. Ah mais, celle-là, si elle a son Humberto ? Nous étions bien tranquilles, bon Dieu, il a fallu que ces Bâbiasses viennent faire des complications ! »

Devant la maison de Raimondi, elle met à peine un pied dans le couloir que des doigts impérieux attirent sa main. Une voix parle qui est rauque, tout contre son oreille :

— Viens vite, mio amore...

— Je n'ai pas le temps, dit-elle, je monte chez Géline.

— Non, tu viens chez moi, dit-il, parce que moi je t'aime. Et toi aussi.

— Non, tu es un menteur.

— Viens, chérie, dit Milan ; ne sois pas toujours en révolte. L'amour, c'est bon.

Dans le grenier devenu chambre, la grand-mère Falconnet a mis longtemps à sécher ses herbes odorantes : le millepertuis qui dépure, la pimprenelle qui fait fille belle, la feuille de noyer et le tilleul. Un parfum est resté, éternel. Et c'est vrai que, là-haut, l'amour est bon dans les bras durs de ce grand garçon tendre qui mélange l'italien au français dans ses chaudes paroles. Et c'est bon d'oublier l'entrepôt, où Élysée essuie son front suant dans son mouchoir trempé et le travail poussiéreux, et Mame, toujours grognon, et Florina capricieuse. Non, Florina, c'est difficile de l'oublier. Vincente questionne :

— Qu'est-ce que tu lui as dit à ma belle-sœur ?

— Moi ? Rien, dit Milan.

Il passe le bras sous le corps de son amie et la serre contre lui.

— Tu m'étouffes, soupire-t-elle d'une voix douce. Tu lui as pas dit que tu la trouvais bien ?

— Comme à toutes, avoue-t-il. C'est politesse d'homme.

— Qu'elle était charmante ?

— Oui.

— Que tu l'épouserais, peut-être ?

— Ah ça jamais ! dit Milan.

— Ne t'amuse pas avec elle, dit Vincente. Tu sais, la pauvre, dans son état, elle prend tout argent comptant. Toi, tu passes, tu blagues, elle, après, elle se fait des idées. Ce serait pas bien de ta part.

— Quand même, proteste Milan, elle a pas pu croire...

— Elle croit tout, je te dis. Et tu lui plais.

— Elle te l'a avoué ?

— Je te dirais oui, tu serais content.

Une main sur le sein de Vincente qui, nu, est rond et doré comme un fruit et dont la pointe dure couve une flamme secrète, Milan songe à la bouche audacieuse, aux yeux provocants de Florina. « Cette fille... La caresser dans son corps magnifique et misérable, donner la grande joie à cette chair si belle et sacrifiée, lui faire connaître l'étreinte d'un amant ? Sans l'aimer ? Oui. Et puis ? Après ? La laisser toute seule avec son mal ? Ce serait criminel. » Milan serre à nouveau celle qu'il préfère contre lui.

— Et Zelmira ? dit Vincente. Qu'est-ce qu'y a entre vous ?

— Pourquoi ?

— Tu le sais bien, dit-elle, tout le monde le sait. Elle est ta maîtresse.

— Tu connais l'âge qu'elle a ?

— Oui. Elle est vieille.

— Tu as vu sa figure ?

— Elle est laide.

— Alors ?

— Quoi, alors ?

— Tu crois que je peux l'aimer ?
— Hé, j'en sais rien, moi ! Vieilles et laides, y en a qui sont plus aimées que jeunes et jolies.
— Ça a duré six ans, j'en ai assez. Elle a été bonne avec moi dans un mauvais moment de ma vie : tu comprends, j'ai tué un homme.
Vincente éloigne violemment son corps du corps de Milan.
— Toi ! Tu as tué un homme ? crie-t-elle à voix sourde.
— Je ne l'ai pas tué moi-même, dit-il sur le même ton, mais je l'ai fait tuer, c'est pareil. J'avais dix-huit ans, je couchais avec une femme, en Corse, où je travaillais, c'était ma première, j'en étais fou, elle m'avait appris l'amour et j'aurais jamais cru pouvoir le faire sans elle. Tu veux que je te raconte ?
— Oui, dit Vincente, mais ça me fait trembler.
— Serre-toi bien contre moi. Écoute alors : je te le dis, c'était ma première, et belle avec des yeux noirs, sauvages, amoureuse comme une lionne en chaleur. Elle détestait son mari qui l'avait battue souvent : « Si tu étais un homme, elle me disait, tu m'en débarrasserais. » A la fin, je l'ai laissé faire. Trois jours de suite, elle est allée dans la montagne de Bocognano, derrière sa maison, et trois jours de suite elle a cueilli des boules rouges sur une haie. J'étais avec elle et je ne pensais qu'à la coucher sur la pente pour faire l'amour. J'avais dix-huit ans, je te dis, j'étais fou ! Lui, ce pauvre homme, il avait l'asthme. Tous les soirs, il buvait une infusion avec des cachets. Elle lui a fait la tisane avec ces boules : « C'est amer, il a dit. — C'est ton remède », elle a répondu. Le lendemain, elle me raconte qu'il s'est tordu toute la nuit du mal au ventre, mais qu'il est vivant. Elle m'envoie cueillir d'autres boules et elle recommence. Moi, j'ai pris peur, je suis parti me cacher dans une bergerie de montagne. Quand je suis revenu, cinq jours après, les gendarmes étaient chez ma maîtresse. L'homme avait tant hurlé que les voisins l'avaient transporté à

l'hôpital où, avant de mourir, il avait accusé sa femme et moi avec. Mais elle a tellement juré que je savais rien, qu'après un mois de préventive, on m'a relâché. Elle n'a été condamnée qu'à cinq ans, parce qu'on n'a pas pu prouver sa culpabilité. Moi, à ce moment où je n'osais plus me présenter nulle part pour travailler, j'ai rencontré les Cognata. Lui, maçon, m'a pris pour manœuvre ; elle, Zelmira, m'a soigné comme une mère, j'étais en pension chez elle, il a fini par arriver ce que tu sais. Voilà.

Vincente se sent glacée jusqu'au fond d'elle-même, Milan la regarde d'un œil désespéré.

— Seulement des deux, j'en aime point.

— Cette femme..., dit Vincente.

— Zelmira ?

— Non, l'autre. Qu'est-ce qu'elle est devenue ?

— Justement, dit Milan, d'une voix qui hésite, il faut bien que je t'en parle. Elle est à Livourne, elle m'attend. Elle compte que je l'épouse.

— Elle a raison, dit Vincente durement. Elle a fait la prison pour toi.

— Oui, mais je l'aime plus. Et j'aime plus Zelmira. Je t'aime toi.

— Tu aimes toutes les femmes, je pense, ou plutôt le plaisir que tu prends avec elles ! dit Vincente du même ton dur.

Milan enfonce son visage dans l'épaule de son amie. Elle sent l'odeur des cheveux épais et la chaude bouche qui parle tristement contre sa peau.

— Je t'aurais aimée toi seule pourtant, si j'avais pu t'emporter avec moi. Tu es sage, tu es bonne, j'aurais tellement eu besoin de t'avoir.

— Ma vie est ici, dit Vincente. Il y a trop de gens qui comptent sur moi.

— Moi non, j'ai pas le droit de compter sur toi ?

— Toi, tu es un homme des routes, par ton goût et tes

habitudes. Tu passes et les filles se lèvent comme un gibier. Moi, je suis de celles qui restent.

— Tu ne m'aimes pas alors ? demande Milan.

Sa voix est âpre, il s'est soulevé pour enfoncer ses regards dans ceux de Vincente. Elle se sent brûlée par leur flamme. Pourtant elle répond avec courage :

— Je t'aime, mais j'ai une volonté. Je suis d'une famille où les femmes savent ce qu'elles veulent. Ma mère l'a prouvé quoique ça l'ait menée au mal. J'en ai trop souffert. Je veux marcher dans le bien.

Milan retombe au creux de l'épaule :

— Je repartirai seul encore une fois, dit-il.

— Avec Zelmira, dit Vincente.

— Je préférerais être seul.

— Tu iras à Livourne, épouser celle qui t'attend.

— Il faudra bien. Sinon, elle me trouvera pour me tuer, n'importe où.

— Tu vois, dit Vincente, il faut le faire.

Elle se tait. Elle se sent accablée d'une lourde peine. En elle, quelque chose de blessé à mort crie dans son agonie : « Tu l'aurais aimé ! Oui, je l'aurais aimé, je sais bien. Cette tête de vainqueur sur mon épaule, ce front dur, ces cheveux vivants, ces yeux de feu, cette bouche chaude et belle qui sait si bien toutes les caresses. Ô, mon amour, comme je t'aurais aimé ! » Elle sent monter des larmes qui pleurent d'avance le bonheur perdu. Mais à quoi servent les regrets ? La vie passe, elle entraîne tout. C'est ce sauvage mistral qui entre par la place de Varrage, court dans la rue du Portail, arrache au long de sa course démoniaque, ce qui est bon, ce qui est joli, aussi bien que ce qui est laid ou sale. Il emporte tout. Après il sort par la place de Salernes et le calme revient pour toutes choses. C'est comme ça la vie, ma pauvre Vincente ! Que ça te plaise, que ça te plaise pas, on te demande pas ton opinion. » Elle se rappelle toutes les fois où, pendant les rendez-vous qu'elle a eus avec Milan dans la campagne, elle a entendu cette voix de chef lui commandander : « Tu partiras avec moi, il le faut. Je ne pourrai plus vivre sans ton amour. Tu es mienne, tu entends ? » Jusqu'à aujourd'hui, elle a souri doucement sans répondre, ou bien elle a dit à la fin : « Calme-toi. » Et toujours, en son entêtement, elle a pensé : « Non, non, je ne ferai pas comme ma mère ! »

Aujourd'hui, voilà que cette idée sort seule de sa tête et qu'elle dit tout à coup :

— Je veux pas faire comme ma mère, tu comprends ?

— Ta mère ? demande Milan surpris.

— Oui. Je t'ai raconté le malheur qu'elle a amené partout avec elle pour ce qu'elle a cru être son bonheur. Tout le mal qu'elle a fait, tu t'en souviens ?

— Le mal ? répète Milan, mais ce n'est pas ta mère qui l'a fait, le mal. C'est ce père si dur qu'elle avait et qui prétendait diriger les amours de ses enfants. Ça se commande pas, l'amour, ça pousse comme ça veut, où ça veut, ça se moque des soins, c'est un arbre sauvage. Où tu le plantes, il ne vient pas et là où il y a tout contre lui, la dureté du terrain, le mauvais climat, il pousse et il donne des fruits magnifiques. C'est comme ça.

— Ma mère, réplique Vincente, le mauvais climat ne lui a pas réussi à son arbre sauvage. Il a séché sur place sans donner aucun fruit. Et qu'est-ce que tu en fais, toi, d'un arbre stérile ? Tu l'arraches ou tu le brûles. C'est toute sa récompense.

— Ce n'est pas toujours sa faute s'il ne donne pas de fruits, dit Milan.

— Le jardinier les greffe, les mauvais arbres, tu le sais pas ?

— Oui, toi tu crois encore au jardinier, dit Milan tristement.

Ils s'arrêtent de parler tous les deux, puis c'est Milan qui demande :

— Elle est morte ta mère, tu m'as dit ?

— Oui.

— Sans que tu la revoies ?

— Non. Je l'ai appris par mon oncle Florestan, que le hasard a conduit à être près d'elle à ses dernières minutes, dans une île, au diable, à Horta ou la Horta, je me rappelle jamais.

— Qu'est-ce qu'elle faisait là-bas ?

— Je l'ai jamais su. Il n'a jamais voulu me raconter le détail. « Ça te ferait trop souffrir », il a dit.

— Et ton père ?

— Je sais pas. Sorti de prison, il a disparu.

— Et ce frère qui te reste, tu ne voudrais pas le retrouver ?

— Je ne le connais guère, dit Vincente. Qui sait ce qu'il est devenu ? Un bandit peut-être ! Alors, tu le vois, ton arbre sauvage, les beaux fruits qu'il a donnés ? Je ferais pareil si je partais avec toi qui as un devoir ailleurs, moi qui ai un devoir ici.

— Envers qui ? demande Milan.

— Envers ceux qui m'ont pris dans une telle famille, pour me garder dans la leur. Envers le souvenir de mon mari, envers Élysée à qui j'ai promis d'être sa femme, envers Florina qui est infirme.

— Ça ne l'empêche pas..., coupe Milan.

Vincente relève vivement la tête :

— Empêche pas quoi ?

— Rien, dit Milan.

— Ô va, j'ai bien vu qu'elle te cherchait ! dit Vincente ; mais la pauvre petite, comment lui en vouloir ? Elle est si malheureuse ! C'est à toi de ne pas lui laisser un espoir.

— Et ton beau-frère, le jeune, coupe Milan, on m'a raconté que toi et lui...

— C'est pas vrai ! crie Vincente. Ce sont les mensonges de Pacha !

— Lui aussi, Raimondi, il t'aurait bien voulue, n'est-ce pas ?

— Je le déteste ! Rien que pour ce qu'il fait souffrir Géline, ça me suffirait.

— Elle est plus courageuse que toi, ton amie, tu sais ? Elle accepterait de suivre Humberto.

— C'est pas pareil, je te l'ai expliqué. Elle laisse rien derrière elle.

— Toi, tu laisserais Élysée ?

— Oui. Et Florina.

— Il paraît qu'il a un caractère épouvantable.

— Y crie un peu, mais il n'est pas méchant. Surtout moi, je le calme beaucoup. Il est travailleur.

— Tu as tes intérêts dans l'affaire ?

— Oui, ce qui me vient de mon mari : ma part comme les autres.

— Et tu veux pas l'abandonner ?

— Y a pas de raison.

— Je gagne bien ma vie, tu sais ?

— Je le sais. Mais tu as Zelmira et ta femme de Livourne.

— Malheureusement. Cependant, si tu voulais...

— Je ne peux pas.

— Il est pas beau, Élysée.

— Non.

— Ni jeune.

— Ça non.

— Il est gros, il sue. Tu te sens quelque chose pour lui ?

— L'amitié.

— Et tu l'épouseras ?

— Oui.

— Sans amour ?

— Hé oui ! Sans amour, comme mon premier mari.

— Mais pourquoi, alors ?

— C'est ma famille, dit Vincente.

XVI

Pendant ce temps, pendant que les passions des hommes et des femmes se rencontrent, se heurtent, se détruisent, comme ces mille débris entraînés par le mistral, l'été s'installe. Il est comme un Dieu. De tous côtés il reçoit, de tous côtés il donne. Dans les champs, autour de Sainte-Trinide, les blés épais élèvent une barrière de pâte jaune qui a déjà la dorure du pain au four. Une chaleur de flamme plaque les êtres humains, les bêtes et les arbres contre le sol, leur accordant tout juste la fraîcheur de leurs ombres courtes.

Élysée et Bertin sont souvent sur les chemins, supputant les moissons, les récoltes de pommes de terre, les vendanges futures, visitant les silos où déjà commence à couler le grain, discutant des prix de base, enlevant des marchés. Vincente reste seule à l'entrepôt avec Achille assoupi sur quelque sac. Quand elle n'a personne à servir, elle s'assied sur le banc de pierre, sous la fenêtre de la salle à manger grande ouverte et fleurie de rouges géraniums. Tout en tirant des fils à un napperon pour des jours qui n'en finissent plus, elle bavarde avec Florina allongée sur son divan. Ça les distrait toutes deux et quand il y a Mémoire, c'est intéressant, parce qu'il apprend des choses à travers ses voyages et les raconte bien. Mais Florina est de plus en plus capricieuse avec lui. Quelquefois, elle le renvoie tout d'un coup, sans raison, lui ordonnant avec humeur :

— Va un peu te promener, va ! Il fait beau, tu es tout le temps là dans mes jambes, tu m'énerves !

Alors, il part, avec une humilité de chien battu, et Vincente voit sa belle-sœur détourner son regard de lui et le laisser glisser du côté de l'équipe ouvrière. Les travaux ont dépassé la façade des Revest. Dans la tranchée encore ouverte, brillent les tuyaux, reptants et annelés comme de gros vers. Les ordres de Milan éclatent, lancés d'une voix nette qui n'admet pas de réplique. Vincente remarque l'extraordinaire attention que Florina porte au son de cette voix. « Pauvre petite, elle est bien prise », pense-t-elle. « Et toi ? » crie en elle la sincérité, mais elle se bouche les oreilles et pour s'en distraire, elle aborde les racontars :

— Raphaëlle ne vient plus guère, dit-elle, on voit que Bertin est dehors tout le jour.

— Oui, dit Florina. Y paraît qu'elle a refusé une demande sérieuse de Francis Joubert. Tu crois qu'elle finira par se marier avec mon frère ?

— Ça se pourrait.

— Et Pépé, alors ?

— Ô, Pépé, dit Vincente, je crois qu'elle en a fait son deuil. Elle s'est replacée à Draguignan. Tu vois bien ? Même d'Attilio, elle semble s'en ficher.

— Cet Attilio, que veux-tu, dit Florina, au fond il n'en aime qu'une, c'est sa blonde, genre Madone.

— Oui, je le crois.

— Les autres, c'est pour s'amuser. Moi, elle me déplaît, cette Inès.

— Elle a l'air beaucoup hypocrite, c'est vrai, dit Vincente.

— Avec Bertin, ça semble bien traîner. Tu trouves pas ?

— Va, ton frère, avec son genre léger, y prendra jamais qu'une fille du pays. Et qui soit sage.

— Tu crois qu'Inès se soit laissée aller avec lui ?

— J'en sais rien, dit Vincente.
— C'est vrai, tu sais, que les gens racontent qu'elle le reçoit dans sa chambre le soir. Sa sœur s'en doute, mais elle espère un mariage.
— Qui te l'a dit à toi ?
— Attilio. Y me fait toujours un peu la cour. Hier, il a essayé de m'embrasser.
— Tu t'y es pas prêtée, je pense ?
— Il est pas mal, dit Florina d'un air rêveur.
Elle se tait, puis ajoute brusquement d'une voix insinuante :
— Toi, tu préfères le chef d'équipe, pas vrai ?
— Moi ? Je préfère rien du tout, répond Vincente.
Elle garde son air paisible, mais se trouble en elle-même :
— J'ai bien assez avec mon travail pour m'occuper, dit-elle.
Florina lui lance un regard aigu :
— Où tu vas, tous les jours vers six heures ?
— Où je vais ? Tu le sais bien, chez Géline. Elle est si triste depuis qu'elle a perdu son pauvre petit.
— Humberto lui tient compagnie, insinue à nouveau Florina. Y paraît qu'il ne bouge pas de chez elle, pendant que Pacha est dehors.
— C'est encore Attilio qui t'a renseignée ?
— Non, ça, c'est Bonnesœur. Elle est venue pour me demander de lui montrer le point de feston pour sa couverture et elle m'a dit : « Je crois que Pacha, y peut s'acheter le gibus pour cacher ses cornes. »
— Qué sale langue ! s'exclame Vincente. Voilà le remerciement pour les gentillesses que je lui fais !
— Quoi ? Y a rien pour toi ? demande Florina avec malice. Elle m'a pas dit qu'elle t'avait vue avec Milan, ni que tu montais à sa chambre ni que…
— Je pense bien qu'elle l'a pas dit ! s'écrie Vincente. Elle serait bien empêchée de le dire ! Mais qu'elle fiche la

paix à Géline, sinon, moi, je la lui tourne de place, sa figure de crapaud !

— Hou, ne t'énerve pas ! Tu seras bien à temps de te défendre, quand y s'agira de toi.

A cette minute, Milan traverse la rue.

— Bonjour, monsieur di Castaldo ! jette Florina.

— Bonjour, mademoiselle, dit-il. Madame Vincente, vous êtes bien rouge ? Qu'est-ce que vous avez ?

— Bonjour. J'ai que les gens m'énervent. C'est des vipères ! crie Vincente.

— Allez, va, calme-toi, dit doucement sa belle-sœur. Si ça lui plaît à ta Géline d'aimer Humberto, c'est pas moi qui la critiquerai. Avec le mari qu'elle a !

— Ah ! c'est de ça que vous parlez ? dit Milan.

Il échange un rapide regard avec Vincente.

— Nous allons partir bientôt, ajoute-t-il, ça coupera court à toutes ces histoires.

— Déjà ? dit Florina d'un air triste.

— Pas demain, bien sûr, mais ça approche.

— Vous en êtes où ? demande Vincente.

— A la cinquième maison avant la place de Salernes. Là, nous montons la rue des Aires et c'est fini.

— Grâce à vous autres, dit Vincente, j'aurai l'eau une des premières dans ma maison. Si vous aviez pas fait préparer l'installation par Humberto et Attilio, j'aurais pu attendre que Pacha s'y décide. Rien que pour les soudures, il a fallu le supplier.

— C'est un feignant, dit Milan.

— Géline trouve Humberto beaucoup plus gentil, reprend Florina d'un air moqueur.

— Tu es bien médisante à la fin ! crie encore Vincente.

— Et toi, tu es bien susceptible ? C'est pas de toi que je parle.

Vincente hausse les épaules, Florina se retourne vers Milan :

— Alors, après ça, vous partez ?

— Oui. Quand nous aurons plus qu'à fermer les tranchées, nous laisserons les manœuvres pour le faire. Humberto partira le premier préparer le chantier d'Annemasse ; ensuite moi, par le second camion, avec Aldo, puis Delmonico, Genovesi et les autres. Alors, ce sera la fin.

— C'est dommage, dit Florina gracieusement.

— Vous êtes bien aimable, dit Milan.

— Nous vous regretterons, c'est vrai ! C'est distrayant pour moi qui suis toujours seule, abandonnée de tous.

— Merci, dit Vincente.

— Ô, la famille c'est pas pareil ! dit Florina. Et puis, quand tu seras remariée avec Lysée et que tu auras un petit, moi je compterai plus. Berlin épousera Raphaëlle ou une autre. Moi, qu'est-ce que je serai ? Plus rien. Vous irez vous promener tous les quatre à droite, à gauche. Moi, je resterai avec Mame, comme une casserole de la cuisine.

— Que tu es bête ! dit Vincente.

— Comme une casserole toujours pendue à son clou, voilà ce qui m'attend. Une belle vie !

— Il faut vous marier, dit Milan.

— Y faut qu'on me veuille, dit Florina. Vous voyez pas comme je suis ?

Deux larmes jaillissent de ses paupières, restent prises sous ses longs cils. Elles ne coulent pas, elles se brûlent à la flamme de jalousie qui flambe dans ses yeux.

— Personne m'épouse, moi ! dit-elle. On s'arrête un peu au bord de mon divan, puis on s'en va vers les bien portantes.

Le chef d'équipe n'ose plus répondre.

— Si tu voulais Mémoire... dit Vincente.

— Oui, mais voilà, Mémoire, je le veux pas et ceux que je voudrais...

— Excusez-moi, dit Milan, mais j'entends Humberto qui m'appelle.

— Allez, allez ! jette Florina. Je comprends que j'embête tout le monde.

Vincente pousse un soupir, tandis que Milan s'en va.

— Tu es bien méchante, tu sais, dit-elle, je t'assure qu'il faut vouloir t'aimer.

— Hé, ne m'aime pas ! Je m'en fiche bien que vous m'aimiez tous par force, parce que je suis malade ! Un jour je me tuerai. Comme ça vous serez débarrassés. Ma mère grognera plus contre moi. Mon frère sera plus forcé de me donner de l'argent, que chaque fois ça lui arrache le cœur, et toi, tu pourras t'en aller où tu voudras.

— Où je voudrai ? demande Vincente.

Florina, soulevée par la colère, s'agite sur ses coussins :

— Oui, où tu voudras ! En Italie, si ça te plaît, avec ton Milan. Tu crois que j'ai pas compris ? Je bouge pas de place, mais je vois les choses.

— Tu les vois avec des mauvais yeux, dit Vincente.

— Je les vois avec des bons yeux, ma chère ! J'y vois très bien. Mon frère Lysée, tu en es pas plus amoureuse que tu l'étais de mon frère François. Bertin peut-être, tu dirais pas non, mais les deux autres ? Ne me raconte pas d'histoires ! Non, non, j'ai les yeux bien ouverts, tu sais ? Peut-être que si tu y avais pas tant fait des avances, à ce chef d'équipe, il aurait mieux regardé de mon côté ; mais toi, tu étais là avec ton genre qui sait comme y faut prendre les hommes. Et tu t'en es bien servi ! Et mon frère Lysée, y voit rien, cet imbécile. Mais, moi, je t'ai bien vue faire et je le sais que tu as rendez-vous avec lui ! Et je le sais que tu y vas, dans sa chambre ! Et si j'avais voulu être méchante, je lui aurais bien mis la preuve en main, à mon frère Lysée...

Vincente écoute, stupéfaite de ce débordement de fiel. Florina reprend son souffle et repart :

— Seulement, j'ai pas voulu, parce que, des fois, tu me soignes bien. Mais c'est ta faute s'il m'a pas regardée, ce Milan ; autrement, j'ai bien compris que je lui plais. Parce que je suis plus belle que toi ! Je suis plus belle, tu entends ? Et je suis plus jeune. D'abord, toi, tu commences à te faner, tu as des petites rides sous le menton, moi...

Elle s'arrête encore. Sa voix fléchit tout à coup :

— Moi, malheureusement, j'ai des jambes..., des jambes qu'enfin...

Elle se rejette violemment en arrière sur ses oreillers en criant :

— Des jambes qui sont des horreurs, des jambes mortes...

Elle gémit dans des sanglots :

— Mortes mon Dieu mon Dieu mes belles jambes!

Maintenant, secouée des épaules aux reins, elle pleure, la tête dans la nappe noire de ses cheveux.

— Pauvre petite, dit Vincente, pauvre petite, va...

Elle entre par le couloir, elle s'approche du divan et pose la main sur ces doux cheveux soyeux. Elle écoute la voix étouffée qui balbutie dans des larmes comme une litanie :

— Mortes... Mortes... mes belles jambes...

— Pauvre petite, redit Vincente.

Elle embrasse la joue fiévreuse, où le fard mouillé colle à ses lèvres. Elle soulève à deux mains les lourds cheveux en désordre, puis elle va à la cuisine chercher de l'eau bouillante, elle prépare un tilleul, elle revient, elle approche le bol de la bouche contractée :

— Bois, dit-elle, ça te fera du bien.

Le tilleul. C'est tout ce qu'elle peut lui donner. Non. Il y a le mensonge aussi, avec sa fleur calmante, encore plus calmante que celle du tilleul. Et elle donne le mensonge. Assise contre le divan, ayant ramassé la petite main pâle qui traîne sur la couverture, elle dit :

— Je me demande qu'est-ce que tu t'es imaginé ? Tu as pu croire que ce garçon était quelque chose pour moi ? Mais c'est pas vrai, tu sais ?

Florina relève vers elle des yeux indécis.

— Tu le jurerais pas ? dit-elle.

— Je te le jure, sur ce que tu veux ! Et tu as cru quoi ? Que je vous laisserais pour lui ? Que je l'aimais ?

— Oui, dit Florina dans un souffle.

Vincente se force à rire. Ses dents accrochent la lumière. Florina la regarde et lui sourit :

— Je t'ai dit que tu étais pas belle, c'est pas vrai, tu sais ? Tu es bien plus belle que moi.

— Ça m'est égal, ça. Ce qui m'a fait de la peine, c'est que tu aies pu croire que je t'abandonnerais ?

— Je le croyais pas au sûr, dit Florina avec un peu de honte, mais que veux-tu, je vois Lysée près de toi... Vous êtes pas assortis.

— Mais si, mais si ! dit Vincente. Qu'est-ce que j'ai tant, moi ? Je me sens bien au milieu de vous. Il est brave, ton frère.

— Tu peux pas l'aimer d'amour, va, je le sais bien !

— D'amour ? dit Vincente. Y a peut-être des choses plus importantes que l'amour.

— Ô non ! dit Florina, y a que ça.

— J'en suis pas sûre, dit Vincente.

Elle se tait. Tout ce qu'elle a raconté de sa mère à Milan et à Angéline, encore une fois, revient se jeter sur elle comme une vague destructrice. Elle réfléchit et elle se met à comprendre : c'est elle qui paye. Tout le mal que Marguerite Desmichels et Richard Falconnet ont fait, avec ce genre d'amour poussé de travers, c'est elle qui doit le racheter. Et pour le racheter, elle doit se piétiner elle-même, se fermer le cœur à double tour, comme ces portes condamnées où on met encore des scellés de cire. Elle doit dire à ses sens : « Taisez-vous ! » Cette sensibilité à laquelle il est si doux d'obéir, elle doit lui taper dessus à coups de bâton, pour l'empêcher de toujours se redresser. Alors elle sera dans la paix, ni heureuse ni malheureuse. Parce qu'elle le sait bien ce que sa mère faisait à cette Horta. L'oncle Florestan n'a pas voulu le lui dire, mais un jour, par hasard, elle l'a su. Et ce soir, tout lui revient en tête, tandis que Florina, épuisée par la crise nerveuse, glisse doucement au sommeil.

C'était aux premiers temps de son mariage avec François. La grand-mère Falconnet était entrée à l'hôpital de Draguignan pour se faire opérer d'une grosse boule qui lui était poussée dans le ventre, un fibrome, avait dit le docteur, mais à Vincente, il avait avoué que c'était cancéreux et que la malade était perdue. Et, en effet, c'est de ça qu'elle était morte, un mois plus tard. Mais pendant ce mois, Vincente était venue la voir deux fois par semaine et un jour où elle attendait l'heure, une femme, venant aussi visiter une opérée, lui avait, la première, adressé la parole. Ç'avait été d'abord un « bonjour-bonsoir », puis elles s'étaient rencontrées à nouveau à la sortie et la personne avait dit venir chaque fois de La Valette. Vincente avait raconté qu'elle avait des cousins de ce côté et alors, regardez le hasard, cette femme se révélait presque parente, étant cette Solange Bannelier, divorcée, puis veuve de son oncle Pierre Desmichels, celui qui était mort à la maison des fous de Pierrefeu.

— Ça, par exemple ! avait dit Solange. Comme rencontre ! Venez boire quelque chose au *Café des Allées.* Nous blaguerons.

Vincente avait hésité. Cette grande, lourde femme vieille, grossièrement fardée, vêtue comme une jeune, de riche soie et de pierres rouges à tous les doigts, ne lui plaisait guère, mais il y avait une heure à attendre avant que François ne revienne la chercher et puis, une curiosité la travaillait, d'entendre parler de cette famille qu'elle avait perdue de vue. Alors, elle avait accepté et devant deux verres de bière, assises à ce café d'où l'on voyait la longue promenade ombragée de vieux arbres et le jardin public où jouaient des enfants, elle avait appris, mieux que par son oncle, l'histoire de sa mère :

— Florestan ? avait dit Solange, celui-là, de tout petit, c'était déjà un imbécile. Quand j'ai épousé votre oncle Pierre, de dépit, je dois le confesser, parce que celui que j'aurais voulu, c'était votre oncle Antoine, l'aîné de tous, Florestan, j'ai essayé de l'apprivoiser. Même, un moment, il a eu un béguin pour moi, je l'ai bien compris. Y s'est associé avec nous, il nous a donné sa terre des Trois-Chênes. Bon, ça allait. Après, il l'a regretté. Ç'a été des disputes. Il est parti sur la mer, on n'a plus entendu parler de lui. Moi, je suis restée avec mon fou, que vous pouvez croire qu'y m'en a fait passer ! A la fin, j'ai divorcé et j'ai pris quelqu'un qui m'a fait une situation. Nous tenons une maison à La Valette un peu en dehors du pays. Ça fait des sous. Celle qui est ici malade, la tante de mon ami, la tenait avec nous. Alors, pour vous parler de votre oncle Florestan, après je l'ai plus vu, mais j'ai su que pendant un de ses grands voyages à travers les océans il avait rencontré Marguerite. Y s'était arrêté dans une île, que même le cousin Ollivier, le dernier fils d'Antoine, était avec lui. Et alors, figurez-vous si le hasard, quand même, c'est pas une chose drôle : le soir, y débarque de son *Dupleix*, y va avec les copains dans une boîte de femmes pour s'amuser, y boit, y chante avec les autres et, tout d'un coup, qu'est-ce qui se passe ? En regardant les femmes, y reconnaît sa sœur. Elle dansait avec un type, y paraît, c'est celui-là, un nommé Pablo, qui m'a raconté la scène :

« — Marguerite ! crie votre oncle.

« Elle se retourne. Elle le voit. Elle devient pâle comme la mort. Y lui prend le bras, y lui crie encore dans sa figure :

« — Marguerite !

« — Je m'appelle Vivette, elle dit.

« — Nom de Dieu, tu t'appelles Marguerite Desmichels ! y gueule.

« Avec sa main, y paraît, il balaye, la table les bouteilles tombent, y se coupe le poignet à un bout de verre, y saigne comme un cochon. Y lui envoie deux gifles et la jette par terre, elle pleure, elle crie : « Florestan ! » Le type qui est avec elle saute sur votre oncle, y se battent : « Pablo, laisse-le, elle crie encore, c'est mon frère. » Après, je sais plus bien ce qui a eu, sauf que le lendemain il est revenu la chercher, il a payé tout ce qu'elle devait, il a remboursé les patrons et il l'a mise dans un petit logement, chez des gens. Tous les jours il venait la voir, je sais pas ce qu'ils pouvaient se dire. Après, quand il est parti avec son bateau, elle était malade. Trois mois plus tard, il est revenu pour la chercher, seulement elle était morte. C'était votre pauvre mère, n'est-ce pas ? »

— Oui, a dit Vincente en baissant la tête.

— Ô, a dit Solange, y faut pas en avoir honte, vous savez ? Sa vie, on se la fait pas, on la subit. Vous avez un frère, je crois ?

— Je sais pas ce qu'il est devenu.

— Vous êtes bien mariée ?

— Oui.

— Vous avez de la chance. C'est assez rare, elle a soupiré d'une voix triste.

Elles n'ont plus parlé. Elles sont restées un grand moment comme ça. Vincente a repris :

— Y faut que je rejoigne mon mari devant l'hôpital.

— A une autre fois alors, a dit cette femme.

Elles se sont quittées. Le lendemain, la grand-mère Falconnet est morte et Vincente, n'ayant plus à revenir à Draguignan, n'a plus jamais vu Solange Bannelier. Et l'an dernier, elle a lu, sur un avis de décès du *Petit Var,* qu'elle était morte à son tour. Tout finit comme ça.

Seulement, cette conversation que le hasard lui avait apportée, elle ne l'a jamais oubliée. Là, au chevet de sa belle-sœur endormie, seule avec l'esprit plein de ce gros trouble qu'y met la passion de Milan, elle pense : « Ça ne s'oublie pas, des choses pareilles. Pauvre mère ! J'en dis du mal à droite, à gauche, parce qu'elle a gâté ce goût que j'aurais eu, moi aussi, de beaucoup aimer, de beaucoup être aimée. Oui, c'est de ça que je lui en veux. Par sa faute, j'ai pas eu de foyer, pas de famille, presque pas de père. Ces Desmichels de la Guirande qui étaient les grands-parents, je ne les ai jamais vus, juste un peu mon oncle

Florestan, mais le cousin Ollivier, la cousine Sylvaine qui, paraît-il, est si gentille, et ma tante Rosine de Méounes, ma cousine Aubette, j'aimerais bien de les connaître. Mais il faudrait leur écrire ou aller les voir. C'est compliqué. En attendant, moi, voilà la vie que ça m'a fait, une vie toute retirée en elle-même, sans courage de s'en aller ailleurs. « Vous êtes pas assortis avec Lysée », dit Florina. Je le sais bien. Nous étions pas assortis avec François non plus. Avec Milan, oui, nous serions assortis. Seulement, avec Milan, je serais encore une de ces sans-famille qui vont par la terre comme des romanichels. Non, c'est pas possible. Le jour où Milan m'aimerait plus, comme il a fait pour sa Corsoise ou pour Zelmira, je deviendrais quoi, moi, alors ? Une de celles qui s'embarquent pour une île de Horta ? Qui quittent leur vrai nom pour celui de Vivette ? Qui servent au plaisir des hommes pour de l'argent ? Merci. Y vaut mieux être dans un entrepôt, à peser les pommes de terre et la repasse et se salir les mains de poussière. Mais peut-être qu'après il m'aimerait toujours ? Nous pourrions nous marier... Que je suis bête et l'autre que j'oublie ? Y a l'autre, sa femme de Livourne. « N'importe où je serai, il a dit, elle me trouvera. » Non, va, reste tranquille, ma fille. Mets-le dans ta poche, cette espèce d'amour pourri et mets ton mouchoir par-dessus. Un jour tu y penseras plus et tu seras madame Revest. »

— Tu parles seule ? demande Florina qui s'est réveillée. Je te vois remuer la tête.

— Je réfléchissais, dit Vincente.

— A quoi ?

— Ô, un peu à tout, tu sais. On a mille idées qui vous passent dans la cervelle. Je pensais que dès que les blés seront rentrés et que Lysée pourra rester à l'entrepôt, y faudra que je m'occupe de nos robes.

— Pourquoi ? demande Florina.

— Hé ben, pour mon mariage, parbleu ! dit Vincente.

XVII

Angéline va remuer sa soupe, elle y verse une tasse d'eau qu'elle prend au robinet, puis elle revient s'asseoir à côté de son amie.

— C'est bien agréable d'avoir l'eau à la pile, dit-elle.

— Oui, dit Vincente. Chez nous, tu peux pas te figurer le bonheur de Florina. Tout le jour, elle est à tripoter les robinets de sa fontaine. Du coup, elle en oublie sa petite poule.

— Elle est beaucoup capricieuse, dit Angéline.

— Qu'est-ce que tu veux ? dit Vincente. Elle a une vie si triste.

— Sûrement, c'est malheureux. Mais vous êtes tous autour d'elle, ne sachant que trouver pour la contenter. On la lui fait, puis, la salle de bains ?

— Oui, Lysée a fini par lui céder.

— Y crie, mais il a bon cœur.

— C'est ce que je dis toujours. Il est brave. Mais tu me parlais d'autre chose, continue Vincente.

— Ça te revient ? dit Angéline.

— Oui, je peux pas croire que tu l'aimes tant que ça.

— C'est vrai pourtant.

— Au point de tout quitter ?

— Quitter quoi ?

Vincente se retient de dire : « Moi. » Angéline comprend :

— Toi ? interroge-t-elle. J'ai rien que toi ici. Mais toi, tu viendras avec nous.

— Avec vous ? A Lucerne ? Tu es folle !

— Non.

— Et les Revest ?

— Qui ?

— Les Revest : Lysée, Florina, Mame ?

— Et Bertin ? Et Achille ? Et la poule ? Et puis quoi encore ? Le chien du voisin ?

— Je te parle pas du chien du voisin.

— Y continueront à être les Revest sans toi, tu sais ?

— J'ai promis à Lysée de nous marier en septembre.

— Y se trouvera une autre femme, va !

— Florina ne peut pas se passer de mes soins.

Angéline se relève d'un geste brusque :

— Alors, tu te sacrifies pour une infirme ? Et pour un homme que tu aimes pas ? Je le sais, moi, que tu l'aimes pas, Lysée.

— Et toi, Humberto, tu l'aimes tant que ça ?

— Oui.

Angéline se rassied. Vincente se penche vers elle :

— Dis la vérité, Géline, tu es sa maîtresse ?

— Oui. Je l'aime.

— Il a que dix-neuf ans.

— Je sais.

— C'est bien jeune.

— Je sais.

— Tu as pas peur que ses idées changent ?

— Si elles doivent changer, je préfère pas le savoir. Vincente, rends-toi compte, j'ai rien eu de bon dans la vie, rien que mes enfants. Et c'est beaucoup, j'en bénis le ciel, mais c'est pas tout pour une femme. Dis, tu le comprends pas que c'est pas tout ?

— Je n'ai pas eu d'enfant, je n'ai pas eu d'amour et j'ai vécu.

— Tu appelles ça vivre, toi ? Tu appelles ça vivre ? Moi, j'appelle ça moisir ! J'appelle ça être morte avant le moment de la mort. Se lever le matin, travailler, manger le midi, travailler, manger le soir, encore travailler, se coucher, se lever pour recommencer...

— Et qu'est-ce que tu veux faire ? dit Vincente, quand tu seras avec Humberto, tu crois que tu travailleras plus ?

— Je travaillerai, mais je serai aimée, tu comprends ? J'aimerai. Alors, je ferai tout avec plaisir.

— Tu es bien heureuse d'avoir tant confiance, dit Vincente tristement.

— Toi, tu l'as pas ? demande Angéline.

Elle se laisse glisser, elle s'agenouille aux pieds de son amie :

— Écoute, Vincente, à ton tour dis-moi la vérité. Milan, y t'a avoué son amour ?

— Oui, dit Vincente.

— Tu as bien fait de pas me mentir parce que je le savais déjà.

— Qui te l'a appris ?

— Humberto. Milan y a fait sa confidence. Je sais que, la première fois, y t'a suivie dans la campagne, vers l'Allégrerie, le jour de la mort de mon pauvre petit. Humberto me dit qu'y t'aime comme un fou. Tu as été à lui, Vincente ?

Vincente regarde les yeux affectueux qui cherchent les siens :

— Oui, dit-elle à voix basse.

— Depuis, tu es venue dans sa chambre ? Ne dis pas non. Je t'ai entendue.

— C'est vrai.

— Et maintenant ?

— Maintenant ?

— Tu veux le laisser partir seul ? Tu veux rester ? Pour

Lysée, pour Mame, pour Florina ? Pour les clients de l'entrepôt peut-être, pour le chien du voisin, je te dis ! Pour tous ces gens qui te sont rien en somme, tu quitteras celui qui t'est tout ? Mais tu la sens pas, alors, cette attache que ça met entre homme et femme, l'amour ? Moi qui suis toute sèche et maigre, abîmée par mon malheur, tout mon dedans crie à l'idée d'être privée de celui qui lui donne l'amour. Je sais pas, mais alors tu as de la glace dans les veines ? Moi, j'étais comme une morte et je me suis réveillée et je veux pas retomber dans le froid du tombeau. Vincente, c'est si bon l'amour ! Et tu le laisserais partir ?

— Je peux pas faire autrement, dit Vincente.

Elle lève la tête, elle voit son amie qui s'est redressée et reste debout devant elle. C'est Angéline celle-là ? Cette petite femme pauvre qu'elle a toujours vue pliée en deux par les épreuves, accablée par sa misère, presque laide, avec ses yeux gonflés de larmes, sa bouche amère, ses paroles de désespoir, c'est elle qui maintenant, droite devant elle comme une statue de la volonté, la regarde d'un visage enflammé d'orgueil méprisant et lui jette :

— Tiens ! Tu es pas digne d'être aimée !

— Tais-toi, soupire Vincente, ça vaudra mieux.

A son tour, elle se lève, elle étouffe, elle va vers la fenêtre, elle regarde au-dehors le flot de cailloux roulants de la rue des Aires, le grand soleil de l'été qui découpe sur le sol roux, en ombres dures, les génoises festonnées des toits. En bas, il y a la place de Salernes où, maintenant, les travaux mettent leur poussière et leurs bruits. Leurs chants aussi et leurs voix d'hommes. Elle se retourne vers Angéline :

— Partir ? dit-elle, et puis quoi ? En admettant que je parte, que j'aille rejoindre Milan comme tu veux rejoindre Humberto, qu'est-ce que ça fera ? Qu'est-ce que je ferai après ?

— Après ? Tu te marieras, vous ferez votre vie ensemble.

— Tu ne sais pas tout, dit Vincente doucement.

Elle fixe Angéline au fond des yeux :

— Milan est marié, dit-elle.

— Ô ! crie Angéline avec pitié.

— Oui. Ou c'est tout comme. Il a déjà une femme en Italie.

— Pas possible ?

— Une femme qu'il n'aime pas, mais à laquelle il est lié pour toujours, une femme qui a commis un crime pour lui.

Angéline se rassied. Elle a repris son air humble :

— Qu'est-ce que tu me dis ? s'exclame-t-elle.

— Cette femme, elle a empoisonné son mari pour être libre d'avoir Milan. Il avait dix-huit ans, c'était en Corse. L'homme est mort. Elle est allée en prison. Maintenant elle est sortie et elle l'attend à Livourne pour se marier. S'il ne veut pas, elle le trouvera n'importe où pour le tuer. Tu vois ?

Vincente rit amèrement. Deux lignes tristes encadrent sa bouche.

— Et tu l'aimes ? souffle Angéline.

— Je l'aime, dit Vincente. Mais je n'ai pas d'espoir.

A son tour, elle s'assied et prend les mains de son amie :

— Tu comprends, dit-elle, toi, tout ce que tu as sur la terre, tes petits, tu les emportes avec toi si tu pars. Et tu as beaucoup souffert par ton mari. Moi, ceux qui me sont autour, ne m'ont fait que du bien, je ne peux pas les en punir par une ingratitude. Toi, c'est différent. Raimondi n'aura que ce qu'il mérite. D'ailleurs, il a une fille. Pépé s'occupera de lui.

— Pépé ? répète Angéline.

— Il est moins méchant avec elle qu'avec vous autres.

— Toi non plus, tu ne sais pas tout, dit Angéline en hochant la tête.

— Qu'est-ce qu'il y a ?

— Pépé est bien malade.

— Bien malade ? Mais où ?

— A l'hôpital de Draguignan. Personne ne le sait, je ne peux pas aller la voir, par peur de son père.

— Qu'est-ce qu'elle a ? demande Vincente.

Angéline baisse la tête et dit d'une voix honteuse :

— Elle a fait une grosse bêtise.

— Mon Dieu ! qu'est-ce que tu me dis ? Et elle est mal ?

— Beaucoup mal. Elle est allée voir une femme qui l'a piquée et elle a eu une hémorragie, chez son amie Loulette qui est venue me le dire, tout affolée. Qu'elle meurt pas au moins, mon Dieu !

— Mon Dieu non ! dit Vincente. Écoute, j'irai la voir si tu veux, moi, la pauvre !

— Ô oui, je veux bien ! Tu me rendras service.

Vincente demeure glacée :

— C'était de qui ? elle demande.

— Attilio, je crois, hésite Angéline, ou ton beau-frère, je ne sais pas.

— Bertin, tu penses ?

— Qu'est-ce que tu veux ? C'est malheureux à dire, mais elle allait avec les deux. Bertin, elle en a été amoureuse folle, je le sais. Quand il l'a délaissée, elle s'en est consolée avec Attilio. Alors, pour savoir...

— Pauvre Pépé !

— Attilio se marierait peut-être avec elle. Quoiqu'il aime Inès, tu le sais ?

— Oui. Seulement Inès aime Bertin. Ces amours, dit Vincente, tu croirais la course en sacs du jour de la vogue. Tu marches, tu sais pas où tu vas...

— Des fois quand même, tu arrives au but.

— Bertin, reprend Vincente, il ne l'épousera pas. S'il en épouse une, ce sera Raphaëlle. C'est un garçon qui fréquente partout, mais pour se marier, y prendra qu'une fille sage.

— Inès, tu crois qu'elle l'est plus ?

— Je crois qu'elle s'est laissée aller trop loin avec lui.

Déjà y la cherche moins et y file trop volontiers avec son frère sur les routes.

— Il a pas beaucoup de cœur, Bertin ?

— Non. Peut-être. En tout cas, c'est un gros coureur.

— Qué complications, la vie !

— C'est d'aimer qui est compliqué, dit Vincente.

— D'aimer et de détester, dit Angéline.

— Ne parlons plus des autres, va, coupe Vincente, ni même de la pauvre Pépé ni de Bertin, leur destin est écrit comme le nôtre. Ne parlons même plus de moi qui suis enfermée dans le mien. Tu le vois, tu t'en rends compte, c'est trop difficile de m'en tirer. Mais pour toi, ça pourra réussir.

— J'ai peur de Raimondi, tu sais ?

— N'aie pas peur, tu seras loin.

— Je te verrai plus, Vincente !

— J'irai te rendre visite, ma belle, dans ta maison de novi.

— Ô, c'est une chose, Vincente... je peux pas me figurer que ça arrive.

— Mais oui, ça arrivera. Prépare-toi, prépare tes petits. Aie la conscience tranquille, va : tu as le droit de t'en aller, toi, tu ne fais de mal à personne, tu ne laisses pas d'enfants, tu n'as rien promis à d'autres. Et je crois que tu peux avoir confiance et que c'est ton bonheur. Milan, lui aussi, il m'a parlé d'Humberto et il m'a dit que tu dois croire en lui. Si tu veux, je te donne l'argent pour le voyage et même je pars avec toi jusqu'à Annemasse où ils vont aller maintenant. Seulement, toi tu continueras et moi je reviendrai.

Angéline serre dans les siennes une main fiévreuse.

— Mais pourquoi ? ose-t-elle dire seulement.

— Écoute, dit Vincente, je veux plus te rabâcher cette histoire de ma mère que, toute petite comme moi, tu en entendais parler les voisines de Salernes ? Tu te rappelles si j'en étais malheureuse ? Je me cachais dans les coins, même de toi, pour en pleurer. Et je me jurais que jamais je ferais comme elle. Tu le sais comme elle a roulé ? Tu le sais qu'elle était dans cette sale maison de Horta ? Tu le sais ce que c'était ma mère ? Une pute, voil ! Moi, je veux pas en être une.

Un silence tombe sur ces mots.

— Ma pauvre Vincente, dit Angéline, tu es encore plus malheureuse que moi.

— Je préfère continuer à m'appeler madame Revest, termine Vincente.

— En te marchant sur le cœur ? soupire Angéline.

— Ô les cœurs dit Vincente, ça se guérit mieux qu'un chien écrasé.

— Tu souffriras.

— Tant pis. C'est une fatalité, que veux-tu ? Je suis marquée.

Elle baisse la tête sur sa désolation, puis elle reprend :

— C'est pour ça que je le fuyais. Quand je l'ai vu, tout de suite, j'ai senti ce que ça allait devenir et j'ai eu peur. Le jour de l'Allégrerie, je me suis arrêtée pour prier à la chapelle de Saint-Donat, j'ai demandé du secours contre lui. Rien est venu. Au contraire, c'est lui qui est arrivé derrière moi avec sa passion. J'ai été perdue tout de suite. Là, j'ai compris ce que ça peut être l'amour entre un homme et une femme... Et alors j'ai cédé. En sachant le mal que ça me ferait, j'ai cédé parce que je voulais la connaître au moins une fois, cette chose si terrible qui a fait faire tant de mal à ma mère. Seulement, moi, je ne suis pas elle, j'ai accepté de boire pour ne pas mourir de soif, mais je ne veux pas me saouler et rouler par terre.

Les deux amies se taisent. Chacune, en pensée, descend au fond de sa propre destinée, comme dans un puits, d'où on remonte une fois un seau de boue, une fois un seau d'eau claire. Angéline relève un front accablé :

— Alors, tu me juges mal ?

— C'est pas pareil, dit Vincente ; moi, ceux que je quitterais m'ont fait que du bien. Toi, avec ta brute de mari, tu es libre. Tu as pas de remords à avoir. Combien y a qu'y ne t'a plus touchée ?

— Trois ans, dit Angéline, et heureusement ! Je le tuerais.

— Tu emmènes tes deux petits, on peut pas te critiquer. Et puis je serai là pour te défendre. Pars, tu as raison ! C'est moi qui te le dis, moi qui peux pas partir.

— Vincente, tu me fais tant de bien ! Et je t'aurai plus...

— Tu m'écriras, va ! Rien que de savoir ton bonheur, je serai heureuse...

— Y me dit que nous irons jusqu'à Delmonte, chez sa mère qui est si brave.

— Tu es brave toi aussi, vous vous entendrez bien.

— Pourvu qu'elle aime mes petits, moi, je l'aimerai. Humberto a bien compris que jamais je partirai seule. Y a que mon pauvre François que je serai obligée de laisser au cimetière.

— J'irai lui porter des fleurs de ta part. Il ne souffre plus, lui.

— Mon pauvre petit ! soupire Angéline. J'ai honte d'être heureuse comme ça, dans mon deuil. Mais je le sais bien que je donnerais tout ce que j'espère pour faire revenir mon enfant, pour me le voir devant moi avec son air doux, son bon sourire. Tu te les rappelles ?

— Ô oui, dit Vincente.

Les traits d'Angéline se tirent. Pendant une minute, elle retrouve son visage lassé de femme qui a trop pleuré, qui a trop eu de fatigues, qui a trop lavé le linge plein de saletés des autres, qui a trop supporté les coups de barre de l'existence. Mais, aujourd'hui, elle veut s'arracher par force à ce mal, elle veut se retenir des deux mains à cette branche que le destin lui tend, elle mendie de lui un peu de secours. Elle demande peureusement à Vincente :

— Tu crois que malgré cette perte de mon petit, je pourrai être encore un peu heureuse ?

— Oui, dit Vincente, tu le seras, je te le jure !

— Mais toi alors, tu ne veux pas l'être ?

— Moi, mon bonheur, ce sera le calme.

— Quand tu auras laissé partir l'homme que tu aimes ?

— Je t'ai expliqué que je ne peux pas faire autrement. Je croyais que tu aurais compris, mais je vois que non. Tu m'as dit que j'étais pas digne d'être aimée tout à l'heure. Maintenant, tu me parles de cet homme que j'aime. Si tu pouvais comprendre...

Elle suffoque et les larmes, soudain, se répandent sur son beau visage.

Angéline, glissée à ses pieds, étreint à deux bras les genoux de son amie et la regarde avec pitié.

— Pardon, ma Vincente, ma chérie, je le savais que tu pourrais pas, ma pauvre petite, tu plains les autres, tu te plains pas toi, tu es méchante pour toi, tu te fais du mal...

— Laisse, laisse, dit Vincente doucement. Laisse-moi pleurer, y a qu'avec toi que je peux me confier.

Renversée en arrière contre le dossier dur, elle reste rapidement assise, mettant toutes ses forces à dompter ce qui, armé de mille griffes, se déchaîne en elle et la déchire. Depuis cette évocation de deux amants heureux, s'en allant au-devant de leur joie, tout le pénible échafaudage de sa raison s'est écroulé. Sa vie en morceaux devant elle, elle doit la ramasser et la reconstruire. Mais il faudra beaucoup de courage maintenant pour bâtir, à ces mains, qui sont tremblantes et petites, qui ne sont que des mains de femme toutes faibles.

Angéline a appuyé sa tête sur les genoux de Vincente. Elle les sent trembler sous elle, dans des tressaillements nerveux qui secouent tout le corps, des épaules aux pieds. Elle devine que c'est comme un poison violent qui cherche à s'éliminer de ces veines. On en guérit ou on en meurt. Peut-être finalement, Vincente se décidera-t-elle à partir ? s'accorder entière à l'amour de Milan ? Oui, peut-être malgré les Revest et la femme qui attend à Livourne. Et comme les sanglots s'apaisent un peu, elle ose murmurer avec tendresse :

— Vincente, ne te marche pas sur le cœur. Viens avec nous.

— Non, je ne peux pas, dit Vincente.

Elle repousse l'amitié qui se penche vers elle, elle repousse l'amour du même geste têtu et d'une voix obstinée, elle dit encore une fois :

— Non, c'est une chose qui peut pas se faire. N'en parlons plus.

XVIII

La nouvelle a volé depuis la rue du Portail sur les lèvres des femmes :

— La fille Revest qui a voulu se tuer !

— La fille Revest ? Qu'est-ce que vous dites ? Florina ?

— Florina, ma belle ! Avec du poison.

— Mon Dieu, qué malheur ! Des gens si riches ! Une petite si jeune !

— Florina ! Mais pourquoi ?

— On en sait rien, vé. On l'a sauvée juste à temps.

La nouvelle fait le tour du pays. Les laveuses en parlent aux fontaines, les pêcheurs au bord de l'Albenc, tandis que, penchés sous les saules, ils appâtent leurs lignes avec ces vers de terre gras qui farcissent les talus. Le manœuvre Gardarein en discute avec le père Joubert, quand le travail rapproche leurs visages autour de la lampe à souder :

— Ces filles, dit Joubert, en hochant la tête, elles sont folles ! Dieu merci que la mienne est raisonnable. Quelle idée a bien pu lui passer dans la cervelle à celle-là ? Ta lampe, tu sais, Donne-tout, elle marche pas bien.

— C'est la vieille, dit Gardarein, après-midi je porterai la neuve que j'ai à la maison. Pour moi, elle s'était mis quelque jeune dans la tête et avec son infirmité...

— Ta vieille lampe ou ta neuve ? dit Joubert.

— Hé, couillon, cette petite Revest, je veux dire !

— On l'a ramenée de loin, y paraît. Tu te rends compte qu'elle a raclé tout un tube de ces saletés de cachets qu'on lui donnait pour dormir…

— Pourquoi elle dormait pas ? coupe Gardarein.

— Hé, va savoir ! Elle a mis ça à fondre dans un verre d'eau, elle a avalé cette porquerie. Heureusement que Barge est arrivé à la faire rendre ! Ça l'a sauvée.

— Quelle imbécile ! dit Gardarein.

— Les filles sont folles, je te dis. Pour connaître leurs idées, y faudrait être malin. Tiens, moi, j'en vois une de près, celle de la veuve Bourges, des Grangettes. Avant, elle plaisait à mon fils, puis elle a eu l'air de faire accord avec Bertin Revest, alors Francis s'est retiré. Maintenant elle court après lui. Va y comprendre quelque chose ?

— Ah ! vaï, elle voit Bertin en même temps, je les ai rencontrés sur les routes, moi, je peux le dire !

Le père Joubert hausse les épaules :

— Un de ces jours, y lui arrivera comme à Pépé Raimondi. A force d'aller à la fontaine, une fois avec un, une fois avec l'autre, elle cassera sa cruche. Et après, alors, tu vois le résultat : c'est l'avortement et l'hôpital.

— Oui, dit Gardarein. Tu sais Piston ? Que justement il y était à cet hôpital de Draguignan, pour son doigt que Delmazzo y a écrasé avec la dameuse, hé ben, les sœurs y ont dit qu'elle criait jusqu'au dernier moment, qu'elle voulait pas mourir, cette pauvre petite…

— Et quand même, à la fin, elle est morte, dit Joubert. Si jeune, c'est triste.

— Pacha, ça lui a fait deux enterrements dans pas longtemps, avec son petit François.

— Aussi y boit double ! dit Joubert en riant. Tiens-moi un peu le tuyau, qu'autrement j'y arrive plus, à visser cette cochonnerie.

— Après, où nous allons ? demande le manœuvre.

— Chez Geoffroy le goye et à la villa de Mounine, place de Salernes. Après c'est fini.

— Et le maire, y fait pas mettre l'eau à son domaine des Buis ?

— Ô de sûr, dit Joubert, mais ça, ce sera un gros travail. Il en faudra des mètres et des mètres de conduites !

— C'est toi qui le prendras ?

— Je l'aurais pris ensemble avec Pacha, mais que veux-tu faire d'un homme toujours saoul ? Y faudra que je m'en charge rien qu'avec des manœuvres.

— Tu me garderas avec toi ?

— Bien sûr, dit Joubert, pourquoi pas ?

— C'est que j'ai cinq petits, dit Gardarein. Et ça mange, tu sais ?

— Je m'en doute.

Dans la salle à manger-chambre des Revest, on a fait l'obscurité. Mame est assise au pied du lit. Depuis l'accident, elle n'en a plus bougé, sauf pour faire son métier de servante. Elle pleure de temps à autre, de maigres larmes de vieille qui roulent sur son corsage gris, à trame serrée. Dans le mouvement monotone de ses lèvres desséchées, elle mélange tous les actes de contrition qu'elle sait, elle promet des cierges de dix sous d'abord et puis jusqu'à cinq francs, pour que sa petite lui pardonne. Parce qu'elle le sait, n'est-ce pas, si Florina est venue à cette chose terrible de vouloir se supprimer, c'est sa faute à elle, Mame, à la mère qui l'a laissé tomber contre la pierre de la rue, qui en a fait cette infirme aux jambes brisées, qui lui a levé d'avance toutes ses chances de bonheur dans la vie. « Ah, ma pauvre Florina, je te demande bien pardon ! » Et les larmes gouttent des paupières fripées et roulent sur le corsage gris.

Bertin ne dit rien. Il entre, il regarde la malade, il repart. Il tremble sur ses muscles solides, comme les quatre pattes du chien devant la mort d'un autre chien. Dehors, il se remet à faire des sourires à la fille qui passe, au soleil, à la vie si bonne.

Élysée, quand il a connu l'histoire, a été comme fou. La

sueur est sortie de lui avec le chagrin, la colère avec l'émotion. Il a crié en jetant les bras en l'air, en roulant des yeux de meurtre :

— Qui c'est qui lui a fait quelque chose ? Où il est, ce salaud, que je l'égorge ? Où elle est cette pute qui lui a fait du mal ?

Il regarde tous les gens de la rue l'un après l'autre, comme s'ils étaient tous des assassins, puis il rentre dans son entrepôt, il dérange tout, il jette les sacs les uns contre les autres, il se laisse tomber sur le dernier et en pleurant il fait des bruits de trompette avec son nez. Achille a envie de rire.

A la tête du divan, d'un côté, il y a Mémoire, le colporteur, de l'autre, Vincente. Tous les deux contemplent le mince visage si blanc dans le noir de la chevelure répandue et concentrent sur le même objet leurs réactions pourtant différentes : « Pourquoi ? pense Alloua Hamida, pour qui ? La fille-fleur a des jambes de crapaud sec et elle ne peut pas le supporter, alors elle se tue ? Non. Ce n'est rien que ça. Qui vient ici, à part un colporteur qui ne vaut pas la peine qu'on le regarde. Francis Joubert ? Milan, ce chef d'équipe ? Attilio, toujours en train de rire ? Humberto, qui ne parle guère ? Delmonico, trop laid ? Aldo, qui est beau, mais grossier comme un pain d'orge ? Lequel, parmi tous ceux-là, a donné aux fragiles doigts le courage de préparer la mort ? Et moi, pendant ce temps, je l'aime et le cœur me fait mal. Fille-fleur blessée, je voudrais te prendre sur mes épaules, ou bien je te ferais construire par le menuisier, une araba dont je peindrais les roues de fleurs rouges et de fleurs bleues. Et sur ses montants, grimperont des fleurs bleues et rouges. Et une soie brodée en Kabylie formera le toit de la tente. Et sur cette voiture, ma bien-aimée, mollement couchée sur les coussins de velours où Fatma aura appuyé sa main en filigrane d'or, tu partiras avec moi pour le monde. Bien-aimée, déjà la colombe claire roucoule de la gorge en haut du cyprès noir. Viens douce, et la vie remontera en toi comme le sang de la vigne au printemps. Lève-toi et viens vers mon amour qui te guérira de tout. »

Il rêve. Florina se soulève sur sa couche dans un spasme et se verse doucement sur l'épaule un flot de bile.

— Elle vomit encore, dit Mame.

— Il le faut, dit Vincente en essuyant d'un geste doux la pauvre bouche tordue et la toile cirée dont on a protégé les couvertures.

D'un fin mouchoir, elle sèche la sueur qui perle sur le front, encore glacé par ce qui manqua être l'agonie. La malade ne bouge pas, n'ouvre pas les yeux, Vincente passe la main entre les draps :

— Il faut lui changer sa bouillotte, dit-elle.

Mame se lève et va à la cuisine. Elle en rapporte la poche de caoutchouc réchauffée et dit en reniflant :

— Je vais garnir mon feu.

Vincente se rassied, lisse contre la tête de la malade, le tissu de la chevelure que l'effort du vomissement a dérangé, puis elle recommence le travail pesant de ses pensées : « Florina, qui te connaît ? Qui te connaissait ? Moi, je croyais te savoir et je vois que je me trompais. Je suis ta sœur et tu ne m'as rien dit. Sans secours, tu as porté le gros poids de tout ton mal... »

Seul, Celui qui traverse les toits des maisons avec son regard de Maître du Monde a pu savoir ce qui s'est passé, ce qui a amené cette enfant malade à vouloir mourir. C'était avant-hier. Vincente était dans la chambre de chez Angéline avec Milan. Sur ce lit d'ouvrier, cet Italien qui sait si bien les caresses, l'avait réduite à ne plus avoir de volonté que la sienne.

— Tu viendras, avait-il dit, parce que tu ne peux pas ne pas venir. Tu comprends, ta belle-sœur, ton Élysée, tes Revest, moi, je m'en fous ! La femme de Livourne, je m'en fous ; c'est toi ma femme ! Tu viendras. Je me tue si tu me laisses partir seul. » Elle avait vu ce garçon si sûr de lui-même se rouler contre son corps en le pressant avec des mains brûlantes : « Vincente ! Vincente ! il criait sourdement, moi je t'aime. » Et, sur son épaule, il haletait son désir. « — Tu viendras, disait-il. — Calme-toi, disait-elle. Je verrai. — Non, non, tu viendras. Il faut que tu viennes. » Il la mordait à l'épaule. « — Je suis fou, disait-il, tu viendras. » « — Je viendrai, disait-elle à la fin, en songeant : « Je verrai bien. » Mais, troublée, elle sentait fuir toute sa force. La porte, tout à coup, s'était ouverte. Vincente, redressée d'un bond, avait crié :

— Qu'est-ce que c'est ?

Elle avait les seins nus et ses jambes nues sautèrent du lit. Milan, lui aussi subitement debout, serrait les poings.

— C'est moi, avait murmuré une voix rauque, je vois que je me suis trompée.

C'était Bonnesœur.

Angéline et Humberto étaient dans la cuisine dix minutes avant, à faire leurs projets de se retrouver en Suisse, quand ils avaient entendu crier d'en bas :

— Ô Raimondine !

— C'est Bonnesœur, avait dit Angéline agacée, qu'est-ce qu'elle veut encore celle-là !

Elle s'était penchée sur la rampe :

— Qu'est-ce qu'il y a ?

— Ta petite s'est trempée au lavoir, je te la ramène.

— Bon. Monte !

Angéline avait bien compris que c'était une excuse. Cette naine monstrueuse, sous son air d'innocence, cachait une grosse perversité. Elle avait flairé un mystère dans la maison et, curieuse, elle venait voir. Mais elle pensait à Pépé, dont on avait parlé devant elle et elle s'était imaginé trouver là le petit enfant de la morte. Alors, sous un prétexte, elle était venue.

Marie-Louise était à peine mouillée. Pourtant Angéline, surprise dans sa passion, voulut la changer. Elle commanda à la naine :

— Monte au grenier, tu verras sa culotte qui sèche. Descends-la-moi.

A cette seconde, elle ne s'était pas souvenue que Vincente était là-haut avec son ami. La naine à l'affût, poussée par sa curiosité, avait entendu le doux bruit des plaintes de Milan. Croyant tenir sa victoire de curieuse et trouver derrière cette porte l'enfant qu'elle cherchait, elle était entrée. Un couple avait bondi hors d'un lit. Effrayée, elle avait descendu l'escalier, jeté dans la cuisine ouverte la petite culotte.

Et c'est une heure après qu'elle était venue chez les Revest.

— Tiens, avait dit Mame, tu es là, Bonnesœur ?

— Je viens voir la demoiselle. On m'a donné une pêche, j'y porte.

Bonnesœur s'était assise près du divan. Mame était sortie étendre dans le pré voisin et, alors, d'une parole à l'autre, dans son inconscience et son vice de bavarde, la naine avait raconté l'histoire à Florina :

— Ta belle-sœur, elle était les trois quarts nue et lui, je le connais bien, c'est ce grand bel homme qui mène l'équipe des travaux.

Mame est arrivé juste à temps pour trouver sa fille en pleine crise.

— Va chercher Vincente à l'entrepôt, va vite ! avait-elle crié à la naine.

De l'entrepôt, Élysée était venu :

— Elle est pas là, Vincente. Elle est sortie.

— Où ?

— Je sais pas. Va voir chez Géline, Bonnesœur.

La naine avait appelé Angéline, sans monter cette fois et Vincente, arrachée au drame de son amour, était venue vite vers Florina. Mais à sa vue, celle qui, d'habitude, la recevait comme une salvatrice, s'était rejetée en arrière avec plus de force dans ses nerfs tendus et elle avait crié :

— Va-t'en, va-t'en, je veux plus te voir !

— Laisse-la, avait dit Bertin, tu connais ses caprices.

Jusqu'au soir, Florina était restée ainsi prostrée dans ses cheveux lourds, sans vouloir ni parler, ni manger, ni regarder. Quand Vincente avait tenté de l'embrasser avant le coucher, elle avait rejeté son buste hors du lit dans un geste d'horreur.

— Qu'est-ce qui lui prend ? avait dit Élysée.

Et Vincente avait dû monter à la chambre, sans toucher sa belle-sœur.

Maintenant, il n'y a plus besoin de Dieu pour savoir ce qui s'est passé. Vincente se souvient comment, remontée chez elle, elle ne pouvait dormir. Cette passion brûlante de Milan, à distance, la consumait. « Comment faire ? pensait-elle. Je ne dois pas partir. Ce soir, ça semble exprès pour m'en faire rendre compte : elle est trop malade. Les laisser, eux, dans leur souci de cette petite, pour aller vers un amour qui me promet encore la peine de le disputer à une autre ? Non, non, je ne dois pas partir. Pauvre Milan, tu t'en iras seul. »

A travers son insomnie, elle avait entendu le déclic du commutateur au-dessous d'elle. « Florina ne dort pas non plus. Si je descendais ? Mais elle ne veut pas me parler. C'est parce que je ne suis pas restée auprès d'elle cet après-midi. Je ne pouvais pas : bientôt Milan part. Tu partiras seul, pauvre Milan ! Pauvre Vincente, tu resteras. Elle doit prendre son comprimé pour dormir... J'entends le bruit du verre et de la cuiller. Est-ce que je lui ai bien garni le sucrier ? Oui. Elle a tout. Si j'avais le courage, je descendrais. »

Elle n'avait plus rien entendu et s'était assoupie. Et c'était dans son plein sommeil qu'un choc sourd l'avait fait bondir. Florina ! Qu'est-ce qui lui est arrivé ? Elle s'était précipitée.

La vieille Mame, qui dormait si mal, s'était trouvée en même temps qu'elle devant un corps jeté hors du divan, à côté d'une petite table renversée :

— Florina, mon Dieu, Florina !

Leurs cris :

— Bertin ! Bertin ! Lysée ! Mon Dieu, y a un gros malheur !

Les deux hommes, vite levés, avaient dégringolé l'escalier, soulevé le pauvre corps abandonné dans leurs mains et l'avaient replacé sur le matelas. La face verte, les yeux grands ouverts, vides de regard, étaient effrayants, les lèvres violettes contractées sur les dents serrées.

— Le docteur, vite ! avait ordonné Vincente.

Élysée, affolé, tournait sur lui-même. Bertin était sorti en courant. Mame était allée faire chauffer de l'eau. C'est alors que Vincente avait ramassé vide le tube de soporifique et près de lui un morceau de papier où Florina avait écrit : « Je me tue pour un homme et par la faute de quelqu'un. »

Le docteur avait dit :

— Elle s'est empoisonnée.

Puis il avait fait son métier de docteur. Le poison, resté dans l'estomac, n'avait pas atteint les veines, il a remonté par la bouche, il a été vomi dehors grâce à l'ipéca. Barge était parti en disant :

— Elle est sauvée, mais elle dormira longtemps.

Vincente, tout le temps de la consultation, avait tenu sa main fermée sur le lambeau de papier froissé où il était écrit que cette petite avait voulu se tuer par la faute de quelqu'un.

Tous les quatre s'étaient assis autour du divan, ces quatre qui sont la famille et jamais Vincente ne s'était autant sentie de cette famille qu'à ce moment. Tous avaient dit leur mot. Florina n'avait pas encore ouvert les yeux, mais sûrs que la vie était sauve, les quatre, avec la surprise d'être sortis de leurs tourments, avaient retrouvé les paroles. Après que chacun eut retracé sa part d'émotion, Mame avait ajouté de sa vieille voix triste :

— Je comprends pas encore ce qui lui a pris. Elle était

bien tranquille, seulement un peu de mauvaise humeur parce que Vincente n'était pas là. Bonnesœur est venue lui porter une pêche…

C'est alors que Vincente avait relevé la tête :

— Bonnesœur ?

— Oui.

— A quelle heure ?

— Six heures. Elles ont parlé. Moi, je les ai laissées seules pour aller étendre. De retour, elle avait sa crise. Quand tu es arrivée, tu as vu ? Elle a pas voulu te regarder.

— C'est vrai.

— Et puis il y a eu ça !

La pauvre Mame s'était mise à repleurer, la tête dans ses mains ridées, ses faibles mains qui, autrefois, avaient laissé tomber l'enfant : « C'est ma faute, c'est ma faute », avait-elle dit à travers ses petits sanglots. Vincente en sa pensée relisait d'autres mots : « J'ai voulu me tuer pour un homme… » Cette naine, ce monstre, ce serait possible, tant de méchanceté ? De la nuque où en jaillissait sa source, une onde glacée avait ruisselé dans le dos de Vincente. Elle s'était sentie claquer des dents et dans le silence, elle avait écouté monter la fièvre dans son sang : « Moi, moi, par ma faute. Pas Bertin, pas Lysée, pas Mame. Moi, rien que moi ! Avec ma passion, j'ai fait le mal, j'ai fait le crime. Cette naine, j'en suis sûre à présent, elle a parlé, elle a raconté ce qu'elle avait vu et la petite alors, cette petite qui s'était mise à aimer Milan, cette petite à qui moi, Vincente, j'avais juré qu'il n'y avait rien entre nous, a voulu en mourir… » Un abandon soudain de tout son être avait fait alors pencher Vincente hors de sa chaise, un mouvement incontrôlé de son corps, et elle était tombée en avant, perdant les sens.

— Y lui prend mal ! avait crié Mame.

On l'avait ranimée avec de l'alcool et maintenant elle est là, à côté de ce divan où Florina aussi revient à la vie. Mémoire, le colporteur, dans le mystère de sa pensée, continue ses rêves poétiques d'Oriental. Vincente, dans le mystère de sa pensée, voit comment les doigts faibles de sa belle-sœur ont saisi le verre d'eau et comment ils ont émietté dedans, afin qu'ils fondent bien, les dix comprimés de poison. Et les doigts ont fait tourner dedans la petite cuiller et puis ils ont écrit sur le papier : « J'ai voulu me tuer pour un homme, par la faute de quelqu'un. »

Ensuite, Florina a bu.

Vincente la voit qui porte le verre à la bouche. Tout en elle crie vers ce geste :

— Florina, ne bois pas ! Ma chérie, ma fille, ne bois pas !

Elle a bu. Elle s'est débattue un peu comme l'oiseau sous la cloche sans air, puis elle est tombée du divan. La mort s'est avancée pour la prendre. « Et cette mort, c'est moi qui lui ai ouvert la porte. » Vincente fléchit une nouvelle fois en avant et replonge dans le gouffre de l'oubli.

— Mon Dieu, elle s'évanouit encore, dit Mame épouvantée.

Mais Vincente, par la force de sa volonté, se redresse. Alors elle voit Florina qui vient d'ouvrir les yeux et regarde à nouveau le monde tel qu'il est, avec ses tragiques complications.

XIX

Quand le départ des premiers de l'équipe a été fixé, Genio Cognata, au repas de midi, a proposé de donner un dernier bal pour faire les adieux. Tout le monde est resté assez froid, sauf Aldo qui s'était mis depuis une semaine à serrer de près Lydia Joubert. Mais Attilio, toujours si décidé à la danse, ne pouvait s'empêcher de penser à la mort de Pépé. Humberto et Milan savaient trop ce qui les retenait d'être gais. Cependant Inès, espérant que Bertin viendrait, appuya la proposition de son beau-frère.

Zelmira se taisait. Elle ne souhaitait qu'une chose : le départ vite, vite, pour emmener Milan. Les autres, Delmonico, Genovesi, Tosella, furent d'avis de donner le bal. Et c'est ce soir qu'il a lieu.

La nuit de juillet est lisse sous un ciel ruisselant d'étoiles. De longues chaînes de papier vert, blanc, rouge, encadrent l'entrée de la vieille magnanerie. A l'intérieur, les mêmes guirlandes courent autour des murs. Au fond, derrière la longue table servant de bar, une banderole de calicot a été fixée qui porte en rouge, rehaussé de vert sur fond blanc : « Eviva l'Italia ! » L'équipe fait la publicité de la patrie partout où elle passe.

Genio est enfermé dans son tablier raide de limonadier qui laisse sortir d'en bas les prestigieux souliers jaune d'œuf, d'en haut une chemise rose à cravate vert d'eau. Sa laideur sourit par-dessus ce sorbet. Attilio a tout de suite bu pour ne pas être triste, il pense trop que Pépé est morte, la fille française à qui il a essayé de faire oublier Bertin sans y parvenir, comme lui, sans y parvenir, tâchait d'oublier Inès. A quoi ont servi les rendez-vous au bastidon brûlé, sinon à lui laisser aux bras une chair indifférente, dont le désir poursuivait à travers son corps le corps d'un autre amant ? Et maintenant, c'est Inès qui porte dans ses yeux cet inquiet regard, éteint aux yeux de Pépé. Debout contre la cheminée, elle surveille la porte. Déjà, les danses ont commencé. Aldo a prévenu Lydia Joubert qui est arrivée une des premières :

— Je dois inviter Inès.

Il s'est avancé, Inès a dit :

— Merci bien, à tout à l'heure.

Attilio est venu à son tour et elle a répondu :

— Tout à l'heure.

Ses yeux ne sont plus emplis à bord d'une eau vive. Le clair s'en est assombri. La passion les a troublés. Soudain, une lumière y brille, reflet d'étoile dans un étang. Bertin apparaît dans le cadre de l'entrée. Il est beau, il est bien habillé, son rire éclate sur ses dents blanches.

— Bona sera ! crie-t-il en levant plaisamment le bras pour le salut à la romaine.

Inès s'élance, mais elle s'arrête net. Raphaëlle Bourges a la main posée sur l'épaule de Bertin et avance avec lui dans le bal.

Les couples n'ont pas cessé de danser un tango, où Delmonico les entraîne avec son accordéon. Bertin glisse négligemment une main autour de la taille de Raphaëlle et ils continuent leur entrée en dansant. Les yeux de Zelmira, toujours vifs sous leurs paupières flétries, ont suivi tous les mouvements de Raphaëlle et ses vieilles lèvres trop fardées murmurent à voix basse les injures du pays natal : « Aquala Porquaría ! »

— Bonsoir ! dit Bertin passant près d'Inès.

Elle est restée debout, toute pâle et raide. Attilio s'approche d'elle et, sans lui en demander la permission, l'entraîne parmi les couples mobiles.

— Viens, a-t-il dit seulement.

Et elle est venue. Elle l'a regardé et dans ce regard ils ont, tous deux, compris bien des choses.

Quand la danse s'arrête :

— Et votre belle-sœur ? demande Zelmira.

— Elle va venir avec mon frère, dit Bertin.

De l'endroit où il parle avec Humberto, Milan dresse l'oreille. Avec le frère ? Pourquoi avec le frère ? C'est la première fois qu'elle vient avec Lysée, tous les deux seuls, comme un vrai couple.

— Vous savez, continue Bertin, ça lui est toujours difficile de laisser ma sœur seule avec ma mère. Florina ne peut pas supporter de la voir sortir. Ce sont toujours des scènes.

— Elle ne va pas mieux ? dit Zelmira.

— De sa grosse bêtise, oui, elle est guérie ; mais, malheureusement, son infirmité, c'est toujours pareil.

— Qué dommage, elle est si jolie ! dit Zelmira.

— Oui, dit Bertin en souriant.

Il ne sourit pas à Zelmira qui est trop vieille et qu'il méprise secrètement d'avoir laissé ouverte, les soirs, la petite porte de derrière, afin qu'il puisse monter dans la chambre d'Inès. Il ne sourit pas parce que Florina est jolie, ni parce que cette fille à visage de Madone le regarde de loin comme s'il était un dieu. Il sourit parce qu'il est content, que la nuit est douce, que la danse l'amuse, et que Raphaëlle, celle qu'il épousera, est à côté de lui.

— Une rumba, dit-il. Allons-y.

Serrée contre lui, Raphaëlle est une Victoire ailée. Elle sent contre son oreille la belle bouche qui chante à voix basse : « Mon amour, quand je danse avec toi… » Et, en petite paysanne têtue, elle pense : « C'est moi qui l'ai gagné. »

Humberto est calme, ni gai ni triste. Il sait que ce soir Angéline ne viendra pas. On l'a invitée, mais elle a dit :

— Ce n'est pas possible, avec nos deuils.

François, Pépé, non, ce n'était pas possible.

Raimondi a ajouté :

— Malheureusement, ça les fera pas revenir.

Évidemment. Seul, il a continué à penser : « C'est pas parce que j'irai boire le chianti avec les copains, que mes enfants, qui sont morts, seront pas contents ? Y s'en foutent bien, ceux-là, où y sont ! »

Genio, sachant ce que c'est qu'aimer à boire, a conseillé :

— Fais une chose, Pacha, viens vers la fin, juste pour se faire les adieux en trinquant ?

— Je dis pas non, a répondu Raimondi, je réfléchirai.

C'est tout réfléchi. Après le dîner, il a dormi jusque vers les dix heures dans l'ancien fauteuil où on veillait François, puis il s'est levé pesamment :

— Ah ! Y faut quand même que j'y aille !

Et il est sorti.

Angéline, assise devant la fenêtre ouverte, aux dernières lueurs de ce jour d'été qui n'en finit plus, allonge une robette de Marie-Louise. Elle l'a regardé partir sans un mot, puis elle s'est remise à son ouvrage.

Elle n'a jamais tant travaillé que ces jours-ci. Levée à quatre heures, à cinq heures sonnantes, elle bassèle le linge sur la pierre du lavoir. Elle a pris toute la grosse lessive du domaine des Buis, celle qu'on ne fait qu'une fois par été et qui a jusqu'à des trente-quatre draps ; celle, aussi importante, de la boucherie Vayssade ; celle des Geoffroy, les riches maquignons. Après, le petit linge des uns et des autres. Ça donne beaucoup de mal, mais à la fin, les sous tomberont et pour réussir son projet elle en a besoin.

Cette pensée, qui se pose auprès d'elle comme un de ces papillons du soir qu'on n'ose pas toucher, lui fait abandonner sa couture sur ses genoux. Une douceur consolante apaise son cœur, toujours corrodé par les soucis. Elle laisse aller ses regards sur l'océan calme dont la nuit de juillet emplit à ras la fenêtre. Elle part à bord d'une de ces brillantes étoiles qui semblent toujours dire : « Venez, venez » avec leurs clins d'œil. Un gros amandier noir, mourant debout et que toujours on doit couper, tient tout le côté du paysage et les étoiles dans ses branches sont comme les jeunes fleurs de février. Où sera-t-elle à ce moment, Angéline Raimondi, quand le vieil arbre jettera au vent quatre pétales, du bout de sa seule tige vivante ?

A cette minute, il semble que la force de sa pensée ait concrétisé son désir. La porte de la cuisine s'ouvre sans bruit :

— Géline..., soupire une voix.

— Humberto !

C'est lui.

— Tu es venu ? dit-elle.

— Je ne pouvais plus rester sans toi, dit-il.

— Mais tu es fou, voyons ? Si on t'aperçoit ?

— Milan m'a envoyé chercher son harmonica pour Aldo.

— Et mon mari ?

— Il boit.

— S'il se rend compte ?

— Y boit je te dis, Géline...

Les visages s'attirent l'un l'autre, se trouvent sans s'être cherchés et la magnifique magie de l'amour partagé descend sur deux êtres qui ne sont beaux ni l'un ni l'autre, dont l'un n'est pas jeune, dont l'autre est quelconque. Et ça n'empêche pas la magie d'être ce qu'elle est, parce que l'amour n'a besoin ni de beauté ni de jeunesse, mais seulement de désir mutuel. Et ces pauvres qui n'ont sur le corps que des vêtements de travail rapiécés possèdent, à cet instant, toute la richesse du monde : manœuvre, terrassier, femme de lessive, ils sont dieux à l'égal des dieux.

— Retourne vite, dit Angéline, je ne voudrais pas de scène.

— Adio, mon amour ! Je t'écrirai vite.

— Oui, écris-moi tout de suite. Chez Vincente, hé ?

— Oui, et toi réponds-moi vite aussi. Et puis, viens tout de suite, n'est-ce pas ?

— Tout de suite, mon amour, je te le jure. Va vite, va, j'ai peur !

— A demain. Je te verrai encore au départ des camions.

— Oui, je serai là. Va vite.

Encore une fois il la serre à la briser contre lui. Il est parti. Et maintenant, à dater de demain, il va être tous les jours parti. Sa vie recommencera comme elle était : mari, enfants, travail, soucis, lessives, cuisine. Elle reprend le point de son ourlet. Point après point, est-ce que ce n'est pas toute la vie ? Bien repassée, cette robe fera encore bien, malgré que les fleurs soient moins vives, là où elle a sorti du tissu. Elle pense qu'elle va aller se coucher.

Dans la salle où rentre Humberto, encore tout brûlant de sa passion, un nouveau couple vient d'arriver : Vincente et Élysée Revest. L'accueil a été chaud. Ces Revest, ce sont les gros richards de Sainte-Trinide. Pour la circonstance, Lysée a accepté de mettre son complet des dimanches, le pantalon à rayures, le veston à trois boutons et, sur la tête, la casquette neuve à carreaux. Vincente aime le bleu, elle a cette même blouse d'organdi à rayures fines, bleu sur fond blanc et, aux oreilles et aux poignets, ces pierres bleues qu'elle a déjà portées pour venir ici. C'est loin. C'est le jour où Zelmira soignait en maîtresse le pied blessé de Milan, ce pied que Vincente avait trouvé si laid. Depuis, ah mon Dieu, que de choses que ni la volonté ni les prières n'avaient pu empêcher, sous lesquelles il avait fallu se courber, comme les oliviers de l'Allégrerie sous la larguade. Mais maintenant, après tant d'orages, d'éclairs et de tonnerres, doucement s'apaise la tourmente. Et on peut recommencer de respirer normalement. Hélas normalement, il le faut bien.

La gaieté, à présent, éclate dans le bal. Lydia Joubert joue de l'harmonica, aux doigts d'Aldo. Francis, son frère, dédaigneux de la capricieuse Raphaëlle, tente de réveiller Inès. Mais celle-ci porte aux yeux des prunelles de morte. Cependant, soudain son rire jaillit en cascade et Francis la serre plus fort en dansant. Elle a bu deux verres d'Asti, alors maintenant, n'est-ce pas, elle rit ? Le tout, c'est de commencer. Après ça n'a plus d'importance. Que ce soit l'un, que ce soit l'autre, qu'est-ce que ça fait ? Attilio la regarde en grattant sa guitare : « Heureusement on part, pense-t-il. Tout de suite après, je la demande et on se marie, sinon je l'aurai jamais. »

Raphaëlle aussi a bu de l'asti et aussi Bertin qui veut l'entraîner par la porte ouverte, vers le sombre des Aires. Mais, toute rieuse pourtant, elle dit : « Non », d'une voix brève, et lui, soudain calmé et bien content de l'être, pense : « Non, c'est vrai, elle a raison, elle, ce sera ma femme. »

Delmazzo, Tosella, Genovesi et Raimondi, qui fait le quatrième, sont assis contre le bar, au fond de la pièce. Les verres pleins passent aisément des mains de Genio aux mains de Raimondi. Il a annoncé :

— Je danserai pas, c'est pas convenable. D'ailleurs, y a dix ans que j'ai plus dansé.

Il ne danse pas, il boit.

Dans un angle, le père Joubert et sa femme font groupe avec Delmonico, Piston, Gardarein. C'est le coin de la conversation sérieuse. On y parle des travaux qui sont finis, de la commodité d'avoir l'eau dans les maisons, du talent de sourcier de Delmonico, du chômage qui va recommencer après le départ de l'équipe.

— J'irai aux tuileries de Salernes, dit Gardarein. Ça m'embête de quitter la maison, mais que faire ?

— Heureusement que moi, dit Piston, Joubert me prend avec lui pour le domaine des Buis.

— Je t'aurais bien pris aussi, dit Joubert à Gardarein, mais j'ai besoin que d'un manœuvre.

— Moi j'ai cinq petits, dit Piston.

— Moi, j'ai ma mère et ma belle-mère, dit Gardarein. C'est vieux, ça mange et ça travaille pas.

— Va vaï, dit madame Joubert, elles vous embarrasseront guère longtemps, les pauvres !

— En attendant, dit Gardarein, on est quatre à manger.

— Je regrette que vous partez, dit Joubert à Delmonico, ça m'intéresse votre truc de pendule, j'aurais voulu apprendre.

— Venez à Annemasse, dit Delmonico. Je vous ferai voir pour tenir le fil et reconnaître les sources.

Élysée, qui passe avec Vincente, s'approche pour dire :

— Moi aussi ça m'intéresse, cette histoire. Grâce à Monico si nous avons l'eau à l'Allégrerie.

— Le filon y était, y avait qu'à le découvrir, dit le sourcier avec modestie.

— Quand même... commence Élysée.

Madame Joubert veut faire place à Vincente, après les bonjours.

— Asseyez-vous, dit-elle. Alors, ce mariage ça approche ?

— En septembre, dit Vincente.

— Va vaï, vous prendre encore un brave mari !

— Je le sais, dit Vincente.

Elle regarde Milan qui s'avance vers elle. Elle sait ce qui va venir.

— Madame Vincente, dit-il, comment, vous ne dansez pas ?

— Ô, vous savez, moi... dit-elle.

— Venez, venez !

— Va vaï, allez-y un peu, dit madame Joubert qui ne sait

pas que tout le pays la surnomme : « Va-vaï ». Moi, quand j'étais pas si grosse, je m'en régalais.

Elle est grosse. Dans la tour luisante de sa robe de satin marron, elle ressemble à une otarie échouée.

Delmonico a sorti de sa poche son fil à plomb.

— La première fois que je l'ai vu, cet instrument, dit Élysée, j'en revenais pas, je croyais à une blague.

Milan entraîne Vincente. Exactement accordés l'un à l'autre comme deux corps qui ont l'habitude de leurs courbes, ils tournent et passent, soulevés par l'aile de la musique. Et dans l'homme du sud, le sang chauffe les veines aux poignets et aux tempes. Il souffle d'une voix oppressée :

— Vincente, je t'aime.

— Je sais, dit Vincente, de la même voix sans paroles, puis elle murmure : moi aussi.

— Tu m'aimes et tu vas me laisser partir ?

— Ah ! crie-t-elle à voix basse, ce soir tais-toi, parce que déjà je n'en peux plus.

— Qu'est-ce qu'il y a ? dit-il.

— Elle a encore pleuré parce que je venais, mais cette fois, sa mère ne la quittera pas d'une seconde et la tante Geoffroy est venue leur tenir compagnie, sinon j'aurais pas pu partir.

— Tu n'es pas une esclave, quand même ?

— Que veux-tu, la pauvre, tu as vu ce qu'elle vient de faire ? Si elle était morte, je me le serais jamais pardonné.

— C'est terrible, tu sais, Vincente, que par sa faute...

— Non.

— Quoi, non ?

— « Par sa faute », tu dis. Non : la tienne, la mienne, oui. Toi, tu le savais que tu n'étais pas libre, que tu avais déjà cette vieille maîtresse qui cesse pas de te surveiller, plus ta femme de Livourne... Tu le savais ? Alors, pourquoi tu m'as cherchée ?

— Parce que je te voulais.

— Et moi, je le savais que j'étais promise à Lysée de tout temps, que ma vie était là pour toujours. Alors, pourquoi j'ai accepté ?

— Tu me voulais aussi, chérie.

— Tais-toi, tais-toi, je te taperais la bouche à coups de poing si je m'écoutais. Tu m'auras fait beaucoup de mal...

La danse les entraîne, liés l'un à l'autre par les liens de chair puissants qui les soudent. Dans l'ivresse du tournoiement, Vincente écoute la voix dure et douce qui lui parle à l'oreille :

— Mais non, chérie, mais non, pas le mal, le bien. L'amour : le bien. Le plaisir, la joie : le bien. Le bonheur : le bien. Ah, dans mes bras, tu ne fais pas tant la forte. C'est ton mari François qui t'a eue ? C'est ton mari Lysée qui t'aura ? Non, tu le sais bien. C'est moi, rien que moi. Je suis ton amant, moi !

— Tais-toi, dit Vincente, tais-toi.

— J'ai voulu me faire une place dans ta vie, j'ai voulu que tu ne m'oublies pas, jamais ! Jamais, tu m'as compris ?

— Tu as réussi, soupire-t-elle. Je suis bien avancée à présent.

— Oui, tu es bien avancée, parce que tu viendras me rejoindre. Si c'est pas demain, ce sera un autre jour, mais tu viendras me rejoindre, j'en suis sûr, tu entends, sûr !

— Tu ne me connais pas, dit Vincente tristement.

— Ce que je connais de toi, tu ne le connais pas toi-même et c'est ce qui l'emportera.

— Non, dit Vincente. Laisse-moi, la danse est finie, on va nous remarquer.

En effet, ils sont restés seuls debout au milieu de la salle. Vite, Vincente se dégage et retourne vers Élysée.

— J'ai mal à la tête, dit-elle, j'aimerais mieux partir.

Mais Élysée discute avec Joubert et Delmonico et ne l'écoute pas. La musique reprend, les couples se reforment. Milan regarde Vincente qui détourne les yeux. Lydia

Joubert, qui est venue rejoindre sa mère, lui propose sans pudeur :

— Nous la faisons, monsieur Milan ?

— Si vous voulez, accepte Milan d'un air morne.

Vincente tire par la manche Élysée qui est enfoncé péniblement dans les savantes démonstrations de Delmonico. Il se retourne. Elle lui dit :

— Je pars, je suis malade.

— Qu'est-ce que tu as ? s'étonne-t-il.

— Mal à la tête. Je rentre, ne te dérange pas.

— Je t'accompagne...

— Non, non, va ! Par la ruelle des Lauriers, j'y suis tout de suite.

Elle ramasse sa veste au dossier d'une chaise et va vers Zelmira :

— Au revoir, madame Cognata, je suis forcée de partir, ma belle-sœur m'attend.

Elles se font des adieux froids, chacune détestant l'autre, et Vincente glisse doucement vers la sortie. A cette minute, Milan se détache avec brusquerie de Lydia Joubert. Il crie :

— Vous partez si vite, madame Vincente ?

Il arrive à la porte, elle est déjà dehors, il fait trois pas à côté d'elle. Elle court, il la rejoint, il la prend aux épaules :

— Tu pars ? demande-t-il à voix basse.

— Oui, dit-elle, et sa voix s'étouffe.

— Pourquoi ?

Les larmes empêchent Vincente de répondre. Elles montent, brûlantes, pressées, emplissant ses paupières et noyant ses regards. Milan la prend dans ses bras, la serre avec violence :

— Tu es fou, gémit-elle, on va nous voir.

— Je t'aime, je t'aime, je ne veux pas te perdre.

— Laisse-moi partir !

Ils crient à voix basse d'un même ton de désespoir. La nuit, ruisselante d'étoiles, se tait autour d'eux.

— Laisse-moi partir, supplie Vincente, on va nous surprendre.

— Je m'en fous, je m'en fous, dis-moi que tu viendras ?

— Laisse-moi partir !

Elle secoue son corps pour le lui reprendre, mais il la tient aux hanches avec deux mains dures.

— Lâche-moi ! crie-t-elle, je te mords !

— Écoute, dit-il, demain alors, demain, encore une fois sois mienne.

— Non, dit-elle, jamais plus.

Et les larmes l'aveuglent.

— Demain, reprend la voix fiévreuse, plus que demain, plus qu'une fois, pour qu'après je puisse t'oublier. Demain, à deux heures, dans ma chambre ?

— Tu ne vois pas que tu me tues… crie-t-elle encore.

Elle s'arrache de lui parce que le désir a fait trembler les doigts qui la tenaillaient. Elle court dans la rue brillante de lune. Il a un élan en avant, puis il reste planté sur ses pieds. Il regarde la petite ombre qui s'efface au détour de la rue.

— *A la grazia di Dio,* dit-il d'une voix lasse en rentrant dans le bal.

XX

Voilà une des nuits de l'existence : celle où les gens dansent au son d'une guitare et d'un accordéon, où un homme souffre, où une femme pleure sa passion sacrifiée ; celle où une petite fille toute seule a bu du poison. Et il y a eu aussi celle où une autre petite fille, ne croyant plus à l'amour, a décidé qu'elle irait le lendemain chez la faiseuse d'anges, à Draguignan : la nuit de Pépé Raimondi, dont elle est morte. On l'a enterrée dans cette mince robe à fleurs qu'elle mettait pour aller aux rendez-vous de Bertin et d'Attilio, une robe de voile avec trois petits volants aux poches, qui s'ouvrait derrière ses pas légers comme une aile de pigeon. Il y a eu la nuit où Pépé a pris la résolution d'aller chez cette femme qui lui a proposé une piqûre pour cinq francs. « Passez muscade, et vous ne risquez rien du tout. » Le lendemain, l'hémorragie commençait. Deux jours plus tard, le fragile corps féminin, doux, rose, poli de peau sur ses jolis petits pieds, sur ses seins en forme de collines, sur ses cuisses arrondies, sur son ventre déjà gonglé s'en allait, tout vidé de sang par la porte de derrière de l'hôpital. Adieu, Pépé ! C'est fini de choisir le ruban rouge ou bleu pour décorer d'un nœud aérien les cheveux bouclés. C'est fini de se renverser, chaude et tremblante, sous les baisers d'un amant. Ils sont vivants, eux, Bertin et

Attilio, ou celui de Draguignan qui fut le premier. Et toi, Pépé, tu as payé de ton corps leur joie et leur faiblesse.

Après ces trois nuits, maintenant c'est celle où Angéline ouvre les yeux dans le noir et croit tout d'un coup qu'elle se réveille d'avoir été folle : « C'est pas possible de tant rêver, pense-t-elle, tant de bien, tant de mal, tout en mélange. »

Mais aussitôt, elle sait que ce n'est pas un rêve, que c'est bien une réalité. Alors elle reste les yeux grands ouverts dans le noir. Elle fixe, jusqu'à la sentir entrer dans sa tête, la mince barre qui, vers le haut de la fenêtre, là où le volet ne jointe pas bien, laisse passer un rai plus clair. C'est vers les trois heures du matin que ça lui prend. Elle se tourne, elle s'agite, elle bâille, dans un spasme qui lui monte de l'intestin, lui tord l'estomac, lui serre la gorge, lui contracte les maxillaires. Elle a chaud, elle a froid, son cœur palpite comme une bête qui agonise. Elle fait le bilan de tout ce qui est tombé dans sa vie qui paraissait autrefois calquée sur un modèle si courant : la mort de François d'abord. Ça c'est une chose à ne pas pouvoir croire. Elle se lève, elle se donne à elle-même l'excuse d'un besoin. Sous ses pieds nus, les carreaux rouges ont un froid de sang caillé. Elle glisse sur cette impression jusqu'à la chambrette où couchent ses enfants. La lucarne est seulement voilée sur la vitre d'un morceau de cretonne qui laisse passer la lueur rose d'un lointain levant. Elle voit ses enfants et, comme chaque fois qu'elle est venue, elle voit bien qu'ils ne sont que deux, Henri et Marie-Louise. Le petit est ramassé en boule contre sa sœur et elle s'étale toute, avec une jambe qui pend hors du lit et un bras jeté en l'air, tige où la main minuscule est l'éclosion d'une fleur.

Angéline les regarde. Elle range une mèche de ces jolis cheveux de Marie-Louise qui lui rentrent toujours dans la bouche et lui abaisse doucement le bras. Henri, autrefois, couchait dans son berceau. Marie-Louise couchait avec François. Autrefois ? Quand ? La semaine dernière, il y a un mois, il y a un an ? François est mort. C'est bien vrai.

C'est Vincente qui a monté les fers au grenier avec Humberto. Riri était gêné dans ce berceau, son petit pied sortait toujours entre les deux lattes du bout. Alors, il vaut mieux que Riri couche avec Marie-Louise. François est mort. Autrefois, quand il était seul d'enfant, sa mère le prenait avec elle dans le grand lit. Maintenant, là où il est, la pluie coule jusqu'à lui pendant des orages comme celui de l'autre jour. Il n'y a plus de mère chaude pour le serrer. Il n'y a plus de bonne petite mère pour l'embrasser, le consoler, lui faire ses devoirs, le faire rire en lui chatouillant les côtés, là où toujours c'était trop maigre. François est mort. Angéline retourne dans sa chambre et se recouche, son cœur, qui tout à l'heure était une bête agonisante, maintenant est une bête morte. François est mort. Elle reste étendue à plat. Sa torture est devenue douceur. C'est fini. Au moins elle ne sera plus des heures et des heures à se dire : « Ce petit, il ne me vivra pas, il est trop fragile. » Et des heures et des heures à penser qu'il n'a pas assez mangé, qu'il a dû avoir froid, qu'il va tomber malade. C'est fini de se tourmenter avec tout ça. Alors, cette haute vague d'un vert de pourriture qui, dans ses mauvais moments, toujours se jette sur elle, arrive et la renverse et la tourne sur le côté. Son cœur de bête morte se réveille dans la douleur, appelle au secours, jette vers la vie des tentacules désespérés. Elle sent un corps contre le sien, son instinct l'en approche :

— Tu vas me laisser dormir, oui ? grogne Raimondi. Tu as pas fini de faire ton ramdam ?

Le cœur de la bête souffrante est coupé en deux d'un coup de couteau. Y a rien à espérer de ce côté, c'est le roc. Y a pas de secours, y a rien... Y a la mort de François, puis y aura sa mort à elle, à force d'avoir mal et les deux petits resteront seuls avec cette brute. Alors elle pense que si elle avait une bonne barre de fer, une masse, n'importe quoi, elle la soulèverait à deux mains et elle casserait cette tête. Après, elle irait se coucher dans le lit étroit entre Zizi et

Riri et là, elle dormirait bien... Ses larmes coulent froides sur ses joues.

— Je me lève, dit-elle, je peux plus tenir.

— Qu'est-ce que tu as encore ? aboie Raimondi.

— J'ai mal au ventre.

— Toi, tu as toujours l'œuf, dit-il.

Il bascule, lourd de tout son corps et prend le milieu du lit. Elle se laisse couler à terre, elle attrape au passage, sur sa chaise, son linge et sa robe et s'en va dans la cuisine. La fenêtre est entrouverte, le rideau de toile à sac se laisse festonner mollement par le vent léger qui précède le jour et qui aidera à l'accouchement de ce rouge soleil, caché derrière des voiles. De l'autre côté de l'horizon, une grosse étoile verte brille encore. C'est la dernière, mais elle est belle, Angéline la regarde ; si ignorante qu'elle soit, elle a appris à l'école que c'est un monde et elle se demande si, à bord de ce monde, il y a aussi des femmes mal mariées qui se lèvent la nuit, réveillées par leur misère. Elle la regarde, cette étoile et tout d'un coup, ce n'est plus elle qu'elle voit, c'est Humberto. Et alors elle pense combien elle est ingrate envers lui, envers la vie, envers ce Dieu que s'il existait, ce serait trop beau, quand elle dit qu'il n'y a pas secours. C'est pas un secours alors, ce beau sentiment tout neuf qui est tombé d'un cœur jeune, sur elle déjà presque vieille ? Elle retrouve un peu de courage et se prépare à faire du café. Il y en a pour qui le réconfort c'est le vin, elle c'est le café. Du papier froissé, quatre bouts de bois, la flamme jaillit. Elle fait réchauffer d'abord celui qui reste de la veille. Si elle tournait le moulin maintenant, ensuite elle s'entendrait faire l'observation : « Quand c'est pour toi, tu plains pas la dépense, qué ? »

Elle s'assied sur le rebord large et garni de carreaux jaunes de la fenêtre : « Y va faire beau, elle se dit, la bugade séchera bien. » Et tenant sa tasse chaude à deux mains, elle laisse aller ses idées dehors, sur le chemin du lavoir, sur la pensée de Vincente, de Florina, qui heureusement, va mieux, sur le souvenir de cette pauvre Pépé qui a payé bien cher sa faiblesse, sur la bonté de ce garçon d'Italie qu'elle est décidée de plus en plus à aller rejoindre. Elle le revoit encore devant ses yeux : « Petit, elle se dit, pas si beau, semble-t-il, que tant d'autres, mais beau quand même, si jeune, si frais de ses dix-neuf ans et déjà si courageux. » Être aimée comme ça, elle, avec son âge et sa figure fanée, c'est magnifique ! Huit jours qu'il a quitté le village, et déjà elle a eu deux lettres, celle qui commence : « Je peux pas croire que je suis si loin de toi... » et celle qu'hier, Vincente lui a mise dans sa main toute mouillée de lessive. « Attends, attends que je me l'essuie ! » Celle-là avait deux pâquerettes écrasées dedans, entre des mots si bons à lire : « Mon bon cœurougnet innocent, petit amour chéri, petite sainte, encore un jour sans toi. Ces pâquerettes, elles viennent du bord de mon nouveau chantier d'Annemasse. Bientôt tu viendras en cueillir avec moi. » Qui croirait tant de délicatesse d'un terrassier ? C'est bien vrai que le costume ne fait rien aux sentiments.

Tout d'un coup, Angéline a trop envie du café neuf. Elle moud le grain en étouffant le bruit sous son tablier. Elle écoute. Personne n'a bougé et l'odeur monte, l'odeur qui console, au fond des cuisines, tant de femmes malheureuses. Elle écoute. Elle entend les souffles alternés des enfants, le ronflement sourd de l'homme. Elle a encore une heure de paix. Elle relit en pensée la dernière lettre d'Humberto. Entre deux gorgées du bon café qui la brûle, elle cherche la suite des phrases. Voyons, après, qu'est-ce qu'il dit ? Ah oui, c'est ça : « Regarde sur une carte, tu verras Annemasse, où bientôt sera toute l'équipe. Puis la ligne pointillée, c'est la frontière : Genève, Lausanne et cætera. Tu marches, tu marches, tu arrives à Lugano. Là, tu as encore la ligne pointillée et c'est l'Italie. Alors, tu as Delmonte et ma mère qui nous attend. »

Le café bouillant chauffe la poitrine, l'amour bouillant chauffe la poitrine. Tout se reprend à espérer. François est mort, oui, c'est une chose inoubliable, mais les deux autres vivront, ils se feront grands, ils se feront beaux, dans le calme, avec une nouvelle grand-mère qui peut-être les aimera. Alors c'est impossible qu'on arrive à être tranquille ailleurs que dans le tombeau ? Elle pense : « J'aurais jamais cru ça. Alors, il a fallu que ce garçon, un de ces gens que ceux d'ici appellent des Bâbiasses, il a fallu qu'y vienne depuis son pays lointain jusqu'à moi, à travers des chantiers et des chantiers, jusqu'à mon mal ? Alors, si monsieur Barge avait pas voulu l'eau dans sa commune, par orgueil de maire, j'aurais jamais connu Humberto ? J'aurais pourri dans ma misère jusqu'à la fin ? La vie, quand même, c'est une drôle de chose ! Voyons, comment y dit qu'il faut faire pour partir ? Prendre le car pour Draguignan, bon. Après, le train. Ce sera long. Riri dormira. Zizi regardera passer les arbres. J'ai pas besoin que Raimondi se doute, j'ai pas besoin qu'y me rattrape ! Ce serait mal de lui prendre ses enfants s'y s'en était jamais occupé autrement que pour les gifler. Mais après, y aura Humberto. Il dit : « Je lui casse la gueule, moi, tu sais, s'y te touche. Oui, qu'y te batte pas, parce que je le tue ! Si je vais au bagne, je m'en fous, mais je veux plus que tu souffres. » Non, ne fais pas de mal, mon petit ; ne va pas en prison pour moi, je vais partir, je vais te retrouver, je te le jure ! Le temps de préparer les affaires des enfants, qu'ils te fassent honneur. C'est si beau ce que tu me dis, que tu te sens de les aimer comme s'ils étaient tiens. Où elle est ta lettre ? C'est ce passage que je veux relire. Ah oui, dans la boîte aux épices, sous les clous de girofle que j'en use quatre par an. Qui irait la chercher là ? Mais quand même, c'est pas prudent, je la donnerai à Vincente, qu'elle me la garde. Vite, vite, un peu la relire avant de ne plus être seule. Ah oui, c'est là : « le soir, quand on est avec les copains, autour de la même bougie, qu'il n'y a plus de travail et que nous commençons à respirer, ils chantent. Alors, moi, je me mets à penser à toi de tout mon cœur et c'est doux et c'est bon. »

Elle lit et son cœur à elle se fond de joie. Cœur et cœur et cœurs séparés et cœurs réunis : tout l'amour. C'est à cette minute que Raimondi saute après elle et qu'il lui arrache la lettre des mains :

— Garçasse ! il crie. Je m'en doutais !

La surprise a fait qu'Angéline a ouvert les doigts, le papier s'en est échappé. Raimondi le secoue en hurlant des mots qu'elle n'entend plus. Sa tête tourne, elle se retient à la table.

— Donne ça, dit-elle faiblement.

— Assieds-toi, dit son mari, nous avons à parler.

Elle sort de son vertige d'une seconde, à cette voix qui est calme comme jamais elle ne l'a connue et qui est effrayante d'être si calme.

— Assieds-toi, assieds-toi, redit-il, et réglons un peu nos comptes.

Il attire une chaise et s'y installe avec des gestes mesurés. Il regarde sa femme au plein du visage avec étonnement. Elle reçoit des lettres secrètes, alors, cette garce, maigre et laide comme elle est ? Avec ces marques de l'âge qui lui fripent les coins de la bouche ? Des lettres d'un amant ? Elle aurait un amant, cette toujours glaciale de corps ? Et ce serait ce jeune, peut-être, ce Bâbi qui semblait faire beaucoup attention à elle et qui maintenant est parti ? Non, c'est pas possible, elle oserait pas le tromper, lui Pacha ? Elle en a trop peur. On va voir ça.

— Nous allons la lire ensemble, dit-il.

Elle le regarde d'un œil égaré.

— Et après, tu prendras ta danse.

Elle a bondi. Elle s'est jetée sur l'homme, les griffes en avant comme une chatte qui défend son nouveau-né. Et c'est bien sa joie toute neuve qu'elle arrache aux doigts voleurs, qu'elle emporte, serrée sur sa poitrine, au long de l'escalier qu'elle dégringole.

Comment elle a ouvert la porte, elle ne le sait pas. Pourquoi elle a choisi de descendre dans la cour, au lieu de monter au grenier, elle l'ignore. Elle n'a pas voulu ces décisions, elles se sont prises seules.

Dans la cour, derrière elle, rejetant la porte de bois vermoulu, elle tire la tige de fer qui la ferme en dedans, elle la cale bien dans le trou du vieux mur. Il est temps. Les gros pieds qui ont sauté du lit tout nus arrivent et tapent à coups de durs talons contre la porte. Elle entend la voix qui gronde :

— Garçasse de putain de sort, tu vas ouvrir, dis ? Tu vas ouvrir ?

Les dures grosses mains secouent le battant. Dans sa gaine de plâtre, la tige de fer ressaute. Debout au milieu de la cour, Angéline ne sait plus que faire. Elle tient sa lettre à deux mains, la serrant contre sa poitrine, comme ces martyres chrétiennes tenaient leur croix. L'homme ébranle la porte : « Il va tout faire sauter, mon Dieu, je suis perdue ! »

— Saleté ! Tu ouvriras ou je casse tout ?

Une fosse à fumier est là dans un angle. Fosse qui servait de cabinet avant que la Sanat ne mette l'eau dans les maisons et que Vincente ne fasse installer des waters à l'anglaise. Maintenant, les herbes sèches de la litière des lapins dont les cages sont proches recouvrent les excréments humains. Angéline tient la lettre, cette bonne chose tendre, tout de douceur et de consolation. Qu'en faire, qu'en faire ? La livrer aux mains de l'homme ? Non, jamais ! La cacher là-dedans ? Là-dedans, non, c'est pas possible. Dans le caca, ces mots d'amour, ces bons mots : « Mon cœurougnet, ma petite sainte... » Dans le caca ? Pourtant, il le faut. Pas une minute de plus à réfléchir. La porte remue, la voix gueule au-dehors :

— Saloperie ! Si je t'attrape...

Elle se baisse, elle soulève la croûte d'herbes, l'ordure colle à sa peau sous la litière où roulent les crottes de lapin. Elle glisse le papier, elle le recouvre, elle essuie ses doigts souillés contre la terre. Il était temps. La porte saute. La tige de fer, à force d'être secouée, a crevé sa cage de plâtre. Le panneau de vieux bois, jeté contre le mur, claque comme une explosion. Raimondi, d'un bond, se jette sur sa femme, avec un cri sauvage :

— Donne ça ! Donne ça !

Il lui tord les bras, ouvre de force les petites mains crispées, arrache les pressions du corsage pour chercher partout. Elle est envahie, déchirée, bousculée, mais elle sourit.

— Garce ! Qu'est-ce que tu en as fait ?

Elle sourit. La voix de l'homme s'étrangle :

— Donne-moi cette lettre ou je te tue. Tu as compris, je te tue !

Jusque-là, craignant pour son bien, Angéline a gardé la tête baissée. Maintenant, elle la relève, elle comprend qu'il n'a rien vu, rien deviné, qu'elle a sauvé sa belle lettre, que le fumier, les crottes de lapins, l'ordure garderont le secret de sa lettre d'amour. Alors elle regarde l'homme en face avec un tranquille mépris :

— Il n'y a pas de lettre, dit-elle.

Les deux gifles l'atteignent presque en même temps. Celle qui est tombée sur la joue droite tourne la tête à gauche et celle qui est tombée sur la joue gauche renvoie la tête du côté droit. Un coup de poing sous le menton relève la tête en l'air. Un coup de pied dans les jambes détruit l'équilibre du corps.

Angéline tombe sur les genoux, puis un autre coup de pied au derrière la fait rouler sur le sol. Son crâne frappe les dalles de la cour, parce qu'elle a reçu un troisième coup de pied aux reins. Elle reste ainsi tout à paquet sur le flanc. Elle ne bouge plus, mille cloches emplissent ses oreilles, elle glisse dans le vide, divinement.

Alors, le silence dans lequel elle a sombré s'étend réellement autour d'elle. Raimondi s'arrête de frapper. Il inspecte le pavé de la cour. Cette lettre, elle est bien quelque part quand même, nom de Dieu ? Il regarde le petit tas que fait sa femme dans cette robe bleue qui s'est déchirée au corsage et montre un sein pâle, vidé de chair, avec une pointe menue de fillette.

— Saloperie ! dit-il, pas même belle. Y faut en avoir envie.

Il cherche des yeux, croyant toujours retrouver ce papier. De rage, il jette un dernier coup de pied qui rate son but, puis il crache sur le petit tas bleu une glaire de dégoût. Un gémissement inconscient sort de la bouche d'Angéline, plaquée contre la pierre.

— Crève, dit encore l'homme.

Et il s'en va.

XXI

Vincente avait juré à Milan qu'elle ne viendrait pas. Elle est venue. Toute la nuit, sa chair lui a crié qu'il fallait venir. Toute cette nuit, pendant laquelle le sommeil glissait de sa tête, comme ces anguilles gluantes de vase s'échappant de leurs doigts, quand François et elle allaient pêcher dans l'Albenc.

François..., que c'est loin ! Il lui semble que jamais elle n'a réellement couché dans ce lit avec lui, sauf dans ces rêves qui lui rendent si vivant un passé mort. Et bientôt le passé redeviendra présent, c'est avec Lysée qu'elle retrouvera entre ces draps le contact lourd de l'homme et cette odeur de transpiration forte, semblablement attachée aux deux corps des frères Revest.

Et de là, le souvenir récent surgit de cette peau plus sèche et plus fine, blonde sous les aisselles et aux cuisses, brûlée de soleil sur le buste et les bras, lisse d'un glissant de pierre lustrée par les eaux courantes : Milan. Toute seule avec elle-même, Vincente a pu se dire cent fois en obsession : « Je l'aime, je l'aime, il est mien... » Oui, il est tien, mais il s'en va. Il est tien et il est à une autre femme, cette vieille, et à une autre qui a tué pour lui. Et d'autres femmes l'attendent encore et le guettent aux détours de toutes ces rues de village où il entrera en vainqueur, maniant la perceuse avec ses bras musclés. Et toi, tu resteras, Vincente. C'est comme ça. C'est ainsi que l'on paye d'être née Falconnet, fille d'une prostituée et d'un voleur, quand on a, malheureusement pour soi, gardé un cœur honnête. Il y a eu assez de mal fait avec le nom qu'on porte, on ne peut plus en faire encore d'autre. Alors, il est tien, mais il va partir et tu resteras.

Le jour s'est levé. Il a lancé un même couteau aigu dans le trou rond des volets et dans la chair chauffée par l'insomnie. « C'est aujourd'hui qu'il s'en va. Demain matin, quand le soleil touchera mes volets, Milan sera déjà loin. Il parlera à d'autres femmes et Zelmira fera à nouveau friser ses quatre cheveux secs chez le coiffeur du village. »

Vincente s'est levée et s'est habillée. Et déjà elle sait qu'elle se prépare pour le rendez-vous, puisqu'elle met juste sous sa robe une petite culotte et un soutien-gorge, afin d'être plus vite nue. Elle est descendue à l'entrepôt, elle a fait son travail comme d'habitude, entre Élysée affairé à des achats de vendanges et Bertin qui lui glisse des regards complices, ayant deviné bien des choses. A midi, elle a retrouvé Florina qui se prend au goût de vivre. « Dieu merci, a-t-elle dit hier, tous ces mange-macaronis vont partir ! C'est pas trop tôt. Ils ont fait assez de mal ici. » Elle s'enfièvre à combiner les formes et les garnitures des robes, pour le mariage de Vincente et d'Élysée. « Je veux aller à la mairie et à l'église comme pour François. J'étais petite alors, on m'a portée ; hé ben, cette fois, on me portera encore. Mémoire me portera, voilà tout ! Je veux du taffetas parce que je suis tout le temps assise et que le taffetas, ça ne se froisse pas. Un taffetas changeant, qu'est-ce que tu en penserais ? Tu sais, dans ce rouge sombre, avec ces reflets rouge vif, comme des petites flammes qui volent partout ? Y me semble que ça m'irait bien au teint. J'ai écrit aux *Nouvelles Galeries* de Draguignan pour les bas, je veux des cent fin et je veux les souliers en daim vieux rouge à barrettes, avec le talon Louis XV... »

Vincente a laissé passer les bavardages du repas, comme

elle avait laissé passer les discussions de la matinée sur le prix et la qualité des raisins, « parce que le Jacquet, y faut comprendre, c'est autre chose que l'Aramon, comme sucre et comme goût ». Elle a laissé se détacher d'elle toutes les heures, sans presque les sentir et à la fin elles ont amené celle de l'après-midi qui sonne deux coups consécutifs. Alors Vincente a jeté sur ses épaules sa légère écharpe fleurie et elle a dit : « Moi, j'ai à sortir. » Personne n'a rien répondu et elle est partie.

Le soleil dévorait la terre et un frémissement de chaleur tremblait au ras du sol, tandis qu'elle grimpait par les ruelles d'ombre vers les vastes plateaux roussis des Aires. Arrivée devant la maison Falconnet, elle a ouvert la porte avec précaution et posé légèrement son pied nerveux sur les marches d'escalier. Elle craint la rencontre et l'ironie pesante de Raimondi. Mais rien ne bouge au premier étage. Pas même Angéline. Elles se verront tout à l'heure, en descendant.

— Vincente...

C'est un grand soupir qui l'attendait derrière le battant ouvert. Et sa bouche ne peut répondre, tout de suite écrasée sous la bouche de Milan.

— Tu es quand même venue, dit-il, tu vois que tu m'aimes.

Elle se dégage avec colère :

— Hé, que je t'aime ou que je t'aime pas, dit-elle, qu'est-ce que ça fait de plus ? Ça ne t'empêche pas de partir.

— Mais tu viens avec moi.

— Non !

— Tu me rejoins avec Angélina et ses petits.

— Non, je reste ici.

— Écoute..., commence-t-il.

— Tais-toi, tais-toi, dit-elle, je n'en peux plus !

Elle s'assied sur le bord du matelas et il la prend dans ses bras durs :

— Ma chérie, dit-il, tu te fais mal exprès. Tu luttes contre une chose impossible. C'est ta vie de venir avec moi.

— Non, ma vie, c'est de rester ici. Je t'ai expliqué...

— Tu m'as expliqué des bêtises qui tiennent pas debout. Ton père et ta mère, ils ont fait ce qu'ils ont voulu, toi tu fais ce que tu veux.

Il l'allonge sur le lit et déjà sa main habile se coule au long d'une chair consentante. C'est l'amour. Vincente l'accepte de tout elle, et puis, elle pleure de l'avoir encore une fois accepté. Voilà la faiblesse des femmes. Elle en est, plus que n'importe laquelle, chargée.

L'homme voit couler sans émoi les larmes trop faciles. Il en reçoit le tribut, comme un hommage au plaisir qu'il sait dispenser et dont, ensuite, on a honte. Ses pensées suivent un cours normal :

— Tu regretteras, dit-il.

Vincente relève brusquement un visage où les cheveux, pressés, se plaquent sur les joues humides de larmes.

— Quoi ? demande-t-elle.

— L'amour, dit Milan. Et moi, parce que je te le fais bien. Tu crois que c'est avec ton Élysée que tu jouiras comme ça ?

— Tais-toi, brute, dit-elle, la vie c'est pas rien que de jouir.

— Tu auras soif, dit-il, et tu auras plus à boire.

Elle démêle à dix doigts l'embrouillage de sa coiffure, range ses seins dans le soutien-gorge reboutonné. Maintenant, elle voudrait se retrouver tout de suite habillée des pieds à la tête, nette et sans souvenirs troubles et puis s'en aller à son travail. « Alors, c'est que je l'aime pas ? pense-t-elle ; si je l'aimais, je n'aurais qu'une envie, c'est de ne plus le quitter. » Elle ne sait plus voir en elle. La vérité, c'est qu'elle aimerait cet homme s'il était sien, s'il pouvait être sien toujours, dans une maison en ordre et comme son mari. Elle est ainsi faite que l'aventure ne peut la nourrir. Elle a eu soif : « Oui, je le reconnais, j'en ai eu bien soif, de cette espèce d'eau ardente qui semble vous rafraîchir et qui vous brûle. J'ai eu soif et j'ai bu et maintenant, résultat, j'ai la bouche tout emportée. Y vaut mieux la bonne soupe, ça paraît moins bon, mais en attendant, tu te couches tranquille après avoir mangé et tu dors ta nuit comme un loir. Boire, c'est pas toute la vie. »

— Tu me regretteras, mia, dit Milan. Tu t'énerveras, le soir, dans les bras de ton gros mari qui suera pour te rendre heureuse sans y arriver. Et je te promets que tu m'appelleras entre tes dents serrées pour que je revienne, mais je pourrai plus...

Il se détache de Vincente qu'il serrait aux épaules et se rejette à plat dos sur le lit :

— Moi, je serai loin sur les routes. Et seul. Et malheureux. Entre Zelmira que j'aime plus et celle de Livourne que je voudrais la voir crevée...

Vincente admire le corps nu, avec sa peau de soie marron, habillant exactement les muscles longs des bras et le torse qui, large aux épaules comme l'appontement d'un navire, s'effile à la taille et s'appuie sur la cambrure nerveuse des reins. Pas un poil ne dépare cette peau d'homme fort. Les petites mamelles s'érigent de chaque côté de la poitrine vaste, et au-dessous, après le renflement des côtes, le ventre est plat autour du creux du nombril et va finir sous un foisonnement de bouclettes serrées. Vincente détourne les yeux. « Ô, oui, beau corps, je te regretterai, bons bras durs qui me serraient si bien, bouche douce, hanches, cuisses, bonne peau, ô mon Dieu, oui, je te regretterai, mais je ne veux pas que tu le saches. » Un long cri de désespoir court en elle sans en sortir, un cri qui déchire au passage le cœur et la chair. « Adieu, mon amour ! »

— Il faut que je parte, dit sa voix morne.

— Tu me quittes déjà...

Milan est revenu sur elle d'un bond.

— Et tout à l'heure, ce sera moi, dit-il. Et pour toujours,

je le vois bien. Tu es de flamme et tu es de glace. Tu es plus forte que moi.

Cette fois, c'est lui qui demeure accroché à l'épaule de son amante, comme un enfant perdu.

— Écoute, dit-elle, si tu es sage, quand Angéline vous aura rejoints, j'irai un jour. Tu penses bien que je ne vais pas rester comme ça des années sans la voir, elle et les petits ? Et alors nous nous retrouverons.

Il la regarde amèrement et secoue la tête :

— C'est pas vrai, dit-il, tu es pas femme à tromper un mari, une fois que tu l'auras. Ton premier, tu l'as trompé ?

— Jamais.

— Tu vois ?

— J'ignorais des choses que je sais...

— Je comprends, mais de ces choses, telle que je te connais, tu préféreras t'en priver que d'aller contre tes idées. Ah, cette histoire de ta mère, ça t'a fait un grand mal !

— Ou un grand bien.

— Non, crois-moi ce que je te dis : un grand mal. L'amour, pour toi, c'est le péché, pas plus.

— Ce serait pas le péché, si tu étais libre et moi libre. Alors, nous nous marierions et je t'accompagnerais sur tes chantiers.

— Non, dit-il encore, et le pli amer ne s'efface pas de sa bouche, non, tu n'es pas de ces femmes qui suivent un homme, un jour ici un jour là. Je l'ai compris. Tu es de celles à qui y faut un toit sur la tête, une cuisinière avec la provision de charbon et de bois, même une chambre avec de gros rideaux et un coffre qui ferme à clé pour garder les sous. Oui, tu es comme ça.

Elle se tait. Il reprend :

— Et c'est peut-être parce que tu es comme ça que je t'ai voulue... Peut-être que sans que je m'en rende compte, moi aussi, j'aurais eu envie d'un peu m'arrêter, de trouver tous les soirs, la même maison dans le même pays et une femme comme toi dedans, avec du joli linge et des qualités. Peut-être... J'en suis pas assez sûr.

Il réfléchit :

— Des fois, je pense qu'à la fin je m'ennuierais. Alors, je sais plus. Mais il y a des jours où j'en ai assez d'être sur les routes.

Il enfonce son menton à l'os aigu dans le moelleux du sein et il parle, la bouche contre la peau de Vincente et, entre ses paroles, ses dents mordillent la chair et sa langue la mouille :

— J'ai guère eu d'aplomb dans ma vie. Mes parents m'embêtaient. De tout petit je courais les rues, ne faisant que des sottises. Puis je suis parti d'Italie pour la Corse, tu le sais, où j'ai eu cette mauvaise femme qui a fait mon malheur...

— Ou c'est toi qui as fait le sien ? dit Vincente. Si elle t'avait pas aimé, elle aurait pas empoisonné l'autre.

— Tu as peut-être raison, mais si j'avais connu tout de suite une tranquille comme toi, ça aurait changé mon existence.

— Tu avais dix-sept ans, qu'est-ce que j'aurais fait de toi ?

— C'est vrai, dit-il, mais j'aurais pu te rencontrer quand tu étais pas encore mariée et alors...

— Il aurait fallu que le hasard te mène à Salernes. Et moi je sortais pas beaucoup. Je comprenais que j'étais pas une fille comme les autres. Les gens me méprisaient. François Revest a eu un grand courage de me vouloir pour femme.

— Belle comme tu es, dit Milan, il avait guère de mérite !

— Ô, belle, tu trouves ?

— Ô, oui, et plus que belle ! Et bien faite. Et un caractère magnifique. Tu as toutes les qualités.

— Tu crois ? dit-elle d'une voix molle.

Elle reçoit et savoure ces paroles de flatterie, comme les

meilleures depuis longtemps et pour longtemps. Jamais, ni François ni Lysée, ne lui ont dit en face : « Tu es belle. » Parfois, derrière son dos, ils ont avoué à voix haute qu' « elle était bien charmante avec cette robe neuve », ou que « ses yeux quand même, ils étaient beaucoup brillants ». A part cela, les seuls hommages d'homme qu'elle ait reçus, ce sont les mains impudiques, plaquées contre son corps, par Pacha, Bertin, le vieux maire ou quelque client du samedi un peu saoul.

Tandis que ça, ce visage de passion, cette voix troublée, ces yeux adorants, jamais elle ne les avait eus, jamais plus elle ne les aurait. « Tu regretteras, tu me regretteras. Tu auras soif et tu auras plus à boire... » Tais-toi ! Tais-toi.

Elle arrache les bras qui la retiennent prisonnière.

— Il faut que je parte, redit-elle.

— Pas encore, répond un gémissement.

— Depuis que ma belle-sœur a essayé de se tuer, tu sais, j'ai toujours peur quand je pars. Pourtant, elle est plus tranquille et meilleure. J'espère qu'elle finira par épouser Mémoire. Il est tout le temps auprès d'elle, avec plus de cadeaux que jamais. Et j'ai fait comprendre à ses frères, qu'après tout, malgré sa beauté, elle peut guère espérer mieux.

— Qu'est-ce que c'est, ce colporteur, au juste ? demande Milan.

— Encore un comme toi, dit Vincente, un sans-pays, un de ceux qui traînent à leurs espadrilles la poussière de tous les chemins. Seulement, quand même, il a de l'argent, c'est un commercant. Et puis il aime Florina.

— Moi, je t'aime pas, non ?

— C'est pas pareil. Lui, par amour, il accepte de demeurer toujours à Sainte-Trinide. Y compte acheter l'ancienne magnanerie où vous aviez votre cantine, il en fera un grand magasin, un genre de ces bazars des dix mille articles où tu trouves de tout, et, au premier étage, tout sera séparé pour avoir un joli appartement, avec du coup d'œil et un balcon où on mettra la chaise longue de Florina. Y lui prendra une femme pour la servir, peut-être Bonne-sœur. Ce serait pas si mal.

— Après son bavardage ?

— Elle a demandé pardon, à moi, à mes beaux-frères, à tout le monde. Elle a gémi, elle a pleuré, elle a dit qu'elle s'était trompée, qu'elle avait la tête lourde de soleil, enfin elle a présenté les choses d'une manière qu'on peut plus lui en vouloir.

— Je vois que tout s'arrange, dit Milan avec amertume. Après mon départ, on fera bien des noces.

— Tu voudrais pas que tout le monde se tue pourtant, parce que tu t'en vas ? répond Vincente.

Et elle essaie de rire, mais le cri se réveille en elle et traverse sa chair : « Mon amour, mon amour, je te regretterai... »

— Il est tard, dit-elle. Et je ne me suis pas arrêtée chez Angéline, en montant. J'avais peur que Pacha me voit. J'ai fait bien doucement.

— Il n'est pas là. Je l'ai rencontré quand je rentrais, à midi. Il avait l'air d'être saoul comme un cochon. Depuis, j'ai entendu aucun bruit. Juste un peu les voix des enfants, mais pas du tout celle de ton amie.

— Elle est pas malade, au moins ? pense tout haut Vincente. Y faut que je descende, qu'elle puisse dire après que je suis venue chez elle.

Milan la serre à nouveau contre lui, il arrête le geste qu'elle vient de faire pour se lever. Il déboutonne le soutien-gorge et les beaux seins libres, pleins de chair ferme, se moulent dans ses doigts.

— Je te veux encore mienne, dit-il dans le murmure qui chauffe Vincente à l'oreille :

Elle se débat :

— Non, non, crie-t-elle à voix basse. Je ne peux pas, je t'assure, on n'a plus le temps.

— Je m'en fous, dit-il, je te veux !

Sans paroles, à présent, elle lui arrache ses épaules et ses hanches, à mesure qu'il les reprend, mais il est plus fort qu'elle, elle le sait bien et cette force se double de la douceur des caresses :

— Mia..., soupire-t-il.

C'est le mot qu'il gémit dans le désir, qu'il exhale dans le désarroi de l'amour. C'est le mot qui restera pour elle le nom de sa joie.

Elle se laisse aller à la renverse comme une morte. Elle abandonne son corps à cette dérive qui la prend et la soulève, mouvement de vague, réglé par le mouvement des étoiles, par le balancement des mondes sur leurs axes, par la pulsation la plus infime et la plus immense de la vie éternelle.

Milan roule sur le côté du lit. Vincente est debout. En deux secondes, elle met sa culotte et sa robe. Elle a gardé ses sandales aux pieds. Milan se jette debout lui aussi, d'un bond :

— Ne pars pas !

— Adieu ! dit-elle.

Son visage est blanc, ses lèvres tremblent, ses yeux n'ont plus de regard qu'intérieur. Elle se sauve de lui. « Si je reste encore, je suis perdue, je n'aurai jamais plus le courage de le quitter. »

— Adieu ! répète-t-elle, je t'ai bien aimé.

Il lance les deux bras en avant pour la saisir, elle est partie... La porte reste ouverte, il écoute ses pas dégringoler les marches jusqu'au palier du premier. Il descend l'escalier sur ses pieds nus. Il entend qu'elle frappe chez Raimondi. La petite fille répond :

— Entrez, maman est malade.

Il se penche sur la rampe. Son cœur tape comme le moteur des camions. Il voit la robe de Vincente, cette robe rouge avec des pois blancs qui lui a tant plu, il la voit disparaître à ses yeux. Il se penche encore davantage, il distingue un peu de la cuisine et il entend l'Angéline qui dit :

— C'est toi ? Entre. Je suis couchée. Y m'a tellement frappée que j'en suis morte.

Puis la petite fille repousse le battant. Le loquet fait un bruit sec. Alors Milan remonte d'un pas pesant jusqu'à sa chambre. Il se jette sur ce lit qui sent encore l'amour et reste étendu à plat ventre. Une larme glisse de son œil fermé contre la pente du nez. Le drap la reçoit. Une mouche qui volait se pose dessus et boit, les ailes frémissantes, les pattes accrochées au bord de ce qui, pour elle, est un lac.

XXII

Vincente regarde Florina au fond des yeux et elle demande d'une voix paisible :

— Tu aurais pu croire une chose pareille ?

— Non, dit Florina, je vois que je ne l'ai jamais cru. Je me le suis fait semblant à moi-même, parce qu'une nuit, tout d'un coup, j'ai plus eu envie de vivre. Et toi, tu l'as cru que je l'aimais ?

— Moi ? Pas du tout, dit Vincente.

Si les mensonges volaient avec de grandes ailes noires, à cette minute le soleil en serait obscurci. Les deux belles-sœurs échangent un bon souvenir :

— D'abord, tu le trouvais bien, toi ? questionne Florina. Il avait rien d'extraordinaire. Il avait des yeux faux et puis toujours ce sourire à se ficher de tout. Tu as pas remarqué ?

— C'est vrai.

— Ça met de la tranquillité dans le village. Et moins de poussière. Ç'aurait été ennuyeux cette poussière et tout ce bruit, pour ta noce. Quand est-ce qu'elle vient nous essayer, Marguerite ? Y faut qu'elle se dépêche.

— Mardi prochain.

— Tu comprends, celle qu'elle me fait, la taffetas ponceau, elle me servira après, pour robe habillée. Mais pour mon mariage à moi, tu lui as bien dit que je faisais tout venir de Paris ?

— Oui, elle le sait.

— Parce que tu comprends, cette coupe en forme : « Dogaresse », c'est bien ça ? Oui, « Dogaresse ». Je sais pas ce que ça veut dire, mais ça me plaît, jamais elle aurait pu la réussir.

Florina attire à elle le journal de modes *la Parisienne* qui traîne sur sa couverture. Elle l'ouvre au milieu, où il y a tout un cortège qui descend les marches de la Madeleine. Elle suit du doigt les contours majestueux de la toilette de mariée :

— Tu vois ? Ça, oui, c'est joli. La traîne a trois mètres de long, le voile est en point de Bruxelles, y tombe sur les godets derrière, pour accompagner la traîne et devant il est court, y fait juste voilette sur la figure. C'est un genre nouveau, ça s'appelle « Amour pudique ». C'est bien joli, qué ?

— Oui, dit Vincente.

— Nous les utiliserons nos robes, vaï ! Sauf celle-là que je veux me la conserver telle que, dans un carton, pour la regarder quand je serai vieille, mais celle en taffetas et la tienne en crêpe bleu roy, nous les aurons toutes neuves, le jour où Bertin se décidera pour Raphaëlle.

— Je ne sais pas si ce sera bientôt, tu sais ?

— En tout cas, elle est tout le temps ici, maintenant, Raphaëlle. Et la mère Bourges me porte des œufs, des fleurs... Oui, va, pour moi, ça tardera pas à se faire.

Florina réfléchit quelques minutes, puis elle reprend :

— Tu y étais, toi à leur départ ?

— Non, dit Vincente, je suis restée auprès d'Angéline à la soigner.

— Quelle brute, ce salaud ! Moi, un mari comme ça, je le tuerais. Alors, tu les as pas vus ? Y paraît qu'Inès était triste comme la mort. Par contre, Zelmira, elle étincelait ! Elle a pas laissé beaucoup de sympathies ici... Un que je regrette, c'est Attilio. Avec son accordéon, y nous aurait bien fait danser le jour de la noce. Mais moi, je veux un orchestre. Alloua m'a promis que j'aurais un piano, un violoncelle, un violon et un saxophone. La grosse caisse, ça fait trop de bruit, tu trouves pas ?

— C'est vrai, dit Vincente. Tu l'appelles plus « Mémoire », ton ami ?

— Non, j'aime mieux Alloua, puisque c'est son vrai nom. Et je signerai mes lettres : « Madame Hamida Ben Gacem ». Ce sera pas superbe ?

— Je comprends !

— « Mémoire », c'était bon pour un colporteur. Y sera plus colporteur, y sera commerçant établi. C'est pas pareil.

— Bien sûr, dit Vincente.

— Mon frère Lysée, lui, y regrette beaucoup Delmonico. Y se figure qu'y lui aurait découvert des autres sources dans tout le pays et y se voyait déjà des tas de propriétés à l'arrosage. Je veux croire qu'il était savant, ce Delmonico, mais il était bien laid, Humberto, lui, il était joli avec son genre blondinet, seulement un peu trop timide, tu trouves pas ? Moi, de tout le temps, y m'a pas dit quatre paroles. Les gens racontent beaucoup qu'il avait des relations avec Géline ; je sais pas qu'est-ce qu'il faut en croire ? Ça a l'air d'être vrai. Hé ben, moi, je sais pas, je la trouve pas belle, même que ce soit ton amie, que je l'aime bien et qu'elle m'avait donné ma pauvre fifille...

— Pourquoi tu l'as tuée, cette pauvre petite poule si brave ? Tu es bien mauvaise ! dit Vincente.

— Hé, qu'est-ce que tu veux ? Je me tuais moi ! Alors je pouvais pas la laisser, je l'aimais trop. C'est avant de racler les comprimés dans mon verre. Elle était couchée contre mon bras, la pauvre, elle dormait. Je lui ai roulé la tête dans la couverture, j'ai serré, j'ai serré, ses pattes ont un peu remué en l'air comme quand elle grattait la terre, tu sais, et puis elle a plus bougé, elle était morte. Alors j'ai pensé : « A moi maintenant. Si c'est si vite fait, c'est pas terrible. »

— Quand je me repasse ça, je te déteste, dit Vincente.

Et notre chagrin à nous, tu t'en fichais ? Ta mère, tes frères, moi, nous vivons que pour toi et tu nous fais une chose pareille...

Florina attire sa belle-sœur contre elle :

— Allez, n'y pense plus ! C'est passé maintenant. Tu vois, ça m'a quand même servi à me rendre compte de cette espèce de folie d'adoration que cet homme a pour moi, Mémoire.

— Ah, tu l'appelles encore « Mémoire », tu vois ?

— Y faudra que je prenne l'habitude. Tu sais, chez lui, c'est pas n'importe qui ? Y me racontait, l'autre jour, où il est né, à Tlemcen ; son père a une grande propriété à côté des ruines d'une grande ville rose qui s'appelait Mansouriah. Seulement, ils sont six frères et lui c'est le plus jeune, alors il a préféré s'en aller. Et y s'est fait catholique pour moi, c'est beau !

— Je te l'ai souvent dit qu'il t'aimait, tu voulais pas me croire ?

— Je le savais bien, soupire Florina, mais j'espérais toujours...

Elle se tait.

— Quoi ? dit Vincente.

— Comment te l'expliquer ? Autre chose, quelqu'un d'autre et puis j'ai vu...

Elle s'allonge mollement et tourne sur son doigt une boucle noire de ses cheveux. Elle s'arrête de parler puis elle reprend :

— Alors tu n'y étais pas au départ des camions ?

— Je t'ai répondu non, dit Vincente.

Non, elle n'y était pas. Elle était chez Angéline. Le dernier soleil de ce jour tombait en biais par la fenêtre, Angéline couchée, gémissant de ses reins meurtris et elle, Vincente assise sagement au chevet de ce lit, comme une femme qui n'a rien d'autre à penser qu'à soigner son amie. On avait frappé à la porte. C'était l'équipe qui venait faire son adieu : Aldo, Genovesi, Delmonico, pleins des apéritifs avec lesquels ils ont fêté le départ. Derrière, debout dans le cadre de la porte, Milan, immobile : « Entrez, a dit Angéline, je suis un peu malade, je me suis flanquée par terre dans l'escalier. »

Ils sont entrés et quand tous ont eu secoué avec de gros rires, les mains des deux femmes, Milan s'est approché à son tour : « Au revoir, mesdames », il a dit. Et, tandis que les autres buvaient le vin blanc que Vincente versait, il avait murmuré à Angéline : « A bientôt, et amenez-la-moi, qu'autrement je meurs. » Ils avaient tous trinqué, puis l'équipe, descendue avec des galops de lourds souliers, il était remonté, lui, Milan, mon amour, il m'avait serrée encore une fois dans ses bras durs, il avait écrasé ma bouche, « Mia... », il avait gémi, puis il était parti. « Tu peux pleurer, va, je te comprends », avait dit Angéline. « Pleurer ? pense Vincente, à quoi bon ? Je l'ai bien voulu. »

— C'est dommage, continue Florina, tu m'aurais raconté. Moi, tu sais, ça me distrait, toutes ces histoires. Ça fait juste trois mois que ces Italiens sont arrivés à Sainte-Trinide. Et maintenant nous avons l'eau dans les maisons, c'est agréable. Y mènent une drôle de vie, ces gens, toujours sur les chemins, sans meubles, sans rien ; moi, ça me plairait qu'un moment... Enfin, chacun son goût. Toi, lequel c'est que tu aimais le mieux ?

— Aucun, dit Vincente.

— Moi, leurs chansons, leur mouvement dans la rue, ça m'amusait, je te dis, mais à la fin c'était un peu fatigant. Si j'avais pu aller à leurs bals peut-être... J'aurais aimé de danser avec ce Milan ; c'est qu'il était bien, mais il avait un air sauvage, un air de passion. Ou avec Attilio, c'était le plus gentil de tous, Attilio ; il était toujours de bonne humeur. Inès va peut-être se décider à se marier avec lui, maintenant qu'elle en a plus d'autre ? Lydia Joubert, elle avait un gros béguin pour Aldo. Mais il est parti sans lui faire une demande sérieuse, je le sais. Madame Joubert s'en est plainte à la tante Geoffroy qui l'a dit à ma mère. Et Francis, y paraît qu'il a craint que Raphaëlle lui préfère Bertin ! Elle l'a bien fait marcher...

Florina se redresse sur son divan, animée par le récit de ces aventures de village. Vincente dit :

— Tout ça, ça fait bien des tripotages. Moi, y faut que j'aille à l'entrepôt.

— Je vais encore rester seule alors ? gémit Florina.

Son visage perd sa gaieté, elle laisse retomber sa tête dans ses coussins :

— Pas trop tôt quand je serai mariée, que j'aurai toujours quelqu'un pour me tenir conversation. Ici, Mame : elle est vieille, elle sait que grogner ; toi, tu es toujours à ton magasin...

— Avec Bonnesœur tu seras bien servie. Pour les racontars, elle est un peu là. Qué langue de vipère !

— Ô, elle est plus bête que méchante. Tu as vu pour cette histoire ? Elle sais pas ce qu'elle dit. Mais ça fait rien, ça me plaira d'avoir une bonne : je me ferai ranger mon trousseau dans l'armoire avec des rubans roses et elle me repassera tout, je serai bien contente.

— Tant mieux va, dit Vincente. Que tu sois heureuse, c'est tout ce que nous demandons. Allez, à tout à l'heure !

Elle embrasse sa belle-sœur et elle sort. L'automne du haut Var, qui est comme un printemps par la magie reverdissante de ses pluies, fait relever la tête aux géraniums de la fenêtre. Ils vont refleurir en boules de pétales et puis un matin où on les aura oubliés dehors, on les trouvera bouillis par le premier gel. Ils noirciront. On jettera leurs cadavres au ruisseau et on rangera les pots vides jusqu'au printemps prochain. Les géraniums auront fini leur vie de géraniums.

Élysée est sur le seuil de l'entrepôt. Il gesticule : « Qu'est-ce qu'il a encore ? » pense Vincente. Tout d'un coup elle se sent lasse. Elle se demande comment elle se sentirait, si au lieu d'être là, elle était sur un camion, en route vers la Haute-Savoie, avec des pays nouveaux filant de chaque côté de sa tête et, auprès d'elle, un garçon qui lâcherait de temps en temps son volant pour lui prendre la main : « Mia... »

— Les graines de « Sucre rouge » ? crie Élysée.

— Quoi ?

Vincente est tirée brutalement de son rêve.

— Achille dit que c'est toi que tu les as placées. Les graines de betteraves qu'on a fait venir pour le Domaine des Buis ? Tout est en pagaye !

— Elles sont dans le cageot sous la caisse, dit Vincente ; si vous aviez cherché tranquillement...

— Nous avons cherché ! Si tu plaçais mieux les choses...

— Ô, ça va ! dit Vincente d'une voix froide.

Elle écarte Élysée qui est resté au milieu de l'entrée. Elle a eu un petit claquement des lèvres. Il voit qu'elle est en colère et bafouille d'un air penaud :

— Qu'est-ce que tu as ?

— Rien j'ai ! Je veux pas être remballée toutes les cinq minutes comme une enfant de douze ans.

— Moi je te remballe ? Moi je te remballe ?

Élysée la suit, tandis qu'avec le balancement de ses belles hanches pleines, elle passe entre les sacs de maïs et de blé. Elle entre dans le bureau, elle se baisse, tire le sachet de graines et le remet à Élysée :

— Tiens, les voilà tes « Sucre rouge ». Fiche-moi la paix !

Élysée reste interdit. Il a sorti de sa poche son gros paquet de mouchoir blanc à raies mauves et il se tamponne le visage.

— Et puis, perds cette habitude de toujours t'essuyer comme si tu coulais l'eau à longueur de jour ! C'est guère élégant, tu sais ? Je te préviens, le matin de la noce je t'en donne point de mouchoir. Tu te débrouilleras pour pas transpirer. C'est une manie que tu as prise et elle a rien de beau. Ton frère, quand même, y suait moins et puis il avait d'autres manières. Y faudra que tu changes, je t'en avertis. Et ton pantalon qui te pend sur les jambes comme à un vieux, tu crois que tu pourrais pas mettre les bretelles mieux tendues ? Ou une ceinture de cuir, comme tout le monde ? Une ceinture de cuir, tu comprends...

« Une ceinture de cuir..., de gros cuir, gros mais fin, qui a douze clous de cuivre doré qui font un dessin en rectangle dans le milieu et une boucle toujours brillante, et, gravé au couteau entre les douze clous, deux lettres majuscules et une petite : « M. d. C. » « Milan di Castaldo ». La ceinture était tirée d'un geste vif, elle se lovait à terre, image de serpent familier et, des vêtements rudes, sortait le corps bruni, aux muscles forts, à la peau sèche et douce : « Tu me regretteras... »

— C'est vrai, tu ne sais pas t'habiller ! Je te l'ai rabâché cinquante fois, tu veux pas faire un effort, c'est agaçant à la fin ! Ah, dis-moi, y me manque trois relevés pour mon bordereau d'échéances. Celles des Grangettes, elles ont payé ?

— Je crois..., balbutie Élysée. Attends.

Il est tout décontenancé par l'attaque qui vient de lui tomber dessus. Il se met à remuer à dix doigts les papiers qui couvrent la tablette.

— Laisse, laisse ! crie Vincente, ne viens pas tout me mélanger avec tes grosses pattes. Après tu diras qu'y a de la pagaye. C'est que toi tu es fort pour les observations. Allez, laisse ça, va !

— Mais qu'est-ce que tu as ? redit-il.

— J'ai rien, je te l'ai déjà dit. Qu'est-ce que tu veux que j'aie ? Seulement, des fois j'en ai assez du métier que vous me faites faire. A la maison, je suis la domestique de ta sœur, je dois supporter tous ses caprices à cette demoiselle, la coiffer, la laver, je sais moi... Ici, je suis ton employée, juste ton employée, pas plus ! « Où tu as mis les graines de « Sucre rouge » ? Où tu as mis ci ? Où tu as mis ça ? » Je dois tout ranger. Mais, moi, si je demande si celle des

Grangettes a payé, personne en sait rien, c'est encore à moi de chercher. A la fin, tu comprends, j'en suis fatiguée, y a de quoi !

Élysée regarde Vincente avec ses gros yeux surpris, mais elle ne voit rien et continue :

— Vous avez point d'égards pour moi, pas plus toi que soi-disant tu m'aimes, que ta sœur, ni ton frère Bertin. Ta mère, j'existe pas pour elle, c'est simple. Naturellement, je suis pas une Revest, moi, n'est-ce pas ? Je suis rien, je suis une Falconnet ! C'est rien les Falconnet ! Surtout avec ce que mes parents ont fait, n'est-ce pas ? Va, je le sais bien ce que vous pensez, vous autres, là, tous les Revest, que vous vous tenez à la chaîne comme les œufs d'une poule, vous pensez que quand on sort d'une famille comme la mienne, avec une mère pareille, un père pareil, on est juste bon à donner aux chiens, pas plus ; que si on vous fait l'aumône d'un nom honorable, on a plus qu'à se taire, à souffrir, à rien dire toute sa vie. Alors, allez ! On en profite ! Pourtant, j'étais assez jolie quand François m'a connue, je peux le dire, il a guère eu de mérite de me prendre, j'en aurais trouvé d'autres, tu sais ? Oui, j'en aurais trouvé d'autres : le fils Lancier de Draguignan qui avait cette grande quincaillerie si j'avais voulu et Jacques Mariaud, le marchand de vins de Brignoles. Y faudrait pas se figurer qu'y m'a fait une grâce, ton frère ? Et toi non plus, avec ton air de me jeter à la figure que tu consens à me prendre pour femme...

— Moi ? Moi ? suffoque Élysée.

Il éclate de rougeur. La transpiration baigne son visage par grosses gouttes, sur son front ridé par l'effort de comprendre, sur les ailes grasses de son nez, sur ses épaisses lèvres, béantes d'étonnement.

— Tais-toi ! crie Vincente, tais-toi ! Je sais ce que je dis, vous me méprisez tous : toi, ta sœur, ta mère, Bertin ! Et moi, comme une imbécile que je suis, je reste là...

— Qu'est-ce qu'il a fait, Bertin ? demande une voix calme du fond de l'entrepôt.

Et le garçon s'avance, clair comme toujours dans son costume net. Depuis qu'il fait moins chaud, il a remplacé son maillot de coton par un pull-over de laine blanche, tricoté par Raphaëlle.

Vincente reste bouche ouverte sur ses imprécations.

— Qu'est-ce qu'il y a ? dit Bertin. Vous vous disputez encore ? Vous attendez pas d'être mariés, vous autres, au moins. Mais cette fois c'est toi qui cries ? C'est nouveau !

Il regarde sa belle-sœur qui baisse les paupières.

— Je sais pas ce qui lui a pris, dit Élysée, j'ai cru qu'elle devenait folle !

— Qu'est-ce qu'y a de cassé ? redemande Bertin.

— Rien, dit Vincente.

Ses lèvres n'arrivent pas à perdre leur tremblement secret et sous elles, les dents grincent encore.

— J'étais énervée, dit-elle.

— C'est parti des graines de « Sucre rouge », explique Élysée, que je les avais pas trouvées tout de suite, alors, tu sais comme je suis, j'ai crié...

— Tu as cette sale habitude, dit Bertin, ça je le sais.

— Et puis à cause de celles des Grangettes, si elles ont payé ou non...

— Appelle-les les dames Bourges, dit Bertin ; ça sera ma femme et ma belle-mère.

— Alors Vincente me l'a demandé et je le savais pas. Alors elle a pris une colère du tonnerre de Dieu ! Elle s'est mise à me reprocher que je suais mal et que je marquais mal et que mon pantalon me tombait, je sais moi ?...

— Que tu sues et que ton pantalon te tombe, ça, personne peut dire le contraire.

Bertin rit. Il regarde sa belle-sœur. Il la voit, pliée en deux contre le bureau. Ce qu'on aperçoit de son visage est sans couleur sous ses cheveux bruns.

— Toi, tu es malade, dit-il. Va te reposer, c'est ce que tu

feras de mieux. Tu le connais Lysée ? C'est pas d'aujourd'hui que vous vous fréquentez. A t'avouer le vrai, je vous écoutais depuis un moment. Dans ce que tu t'es plainte, y a des choses justes, mais y en a qui le sont pas. Tu étais énervée, tu le dis et tu le dirais pas, ça se voit. Tu te calmeras, va ! Et ça te fera quand même un bon mari, crois-moi.

Vincente sent sur elle le regard incisif de son beau-frère. Elle comprend qu'il a percé sa pensée intime dans son centre même. Elle se tait. Elle range machinalement les papiers en désordre. Élysée s'approche :

— Tu es plus fâchée ? demande-t-il.

Il lui met sa grosse main calleuse sur l'épaule, il lui tire un peu les cheveux, manière de plaisanter :

— Qué méchante ! dit-il, je t'avais jamais vue comme ça. Tu es toujours fâchée ?

— Non, dit-elle.

Il lui fait un sourire extasié de toute sa grosse bouche violette. Une énorme tendresse adoucit son regard terne.

— Alors, embrasse-moi, dit-il.

— Oui, dit Bertin, c'est ça, embrassez-vous. Et puis qu'elle aille un peu se promener, ça lui fera du bien. Va voir ton amie Angéline, té, vous avez sûrement à parler...

Vincente baisse encore vivement les paupières sur ses yeux. Elle embrasse Élysée sur sa bonne joue molle et devine, sur ce baiser, l'ironie de Bertin. Elle sort. En traversant la rue du Portail, elle bute sur un bord de pierre. C'est un pavé qui n'a pas été remis exactement dans son alvéole après les travaux. Devant la maison des Geoffroy, la vigne vierge porte en rouge le deuil de l'été.

XXIII

« Cette petite blouse en pongé, que je l'oublie pas. C'est celle qu'il avait achetée quand Riri avait renversé tant de vin sur sa bleue. » A ce souvenir, toutes les autres gentillesses affluent. La mémoire rend à Angéline le bois coupé menu placé devant sa porte, le paquet de gâteaux des dimanches, le carré de soie rapporté de Draguignan et tant d'autres gestes qui criaient l'amour. « Ah ! l'amour, se dit-elle, qui m'aurait dit qu'il y avait encore place pour lui dans ma pauvre vie ? » L'amour, on y pense comme des folles, à quinze ans, à dix-huit ans, ça vous empêche de dormir, ça vous bouche tout l'horizon. L'amour, on dit : « Ô, de sûr ça va venir. Pour moi comme pour les autres, parce que moi, je pourrai pas vivre sans amour ! » Et puis un plombier veuf vous parle de son magasin et vous vous mariez. Alors, pauvre de toi, tu vois ce que c'était, l'amour ! Tu te lèves à cinq heures, tu fais le café, le ménage, tu descends balayer le magasin, tu sers les clients, ton mari est dehors à faire une soudure, ou une belote, allez savoir ! Ou peut-être un enfant à une autre, pendant que tu portes le sien dans ton ventre. A force qu'il travaille trop, et qu'il boit pas assez, le magasin fait faillite. Tu dois partout, les gens te regardent de travers, tu as honte, tu vas chercher des ménages au-dehors, des lessives, des nettoyages. Pendant ce temps, tu continues à faire les petits, à les nourrir, à les soigner. Lui, plus il est en chômage, plus il boit. Mais toi, tu dois travailler, être fraîche, être gaie, bien habiller tes enfants et qu'y soient gracieux avec leur père. Toi aussi tu dois être gracieuse et amoureuse. Sinon y va au *Figuier* dépenser avec des putes cet argent qu'il te donne pas. Et l'existence passe comme ça, jour après jour et nuit après nuit. Un matin, tu sais pas pourquoi, une lumière entre dans ta chambre. Tu t'étais habituée à être dans un trou pourri sans éclairage, tu lèves la tête, les yeux te font mal, tu y vois plus. « Ooûh ! tu dis, qu'est-ce que c'est, ça qui te tombe dessus ? » Tu veux te cacher la tête dans tes bras, mais ça passe à travers tes bras, cette lumière, à travers ta peau, à travers tout et ça te tient chaud comme un soleil d'été. Tu rigoles, tu peux pas croire. C'est l'amour ? Y en avait encore pour moi de côté dans la main du bon Dieu, de cette bonne chose ? De cette lumière, de cette chaleur, de ce soleil ? Je croyais qu'il fallait être jeune et jolie, moi, pour y avoir droit ? C'est l'amour. Ça alors, par exemple ! Je peux dire que j'en suis restée bleue... »

Angéline s'assied devant la chaise où elle a placé la valise. Elle passe ses deux mains sur la blousette en soie blanche de Riri et il lui semble aplanir bien doucement toutes les difficultés de son existence antérieure. « Après, elle pense encore, eh bien, après, je me suis habituée. C'est vrai, on s'habitue vite à être heureux. » Ses idées reviennent vers son travail. Elle rouvre l'armoire de bois blanc et la voit vidée du linge de ses petits. Elle y jette des choses en désordre pour la meubler, puis elle cherche ses vêtements à elle. Ici, c'est beaucoup plus vite fait : sa seule robe un peu habillée et son petit manteau mince, son tour de cou en renard de pays, sa chemisette blanche à col brodé, sa jupe bleu marine qui a été lavée trop de fois, sa veste tricotée et son linge, c'est tout, ça ne fait pas un gros volume. Tout cela, elle le range encore soigneusement dans cette valise qu'Humberto lui a laissée et qu'elle va descendre à la cave. Elle ne garde que la robe, le manteau et les souliers fins qu'elle mettra pour partir. Après, elle s'assied, elle se met à coudre sur un tablier de Zizi et elle pense.

« Voilà, tout est prêt, il n'y aura plus qu'à mettre les dernières choses. J'ai encore le temps tout l'après-midi. Le plus tôt que Raimondi peut rentrer, c'est cinq heures. Et s'il est aussi saoul qu'hier, ce sera vite fait de le mettre au lit. Il y a longtemps que j'ai fini mon travail. La valise sera à la cave toute prête et de bon matin Vincente la prendra puisqu'elle va à Draguignan avec Bertin, pour choisir la bague de fiançailles de Raphaëlle. Et elle dira à Bertin que ce sont des rideaux de sa grand-mère qu'elle emporte au dégraisseur. Lui, il s'en fiche pas mal, il ne fera pas attention. Et demain c'est jeudi. Les petits ne vont pas à l'école. Raimondi s'en ira à son soi-disant chantier du Domaine des Buis, où monsieur Barge fait faire des embellissements avec l'eau. Il s'en ira. Riri me dira : « Maman, on va pas à l'école aujourd'hui ? Maman, on reste tout le jour rien qu'avec toi ? — Oui, mon petit, rien qu'avec moi, rien qu'avec moi. » Le matin, je les laverai bien, je leur ferai leur toilette en grand, ie les ferai manger, puis je leur dirai : « Té, vous voulez qu'on aille à Draguignan, tous les trois ? » Ils sauteront de plaisir. Alors, je les habillerai et nous partirons. »

Les mains d'Angéline s'immobilisent sur son ouvrage. Une houle de brume fait flotter sa pensée : « Nous partirons. Je dis ça, moi, comme une chose naturelle. Comme si c'était possible que ça puisse arriver ? Mais oui, c'est possible, c'est plus que possible, c'est sûr. C'est vrai alors ? Je vais quitter le pays ? Je vais quitter Sainte-Trinide, le village, Raimondi, ma maison ? Je vais quitter Vincente mon amie ? Et les Revest, et Bonnesœur, et tous les autres ? Je verrai plus la rue des Aires, la rue du Portail, la place de Varrage et l'Albenc, là, en dessous des oliviers, qui fait le soir un grand creux plein d'humide ? Ma vie, qui a toujours été entre Salernes et ici, maintenant y se décide qu'elle sera ailleurs ? Moi qui ai jamais bougé plus loin que Brignoles, un jour où on m'y a menée en auto, je vais prendre le train, je vais m'en aller sur les routes dans des pays inconnus avec mes petits, chacun à une main et ici j'en laisserai un, de mes enfants, sous la terre du cimetière ? C'est possible ça, mon Dieu, mon Dieu... »

Tout à coup, l'effort paraît écrasant à Angéline, la tâche trop importante, l'espoir irréalisable. « Jamais j'arriverai, elle se dit. Quitter sa misère comme ça, c'est des histoires de contes de fées. Plus entendre crier, plus m'entendre appeler fumier ou saloperie et à la place mon cœurougnet, mon trésor, c'est possible que ça m'arrive ? Oui, oui, Humberto me le jurait : « Oui, oui, ça t'arrivera, ma belle Angéline, nous serons bien heureux tous les deux dans mon Italie. Et qu'est-ce que tu laisses derrière toi ? Tant de mal pour un peu de bien. Là-bas, tu verras... » Mon Humberto, mon amour. »

Les mains d'Angéline retrouvent leur activité, elles plient le tablier de Vichy à carreaux blancs et bleus et le placent par-dessus le reste dans la valise. « Voilà, maintenant je la ferme, je la descends à la cave et c'est fini. Il est bientôt trois heures, j'irai passer un moment avec Vincente, j'irai encaisser chez Mounine la dernière lessive qu'y me doit, puis j'irai prendre les petits à l'école et nous rentrerons pour le dernier soir. Le dernier soir...

« Qu'est-ce qu'y me manque encore ? Ah oui, le ruban rose de Zizette, ce beau ruban qu'Humberto lui a fait cadeau pour ses cheveux, la veille de son départ. Alors, oui, si elle allait arriver sans son nœud rose ! Mais où il est ? Dans la chambre des petits, je sais, dans le tiroir de la table de nuit. Après, je la ferme, cette valise, et hop, en bas ! »

Angéline passe dans la pièce à côté, puis elle revient, chantonnant, le regard en plein sur le ruban rose qu'elle défroisse. Elle lève les yeux, son mari est devant elle.

— Qu'est-ce que tu fais ? dit-il.

Elle voit l'armoire vide, la valise pleine qui est ouverte sur la chaise, sa robe et son manteau posés au pied du lit.

Et elle voit que, comme elle, Raimondi voit tout cela, mais son esprit se refuse à accepter la réalité. Elle demande faiblement :

— Par où tu es entré ?

— Par la porte, dit-il.

— C'était fermé.

— J'avais fait faire double clé.

— Depuis quand ?

— Depuis que je me méfiais de toi.

— Ah ? dit-elle.

Une chape de glace l'enveloppe de la tête aux pieds, raidissant tous ses gestes. Raimondi la regarde :

— A ce que je m'aperçois, tu mettais les voiles ?

Elle ne répond pas.

— Hé ? Tu foutais le camp ? Y a un moment que je m'en doutais !

Il jette la valise à terre d'un coup de pied. Le tablier à carreaux blancs et bleus étale ses bras en croix.

— Et tu emportais les affaires de mes petits ! crie Raimondi.

Comme si ce mot avait débridé son courage, Angéline laisse crever hors d'elle le flot de fiel :

— Tes petits ? Salaud ! Tu oses le dire, ça : « Mes petits ? » Tes petits que jamais tu t'es occupé s'ils avaient de quoi manger, de quoi s'habiller, que jamais tu as travaillé pour eux ? Et maintenant tu viens en parler ? Tu viens dire qu'y sont à toi, peut-être, pour les cinq minutes où tu t'es pris le temps de les mettre en chantier ? Tu oses le dire qu'y sont à toi ?

— Je te défends de les emmener, toujours ! crie Raimondi. Pars, toi, si tu veux. Va retrouver ton Bâbiasse, va-t'en au diable ! Si tu veux faire la pute, tu iras la faire seule, mais tu mèneras pas mes petits, tu as compris ?

— Pas possible ? dit Angéline.

Un calme extraordinaire vient de la pénétrer. Après la rigidité glacée de l'épouvante, elle recommence à sentir le sang chauffer ses veines. Elle met toutes ses forces à penser. Elle les réunit pour trouver ce qui doit l'aider à se sauver, à emporter ses enfants loin de la brute qui n'a su que les faire souffrir : « S'ils n'étaient pas de lui au moins, s'ils n'étaient pas de lui, ô oui, ce serait magnifique ! C'est ça qu'il faut dire. Alors, il nous chassera tous les trois et nous pourrons enfin nous en aller. Oui, il faut que je lui fasse croire cette chose. Il faut que j'aie l'audace. Il faut que je gagne. C'est ma vie qui est en jeu. » Elle regarde Raimondi.

— Écoute, dit-elle, je te dois la vérité. Voilà : François, oui, c'était ton fils, mais ni Zize ni Riri...

— Qu'est-ce que tu dis ? aboie Raimondi.

— Ni Zize ni Riri ne sont tiens. Je les ai eus de quelqu'un : de quelqu'un qui est mort... Alors, je pars avec eux, tu comprends, c'est tout naturel. J'ai l'occasion d'une place, d'un travail, je les élèverai. C'est tout naturel, n'est-ce pas ?

Une douceur subite se glisse en elle à quoi elle s'abandonne. Elle croit qu'il aurait pu comprendre. Elle n'a pas le temps de se rejeter en arrière. Le coup de poing s'aplatit sur son visage au-dessous de son nez, écrasant sur les dents sa lèvre inférieure. La douleur fulgurante lui arrache un cri. Sa tête se balance de droite à gauche, puis roule sur elle-même, comme si le choc avait coupé les tendons de la nuque. Une goutte rouge sort des lèvres béantes. Une autre la rejoint, puis une autre et elles se mettent à couler en mince ruisseau sur le menton. De là, elles sautent sur le corsage, éclaboussant tout autour d'elles. Des paupières mi-fermées, les larmes lourdes débordent au long des joues et l'un des ruisseaux clairs se mêle joyeusement au ruisseau rouge. Un rose délicat en naît, et mieux nourris, larmes et sang mêlés s'épandent sur la gorge.

Angéline parvient à soulever ses paupières pesantes. Deux regards de mépris s'appuient sur l'homme :

— Bruta, bestia ! dit-elle.

Pour parler, elle a séparé avec peine ses lèvres qui déjà se gonflent et dans l'effort un caillot sanglant s'en échappe. Elle le reprend, le roule dans sa bouche et le crache au visage de son mari.

Le second coup de poing l'atteint dans ce creux tendre, entre l'œil et la joue, là où les baisers trouvent une peau neuve d'enfant. Cette fois, le sang jaillit de son nez en flot soudain. Elle met ses deux mains au-dessous et se ploie en avant. Elle garde les deux mains en coupe et le sang coule entre ses doigts et teint ses avant-bras jusqu'aux coudes.

— Tu en as assez cette fois ? lance Raimondi.

Et il éclate de rire.

— Garce ! il dit. Alors, tu t'imaginais que ça se passerait comme ça ? Depuis des années tu me trompes, tu vas courir avec qui sait qui, tu te fais faire ces deux petits par un autre que moi et je me fatigue à les élever ? Et mon François, puisqu'y avait que lui qui était mien, qui sait si c'est pas toi qui me l'as laissé mourir exprès, pour te venger ? Ah ! tu croyais que ça se passerait comme ça ? Le pauvre cocu s'est épuisé de travail pour nourrir les bastards et, un beau jour, madame décide de foutre son camp ailleurs ! Allez, zou ! Vidons les armoires ! Il lui restera toujours assez, à l'autre, pour crever de faim. Titine déménage ! C'était bien combiné, qué ! Mais moi que je suis pas un imbécile, depuis longtemps je voyais venir l'histoire. Après un l'autre, pas vrai ? Celui qui t'a fait les deux petits, je le connais pas, mais celui de maintenant, le Bâbiasse, celui-là, je le connais ! Je l'ai bien vu te tourner autour. J'attendais, je disais : « Y partira quelque moment. » Mais voilà que madame a combiné de le rejoindre. Ah, tu t'y entends, toi, pour tirer des plans sur la comète ! Seulement, tu avais pas compté avec moi, hé ? Je suis là, ma belle ! Et toi, tu resteras.

— Puisque tu m'aimes pas ? dit Angéline.

— Je t'aime pas, mais tu resteras. Rien que parce que ça me fait plaisir. Et tu peux croire que je te mènerai dur à présent. D'abord, tes petits bâtards, ils iront à l'orphelinat. C'est fini pour Pacha de se lever la peau du cul à les nourrir...

Elle pousse un cri de folle :

— Tu me prendrais mes enfants ?

— Et comment que je me les sortirai du milieu ! dit-il. Non, mais tu te figures ? Ah, tu la paieras cher, ta petite promenade !

« Draguignan, Annemasse, Lucerne, la ligne pointillée de la frontière, le Piémont, Delmonte, la grand-mère, le bonheur » défilent dans une vision de rêve sous le front d'Angéline. Perdu, perdu tout cela... Une douleur aiguë perce sa poitrine. Elle serre ses cheveux défaits par la violence dans ses doigts poissés de sang, elle les masse contre sa nuque et les retient dans son peigne. Pendant ce geste, le sang de son nez coule plus fortement et coule aussi de l'angle de la bouche. D'un dur revers, elle l'essuie, avec son bras, et le sang s'étale partout sur elle. Elle se glisse vers la cuisine.

— Où tu vas ? crie Raimondi.

Il la suit. Elle chancelle sur ses jambes. Elle mouille sous le robinet de l'évier ses cheveux et son front et tente de laver dans l'eau claire ce sang qui poisse sa peau. Et soudain, toute trempée, elle s'élance vers la porte de l'escalier. Mais elle n'a pas le temps de l'ouvrir. Son mari est sur elle et la repousse vers le potager d'un coup de genou.

Elle se retourne lentement et le regarde qui tourne la clé dans la serrure, puis l'enlève et la met dans sa poche.

— Salaud, dit-elle, je te tuerai !

— Ou ce sera moi, dit-il.

Alors, les yeux d'Angéline, en se levant, voient une chose posée juste à côté d'elle, sur l'étagère de la hotte. C'est un fer à repasser. Tout à l'heure, elle s'en est servie pour faire son travail. Maintenant il est là, il est à sa portée, arme redoutable. Elle se voit le prenant et le jetant sur

Raimondi, il tombe, il est mort. Elle prend la clé dans sa poche, elle sort, elle va chercher ses petits à l'école, et ils partent tous les trois à pied par la route, sans valise, n'importe comment, mais ils partent, mon Dieu, mon Dieu, merci ! Mais ça c'est encore du rêve ; elle revient à elle, elle étend le bras, elle saisit le fer, elle veut le jeter en avant, mais son poignet tourne, le fer retombe lourdement à terre contre le pied de Raimondi. Un grondement sort de l'homme, il est sur elle d'un bond et il se met à taper des deux poings et du soulier contre le tas qu'elle fait devant le fourneau. Elle tâche avec maladresse de garer sa tête, son ventre, des coups patients qui se multiplient. Et tantôt la tête sous le poing est renvoyée en arrière et tantôt jetée en avant. Les larmes et le sang maintenant font une pâtée sur la face bouillie. Un tremblement saccadé accroche les dents les unes aux autres. Les cheveux, à nouveau défaits, se prennent aux doigts brutaux qui les arrachent par poignées. Un cri hurleur sort enfin de la bouche qui refusait la plainte.

— Ah, je t'ai eue cette fois ? triomphe Raimondi. Tu en as assez, cette fois, putain ? Tu demandes pardon ?

Il s'arrête de frapper. Elle relève encore une fois sa tête en arrière sur les vertèbres craquantes du cou, elle ramasse encore une fois ses cheveux traînants, elle essuie, de ses paumes déchirées, la tuméfaction de ses yeux. Elle regarde l'homme :

— Je te tuerai, dit-elle d'un ton glacé.

Elle se jette vivement sur le sol, elle attrape à nouveau, d'un geste désespéré, le fer à repasser qui est resté là et elle le lance encore une fois contre son mari. Le miroir, au-dessus du petit buffet, éclate en gerbes d'étoiles. Il y a un silence d'une demi-minute. Alors, elle sait qu'elle ne l'a pas tué et que, puisqu'elle ne l'a pas tué, c'est elle qui va mourir. Elle referme les paupières sur son drame. « Humberto... C'est fini. Les petits, Vincente, Humberto... Jamais plus. Lucerne, la place où on vend des carrés brodés d'edelweiss et de gentianes... Je t'en achèterai un... L'amour, la paix. » Elle voit fleurir les grosses corbeilles bleues de gentianes sur le tapis laiteux des edelweiss, aux quatre coins du foulard rouge, comme Humberto lui a expliqué que c'était. Les enfants aussi, c'est fini. L'école, ils vont revenir... Vincente... Appeler Vincente !

Son cri strident monte :

— Vincente ! Au secours !

Le fer arrive sur elle, lancé vers le haut de son corps, il l'atteint contre la tête à côté de l'oreille, là où passe la vie. Elle tournoie, puis elle tombe en avant, en masse sur le sol. Et maintenant quelque chose de fou la piétine, quelque chose comme un taureau furieux qui est un homme assoiffé de meurtre, dont la poigne sauvage a ramassé à nouveau le fer et, de ce morceau d'acier, martèle et écrase une face broyée à travers les cheveux. Des gémissements en sortent par la joue, car la bouche n'est plus qu'un trou jusqu'à l'oreille. Et le sein martelé coule son jus rouge en dehors du corsage détruit et le ventre, que le soulier ferré défonce, saigne son jus rouge sur les jambes de la morte.

Le premier coup à la tempe a tué Angéline.

Raimondi regarde. Le sang, autour de lui, coagule ses ruisseaux. L'homme pose le fer sur le potager, d'un geste calme. Il va vers le placard, il prend la bouteille d'eau-de-vie de marc, il boit. Il s'arrête, puis il recommence. Il retourne à la chambre, il s'assied sur le lit, il considère ses souliers où des débris se sont collés, il les jette contre le mur, il a un hoquet, sa pomme d'Adam remonte sous le feu de l'alcool, il se laisse aller sur les couvertures, et, exténué, il s'endort.

*

Quand l'école lâche les enfants, Riri espère toujours que la maman viendra les chercher. Il aime bien que ce soit elle qui lui passe la main sous le col de sa veste pour ranger l'écharpe de laine. S'il pleut, elle l'abrite sous son bras et il marche serré dans sa chaleur, presque les yeux fermés, il est bien. Mais Marie-Louise est plus raisonnable, la vie l'a déjà formée, elle sait que sa mère ne peut pas être en même temps à la sortie et au lavoir et que si elle n'allait pas au lavoir, ils n'auraient rien à manger.

Aussi ce soir, sans s'étonner, elle prend son frère par la main et ils courent jusqu'à la rue des Aires. La porte est fermée, elle n'insiste pas. Elle va au lavoir. Bonnesœur est en train de rincer des planches à grande eau et lui dit :

— Tu vois, je prépare mon déménagement. Maintenant je vais habiter chez madame Hamida ben Gacem. Alors, je nettoie mes meubles.

— Tu l'as pas vue ma maman ? demande Marie-Louise.

— Non. Moi, j'ai pas le temps, tu sais, mais je l'ai pas vue.

Les deux enfants s'amusent à regarder frotter à la brosse une étagère, en faisant jaillir des geysers écumeux.

— Qui c'est Mida Bégaceme ? demande Riri.

— Ce sera Florina maintenant, explique Marie-Louise, quand elle sera mariée.

— Ce sera ma dame. Je dormirai à sa maison dans un vrai lit et je serai gouvernante, dit orgueilleusement la naine.

Alloua lui a dit un jour en riant : « Tu seras notre gouvernante, Bonnesœur. » Et depuis elle s'est gonflée d'orgueil à se répéter ce titre, de même qu'elle a passé des heures à s'apprendre le nom difficile d' « Hamida ben Gacem ». Et maintenant, on sent qu'elle va promener partout devant elle ce jabot de dindon gonflé de suffisance.

Marie-Louise reprend son frère qui, déjà, s'est mouillé le tablier et ils redescendent la rue.

— Allons chez Marraine, décide-t-elle.

— On aura à goûter, dit Riri.

Malgré que leur frère François soit mort, ils ont gardé

l'habitude de nommer Vincente « marraine ». Quand ils arrivent, elle est à l'entrepôt, elle les voit venir :

— Bonsoir, dit-elle en les embrassant. Votre mère n'est pas à la maison ?

— Non, dit Marie-Louise, elle est pas à la maison ni au lavoir.

— Et on a pas goûté, dit Riri.

— Venez avec moi, mais ça m'étonne qu'elle ne soit pas à la maison ?

En faisant entrer les petits chez les Revest, elle réfléchit. « Les enfants et la mère se seront ratés. Cet après-midi, Angéline devait préparer la grosse valise à aller chercher le lendemain matin dans la cave. Déjà Bertin est prévenu : « Dis, puisqu'on va à Draguignan pour ta bague, en passant je profiterai de prendre chez moi des gros rideaux pour porter au dégraisseur ; ça vient de ma grand-mère, c'est tout prêt dans une valise. — Bon », a dit Bertin. Après ce sera facile : Géline, arrivée à Draguignan, prendra la valise chez le dégraisseur où Vincente aura dit le nécessaire « qu'elle laisse le paquet à garder pour une amie, et cætera » et elle filera vers la gare. En voilà une qui aura fini de souffrir. Vincente se sent réchauffée d'avoir pu aider un peu à ce sauvetage. Elle extériorise sa pensée :

— Vous avez dû la rater de justesse, votre maman, dit-elle. Peut-être elle était sortie pour aller encaisser chez Mounine, autrement elle aurait été à la maison. Allez, venez goûter, puis je vous raccompagnerai.

La salle à manger-chambre des Revest semble un bazar ou un magasin de meubles. Florina se marie la semaine suivante. Tous les jours Alloua lui fait apporter un cadeau nouveau et elle les veut tous autour d'elle. Quand Bertin a prétendu transporter les plus gros, comme la coiffeuse avec psyché ou le secrétaire à marqueterie, dans la remise, elle a poussé les hauts cris. Elle ne veut rien perdre de vue, il lui faut un contact constant avec tant d'objets qui lui rappellent sa puissance. Au long des jours, elle combine des détails d'arrangement pour son logis d'épouse : « La coiffeuse, je la mettrai juste en face de mon divan. En penchant un peu la glace, je me refléterai tout entière. Je pourrai bien m'arranger les cheveux. Le grand vase orange, là, je veux le tenir toujours plein de fleurs. Avec des iris, ce sera ravissant. » Ce soir, dès qu'elle voit entrer sa belle-sœur, sans faire attention aux enfants, elle commence :

— Dis, Cente, j'ai une idée ! Tu sais la table à thé avec les roulettes ? J'ai envie de me commander un plateau pour aller dessus, juste de la grandeur, pour me servir à manger. Qu'est-ce que tu en penses ?

— Sûr, ce serait très bien ! répond Vincente. Embrassez Florina, dit-elle aux petits.

— Mida Begacem... murmure Riri.

Florina l'étouffe de caresses. Elle s'exclame :

— Ô qu'il est gentil ! Ô qu'il a bien retenu mon nom ! Donne-lui des galettes à ce trésor.

Vincente rit en elle-même : « Qu'elle est heureuse cette Florina ! Maintenant y a plus que ça qui compte, son mariage, ses cadeaux, l'installation de son appartement. Qu'elle est heureuse d'être restée cette petite fille ! D'être couchée tout le temps, ça l'a empêchée de connaître la vie telle qu'elle est. Mais je dis : « Elle est heureuse. » Est-ce que c'est vrai ? Moi, je sais bien que pour mes moments passés, pour ma rencontre de la Despérado, pour mon jour de l'orage à l'Allégrerie, pour mes rendez-vous dans la chambre de la maison Falconnet, pour ces heures qui m'ont donné tant de tourments puis tant de joies, puisque maintenant le souvenir en reste planté en moi comme un couteau, ah je sais bien que je donnerais toute une vie tranquille ! Et pourtant, c'est la vie tranquille que j'ai choisie et qu'encore je choisirais... »

Elle distribue aux petits le chocolat et les galettes, elle leur fait chauffer du café, mais sa pensée, absente de ses gestes, continue à suivre une pente secrètement chérie :

« Oui, c'est drôle, je tiens juste le milieu. D'un côté, je

vois ma belle-sœur et son plaisir mis tout entier dans la possession d'un bel intérieur, d'un mari peut-être, sans qu'elle l'avoue, de l'amour de l'homme qu'elle va connaître. De l'autre, j'ai mon Angéline qui s'en va avec sa valise et son courage, vers une destinée toute neuve. Et moi je suis là. Ce que j'aurai demain après mon mariage, je le sais. Ce sera pas plus que ce que j'ai eu hier. Je ferai pas l'amour plus volontiers avec Lysée qu'avec son pauvre frère. L'amour, je l'aurai fait qu'une fois volontiers dans mon existence et ça m'arrivera plus. Milan disait : « Tu auras soif et je serai plus là. » Non, Milan, je suis bien sûre de ne plus avoir soif. J'ai bu tout mon saoul avec toi. Et maintenant je me sens de rester privée pour le reste de ma vie. »

Ayant empli deux tasses de café au lait, elle repose le filtre d'un geste net en se disant :

« J'ai ma raison après tout. »

— Tu l'as cassé ? demande Mame.

— Non, répond-elle, pourquoi ?

— J'ai entendu « tac », j'ai cru que tu l'avais cassé. Cette faïence, c'est fragile, y faut faire beaucoup attention.

— Tu m'en donnes ? dit Florina.

Vincente apporte le café à sa belle-sœur, elle le sucre pour les petits, pour elle, pour tout le monde. Elle continue ses gestes de tous les jours. Riri l'embrasse, puis Zize et elle pense que si Géline était partie seule, elle les aurait gardés volontiers ; ce n'est pas Lysée qui aurait dit non. Il les aime beaucoup. Les voilà qui ont fini de goûter.

— On va à maman, dit Riri.

— Oui, dit Vincente.

Elle sort. Les enfants dansant à chaque bout de bras, elle grimpe par la ruelle du Laurier, leur faisant dire bonsoir aux Geoffroy et aux autres voisins. Elle passe devant le lavoir où Bonnesœur qui met ses planches à sécher, lui dit :

— Hé, madame Revest, vous voyez si je serai propre pour aller chez ma nouvelle patronne ?

Elle sourit et continue à marcher. Elle pense à ces pierres des bassins où Géline a tant de fois, depuis tant d'années, décrassé le linge des uns et des autres et que maintenant c'est fini pour elle, que demain le car, puis le train, l'emporteront vers une meilleure vie. Il est si brave, cet Humberto, si doux, travailleur, sobre, et il a une telle adoration pour Angéline... « Ils seront heureux ensemble, ça c'est sûr. Y me font rire, ceux qui croient pas au bonheur ? Moi, j'y crois ! Seulement, il y en a qui sont marqués pour le prendre à pleines mains et d'autres pour en prendre qu'un petit peu. Moi, je suis de celles-là. L'histoire de mon père et de ma mère, que je me la rabâche depuis que je peux me rendre compte des choses, elle m'a lié les bras cette idée de ne pas faire comme ils ont fait, de faire passer la raison avant l'amour. Pour moi, bien sûr, rien que pour moi. Les autres qui n'ont pas eu ça dans leur vie, je trouve naturel qu'ils se fassent heureux à leur goût, parce que c'est normal qu'on soit heureux...

« Peut-être pourtant, j'irai une fois à Lucerne, passer quinze jours au temps des vacances. Quinze jours se voir librement, manger ensemble, se lever et se coucher ensemble et toutes les nuits, pendant quinze nuits, se donner permission d'avoir soif et d'avoir à boire. Ô, je pourrai bien le faire, quand même ? Je suis sûre qu'il va être à l'arrivée de Géline et qu'il va demander : « Alors, elle est pas venue ? » Je serai dans mon magasin ou à ma maison Revest avec mon mari, moi, pendant ce temps... »

— Marraine, dit Marie-Louise, nous y sommes.

— Maman ! appelle Riri.

Vincente s'aperçoit que, tout à son rêve, elle dépassait le couloir.

— Allez, montons ! dit-elle.

Elle précède les enfants dans l'escalier. En haut, la porte est ouverte et Raimondi la bouche de son grand corps.

Vincente pâlit d'inquiétude soudaine. Elle interroge :

— Géline est pas là ?

Raimondi la regarde avec des yeux sans regard dans un visage de terreur. Il dit d'une voix rauque :

— Laisse les petits dehors.

— Veux maman ! crie Riri.

— Mais qu'est-ce qu'il y a ? demande Vincente.

Raimondi repousse les enfants de la main.

— Entre, toi si tu veux, dit-il. Regarde : j'ai fait du propre.

XXIV

« Non, non, écrit Vincente, surtout qu'y ne vienne pas. Ne le laissez pas venir. Pleurer sur une tombe, à quoi ça lui servira ? La pauvre martyre est morte, nos regrets ne la feront pas revivre et il est inutile d'aiguiser la langue des gens. Raimondi a été emporté avant-hier au cimetière de Draguignan, pas loin de la prison où il est resté quatre-vingt-dix jours avant de se pendre. C'est moi qui ai demandé ça pour qu'il ne soit pas mis en terre auprès d'elle et comme y avait personne de ses parents, ç'a été facile. Non, mon pauvre Milan, dites-le bien à Humberto, qu'y reste où il est. Plus tard peut-être, si le hasard de votre travail vous ramène dans nos pays et s'il pense encore à elle, oui, alors peut-être, s'il y pense encore... »

Le porte-plume de bois rouge échappe aux doigts de Vincente et roule contre l'encrier. Elle se laisse tomber sur la table, la tête dans ses bras. Un tumulte de douleur la secoue et fait monter dans sa gorge de durs sanglots qui n'arrivent pas à crever en larmes. Elle s'arrache à son mal en se dressant comme pour se battre avec lui. Et pour se défendre, pour se forcer au calme, elle se met à ranger autour d'elle, dans la maison d'Angéline.

Tout est resté comme au jour du drame, sauf qu'on a lavé les carreaux à terre, là où était le corps et que le commissaire de police a emporté le fer à repasser sali de sang. Vincente regarde cette cuisine où, hier encore (trois mois, est-ce que ce n'est pas hier !) elle faisait avec son amie des projets d'avenir. Pauvre Angéline, avoir tant enduré et finir comme ça ! A nouveau sans courage, Vincente revoit le visage d'enfance qu'elle a connu à la morte, ses traits puérils de petite fille, puis son visage de jeunesse, si plein de confiance dans la vie. C'était Vincente qui était triste alors, alourdie de ce poids que mettait en elle le fait d'être sans parents. « Ils sont morts, ton papa et ta maman ? » interrogeaient les compagnes d'école. Elle répondait : « Je sais pas », en détournant la tête et les autres se poussaient du coude, en se moquant. Angéline avait été bonne avec elle. Une fois, elle lui avait dit : « Écoute, y faut pas te désoler, si tu as pas de papa et de maman, hé ben, si tu veux, moi je te prête les miens ? » Mais ce que Vincente voulait, ce n'était pas les parents des autres et d'ailleurs elle avait sa grand-mère. Non, ce qu'elle aurait voulu, c'est être comme tout le monde, simplement.

C'est pourquoi, le jour où François Revest après être venu plusieurs fois voir madame Falconnet l'herboriste de Salernes, avait demandé à Vincente si elle le voudrait pour mari, elle avait tout de suite dit oui. Pour elle, c'était comme si elle se mettait, par cette union, au niveau de toutes, au lieu d'être toujours humiliée, toujours en dessous. Elle était arrivée, triomphante, dans ce gros bourg de Sainte-Trinide où ses beaux-parents possédaient le plus riche commerce. Elle s'était identifiée à ces Revest, au point de vouloir oublier qu'elle s'était, pendant vingt ans, appelée Falconnet, qu'elle avait porté ce nom, vu avec honte imprimé en grosses lettres sur *Le Petit Var* au-dessus de « Vol à l'Arsenal ». Et alors, dès que cette fortune lui était échue, d'une place honorable dans le monde, elle avait voulu faire profiter Angéline de sa chance. Elle avait présenté Raimondi à sa nouvelle famille et tandis que les Revest lui confiaient un gros travail de plomberie, Vincente louait au ménage la maison de la rue des Aires que sa grand-mère, en mourant, venait de lui laisser. Personne n'avait jamais su qu'Angéline ne lui payait pas de loyer, sauf peut-être François Revest qui n'y trouvait rien à redire.

Vincente était restée tant d'années avec son premier mari, sans comprendre combien elle intimidait cet homme grossier et primitif qui l'aimait et ne savait pas lui montrer son amour. Elle devait toujours ignorer qu'elle n'était pas pour lui la fille du voleur Falconnet, mais plutôt la petite-fille du gros propriétaire de la Guirande, ce domaine de la vallée du Gapeau où il était allé quelquefois avec son père, comme dans tous ceux de la région, acheter sur place le blé, l'huile et le vin. Il respectait cette femme qui méritait le respect et, sans qu'il s'en doutât, Élysée avait pris la même pente que son frère. Seul Bertin, plus léger, plus moderne, avait échappé à cette emprise et la chair éclatante de sa belle-sœur l'impressionnait davantage que sa valeur morale. Cependant, lui aussi comme Lysée, comme Mame, comme Florina, il appréciait le caractère de Vincente.

Ici, aujourd'hui, dans cette cuisine où il lui semble que l'odeur du sang répandu empuantit toute chose, ce n'est ni à son premier mari ni à son second qu'elle pense. Elle sait bien, elle sait mieux que personne, qu'elle a épousé Élysée ainsi qu'elle avait épousé François, toujours pour la même raison. Raison qu'elle s'est cent fois redite à elle-même. Non, elle pense à l'amie que, sans le savoir, elle a conduite à ce destin affreux : « Si je ne les avais pas fait venir à Sainte-Trinide... Si je ne lui avais pas prêté la maison... Si je ne lui avais pas permis de louer à Humberto... Si... Ah mon Dieu, si moi-même peut-être, je ne lui avais donné ce mauvais exemple d'une passion déchaînée ? Mais laquelle des deux a commencé, qui peut le savoir ? Laquelle des deux a aimé la première un des garçons ? Ce jour où elle s'est abandonnée, elle, madame Revest, aux bras de Milan, à l'Allégrerie, ce jour où François est mort, est-ce que déjà, ce jour-là, Angéline et Humberto n'avaient pas commencé à céder à leur désir de regards, d'entente secrète, sinon de baisers ? Non, non, c'est bien ensemble qu'elles se sont livrées à leurs amours ! Elles n'ont rien à se reprocher l'une à l'autre. Seul, le destin a voulu que l'une paye cher, paye pour deux, par sa vie, tout le bonheur volé. »

Vincente regarde à nouveau autour d'elle. Elle est venue parce qu'il fallait qu'elle vienne, parce qu'il fallait ranger, ramasser par-ci par-là, ce qui, depuis la mère, doit revenir aux enfants. Une fois déjà, Bertin et Raphaëlle, sur sa prière, lui ont rapporté le linge de Zize et de Riri, échappé à la valise déjà faite. Mais, tout de même il fallait venir. La maison est à elle. Un jour ou l'autre, elle la louera à quelqu'un.

Elle jette avec horreur tout ce qui était à Raimondi dans un coin de la cuisine, elle donnera tout cela à quelque miséreux. Ce qu'elle trouve d'Angéline, elle le place soigneusement sur la table ; il n'y a pas grand-chose, puisque le linge, les vêtements de son amie étaient dans la valise prête. Le plus important, ce sont les draps, les couvertures ; tout cela il faudra qu'elle se laisse aider pour les transporter dans les chambres du haut, mais pas aujourd'hui, pas seule, non. Là-haut, il n'y a pas de souvenir d'assassinat, mais il y a un cadavre tout de même, celui de sa passion.

Alors elle est venue faire quoi ici ? Souffrir uniquement ? Retrouver l'épouvantable vision de ce corps massacré, ayant laissé couler sur tout le sang de ses veines ? Ah ! Elle serre ses tempes à deux mains... Il lui semble qu'elle arrive encore une fois avec les deux petits, qu'elle appelle, qu'elle trouve Raimondi devant elle :

— Entre, dit-il, j'ai fait du propre.

Elle revoit ce misérable abruti avec son débraillage, sa figure ignoble, le geste de son bras pour repousser les enfants. Ce monstre ! Elle voudrait qu'il ne soit pas mort pour le tuer ! Elle aurait voulu lui voir couper la tête devant le Palais de Justice de Draguignan et alors, au dernier moment, quand il aurait eu le cou dans la lunette, elle serait venue se mettre devant lui, elle lui aurait crié :

— C'est bien fait ! C'est bien fait ! Tu te rappelles d'Angéline ?

Un hoquet de dégoût lui emplit la bouche d'une gorgée amère. Elle crache. Il lui semble qu'elle ne cessera jamais de cracher en pensant à lui. Cependant elle a eu le courage d'aller le visiter à la prison. La première fois, il l'avait demandé et son avocat l'avait obtenu. Elle se revoit passant la grande porte, glissant dans le couloir froid où tout le long, derrière les grilles doubles, sont enfermés comme les orangs-outans des jardins zoologiques, des hommes aux yeux insolents et désespérés, aux paupières creuses, à la bouche insultante. Elle avait pensé tout de suite : « Mon père, mon Dieu, mon père il a été comme ça... » Elle avait vu devant elle, écroulé sur son escabeau, Raimondi à la fois bouffi et maigre de son visage mafflu et de ses mains vidées de chair, posées à plat sur ses genoux. Ces mains qui avaient fait le crime. Vincente aurait voulu les couper avec une hache. Il avait parlé.

— Vous avez sept minutes, avait prévenu le gardien.

— Tu sais, c'est elle qui a voulu me tuer, avait dit Raimondi.

— Taisez-vous...

— Demande à mon avocat ? Je lui ai tout raconté. C'est vrai, je te jure sur la tombe de mon pauvre père. Je l'ai trouvée en train de faire la valise. Alors, elle m'est venue dessus avec le fer. J'ai été obligé. J'étais en état de légitime défense...

Il avait eu une sorte de reniflement :

— Quand même, je regrette bien...

Elle ne savait que lui dire. Peut-être que c'était vrai que ça s'était passé comme ça ? Telle qu'elle la connaissait, s'il l'avait surprise dans ses projets, insultée, giflée, battue, comme la fois où il voulait lui prendre la lettre, elle avait dû se rendre folle de colère. C'était bien possible.

— Y a une chose, avait-il dit à ce moment, une chose qu'y faut que je te demande, parce que ça... ça...

Il avait été étouffé par les larmes qui gonflaient ses paupières flétries, puis il avait ravalé ses sanglots et il avait interrogé d'une voix humble :

— Mes petits ? Y sont pas de moi ?

Vincente s'était agrippée à deux mains aux barreaux de la grille.

— Vos petits ? Mais vous êtes fou ?

— Non, je suis pas fou. C'est elle qui m'a dit... Toi, tu dois savoir, tu étais son amie, tu connaissais toute son existence. François, oui, elle m'a dit ; mais Zize, Riri, alors c'est vrai qu'y sont d'un autre ?

Il avait brusquement caché sa tête dans son coude replié, avec un geste convulsif. Vincente avait eu pitié de lui. Elle se serait tuée pour s'empêcher d'avoir pitié de lui ! De lui, de cet assassin ! Elle aurait voulu lui dire à la figure, lui crier en l'insultant : « Bien sûr que non qu'ils sont pas de toi, cocu ! » Et le regarder souffrir, longtemps, patiemment, là, comme une bête coupée en deux, une de ces bêtes qui agitent des pattes au tronçon de corps que leur a laissé la bêche. Oui, ça aurait été juste, ça aurait été bon, mais elle n'avait pas pu, sa bouche s'était ouverte seule pour dire :

— Mais oui voyons, vous le savez bien qu'ils sont de vous tous les deux.

— Ah !

Il avait exhalé ce « Ah ! » comme un cri de victoire, puis il avait ajouté humblement, comme quand il avait posé sa première question :

— Je te remercie.

Enfin il avait encore demandé :

— Tu me le jures sur la tête de ta mère ?

« Oui », avait-elle fait signe, tandis qu'à son tour les larmes l'étouffaient.

A ce moment, le gardien s'était approché d'elle :

— Les sept minutes sont passées, madame.

Alors elle était partie.

Elle était revenue deux mois plus tard. Elle l'avait trouvé calme, bien amaigri cette fois, privé depuis trop longtemps du soutien habituel de son alcool. Il lui avait dit :

— Tu viens voir s'y m'ont pas encore raccourci ? Je le sais, va, qu'y me condamneront à mort. Je m'en fous. Tout ce que je te demande, c'est de garder mes petits qu'y soient pas malheureux.

— Je vous le promets, avait répondu Vincente, vous savez que j'aimais trop Angéline et que les petits aussi...

— Oui, je sais bien, c'est pas pour moi que tu le fais.

Il s'était arrêté de parler. Il semblait qu'à présent il ne savait plus que dire et Vincente se sentait la même impuissance à s'exprimer. Pourquoi était-elle revenue, en somme ? Par pitié ? Alors, elle avait pitié de ce monstre qui avait tué son amie ? Oui, c'était comme ça, elle en avait pitié.

— Riri est tombé en courant, avait-elle raconté, il s'est écorché tout le devant de la jambe, mais je lui ai bien lavé et c'est fini. Seulement, y faut toujours le gronder parce qu'il s'arrache la croûte, ce vilain.

— Ah ! oui, ça, y faut pas le laisser faire. Autrement jamais ça guérira. Et Zize ?

— Elle se fait superbe. Je l'ai purgée, après le..., après la... après la chose enfin... Y lui était venu des gros boutons sur tout le corps, mais c'est passé. Florina lui a fait un manteau pour aller à l'école...

— Tu les embrasseras pour moi. On leur a pas dit où j'étais ?

— Sûr que non, a répondu Vincente.

— Où y me croient ?

— En voyage, nous leur avons dit, en Algérie, pour du travail.

Elle a pensé : « Comme moi quand on me disait : « Ton papa, il est en Amérique. » Il était dans une prison comme celle-là, pas loin d'ici. Enfin, lui au moins, il avait tué personne. »

— Et Lysée ? a demandé Raimondi. Et Bertin ? Et Joubert ?

— Tout le monde va bien.

— Ton mariage s'est fait ?

— Oui. Le même jour que celui de Florina avec Ben Gacem. Pour Bertin et Raphaëlle, ce sera au printemps.

— Que vous soyez tous bien heureux, a dit Raimondi d'un ton triste de politesse. Vous étiez braves pour moi. C'est moi qui ai pas su me conduire. Même Géline, je le comprends maintenant, j'aurais pu la rendre heureuse si j'avais été un peu plus raisonnable...

— C'est votre grosse boisson qui a fait tout le mal.

— Oui. Autrement, tu sais, je t'assure..., j'étais pas méchant. Je demande bien pardon à tout le monde...

Il avait laissé tomber sa tête molle entre ses bras ballants, mais cette fois, il n'avait pas pleuré et après un court silence, il avait repris :

— Y a ma montre au greffe de la prison, tu sais, la grosse en argent qui me vient de mon pauvre père ? Quand tout sera fini, tu viendras la chercher pour la donner à mon fils. Tu lui diras que je la lui envoie de l'Algérie.

Oui, de l'Algérie, il avait répété, de l'Algérie...

Puis en regardant Vincente, il avait commandé :

— Va-t'en maintenant. Et ne reviens plus, ça sert à rien. Ni non plus à la cour d'assises, ne viens pas. Y a pas besoin de témoins à charge pour me faire couper la tête. D'abord, je serai mort avant...

Avec sa grosse main dure bosselée de veines sombres, il avait repoussé Vincente de loin :

— Va-t'en, va-t'en, garde bien mes petits, ne leur dis jamais la vérité si c'est possible. C'est tout ce que tu pourras faire de bon. S'y a quelqu'un dans le ciel, y t'en récompensera. Adieu !

Il avait encore fait le geste d'enlever Vincente de sa vue et il lui avait tourné le dos.

— D'ailleurs, c'est l'heure, avait prévenu le gardien. Et en la raccompagnant il avait ajouté :

— Nous le surveillons beaucoup parce qu'y dit toujours qu'y se tuera.

Ils avaient eu beau le surveiller, ils l'avaient trouvé pendu à un barreau de sa lucarne, avec son pantalon qu'il avait déchiré en lanières nouées bout à bout. Vincente était venue une dernière fois pour le faire enterrer et au greffe de la prison on lui avait remis la grosse montre d'argent et le vieux portefeuille du mort. Dans le portefeuille, elle avait trouvé une lettre d'Angéline avec une violette émiettée, une lettre datant de ses fiançailles, où elle appelait Raimondi : « Mon beau chéri », où elle lui parlait de ce temps où ils seraient mariés, où ils seraient toujours ensemble. Pauvre Géline, c'était une enfant alors, une enfant croyant à tout. Et elle avait cru dans cet homme qui devait la tuer. Vincente a le cœur crevé de la confiance que cette petite avait dans son bonheur et en même temps, elle pense : « Alors, il avait gardé cette lettre, cette fleur ? Lui qui la trompait, qui la frappait, qui lui a ôté la vie, quand même y gardait cette lettre ! Que comprendre aux gens ? »

Elle a enfermé le portefeuille dans le tiroir du bas de sa commode, celui qui, sculpté dans la forme du meuble, est presque invisible et auquel on confie les vieilleries qu'on veut oublier. Elle a mis la montre avec. Elle n'a pas promis de la donner à Riri tout de suite. Plus tard, quand il sera grand, mais tout de suite, elle n'aurait pas le courage de la voir aux mains de l'enfant.

Maintenant, là, dans cette cuisine, où Angéline a poussé son dernier soupir, où tant de sang a coulé, Vincente reste anéantie par le poids des souvenirs. Elle comprend que c'est trop tôt, que tout est trop frais encore pour y toucher... Elle reviendra une autre fois et pas seule. Seule, c'est trop mauvais à supporter. Elle amènera Raphaëlle qui est jeune, qui est gaie, qui osera tout remuer avec des mains indifférentes, mais elle sent qu'elle-même ne pourra jamais. Quatre ombres dans ces murs. Quatre morts : Pépé, François, Angéline et Raimondi. C'est trop. Il faut fermer cette maison et tant pis si on ne la loue pas, je m'en fiche. Il faut remettre ces rangements à plus tard.

Elle prend le paquet préparé sur la table, elle ouvre le débarras, elle met tout sur une étagère. Elle fait ce travail avec hâte. Maintenant, elle n'a plus qu'une envie, c'est de s'en aller, de retrouver sa bonne famille Revest, son mari grognon, si brave, sa belle-mère, son beau-frère, son entrepôt ; de reprendre en passant Zize et Riri qui sont restés chez Florina, dans le joli appartement tout neuf et de retourner tranquillement avec eux dans sa maison d'épouse.

A cette minute, en fouillant dans un placard, elle remarque une petite malle longue et étroite, au couvercle garni de poil de chèvre mangé des mites. « C'est resté là de ma grand-mère, ça, pense-t-elle, depuis qui sait combien d'années ? » Elle met les mains dedans. Il y a beaucoup de livres, elle épelle des titres : *Guérison par les simples, Almanach de Mathieu de la Drôme, Secrets merveilleux de la magie naturelle et cabalistique du Petit Albert.* Oui, la vieille était savante, on le sait. Puis, dans une boîte de fer, voilà des lettres. Vincente déplie au hasard les papiers jaunis, coupés aux angles et dont l'encre violette a pâli. Elle voit l'acte de naissance de sa mère : « Félicie-Pascaline-Marguerite Desmichels », elle lit un court billet demeuré encore en bon état : et elle voit que c'était adressé à sa mère : « Ma Marguerite... » C'est l'adieu de la grand-mère Desmichels à sa fille chérie. La plus chérie... la plus ingrate... celle qui a quitté la Guirande pour suivre cet homme qui l'a conduite dans si mauvais chemin. Et sa mère, en mourant, ne lui donnait que de bons conseils : « Restez d'accord entre vous, conservez le domaine dans la famille, soyez braves pour ceux qui nous ont bien servis comme notre berger Nans. » C'était tout. Vincente pense qu'elle n'avait rien d'autre à confesser à sa dernière heure, cette honnête femme qui n'avait jamais dû avoir une seule pensée secrète. « Les femmes de ce temps n'étaient pas tourmentées dans leur chair comme nous », se dit-elle. Elle replie le billet et le repose avec les autres lettres. « Un jour, continue-t-elle à penser, quand je serai plus calme et que je ferai nettoyer ici, cette malle, je l'emporterai chez les Revest et je regarderai tout ce qu'il y a dedans. Sûrement, j'y trouverai des choses de famille. »

Mais aujourd'hui elle a trop la tête pleine d'autres pensées pour s'en occuper. Elle abaisse le couvercle de la vieille malle et referme la porte du placard. Alors elle retrouve sa lettre inachevée, restée sur la table et elle comprend qu'il faut la finir... Et elle se sent, elle ne sait pourquoi, beaucoup plus de courage que tout à l'heure pour repousser dans le cimetière des souvenirs, ce qui n'a plus le droit de vivre. Sans doute est-ce d'avoir touché à ce qui vient de sa mère, à tout ce qui conserve le relent d'un passé qu'elle déteste et qui se colle à elle comme une pieuvre. Alors elle secoue les épaules comme si elle jetait en l'air un pesant fardeau, elle s'installe paisiblement devant la table, elle attire la feuille vers elle et elle écrit :

« Oui, si plus tard Humberto n'a pas oublié notre pauvre Géline, qu'il vienne me voir et nous irons ensemble sur sa tombe. C'est tout ce que je peux lui dire. Donnez-lui des bonnes nouvelles des deux petits qui se font bien beaux et ne l'oublient pas. Ils parlent souvent de vous autres. Je vous envoie une caresse de leur part. Vous avez aussi le bonjour de tout le monde : Bertin et sa fiancée, Florina et son mari, mon mari et moi... Oui, tout le monde vous fait bien ses amitiés, mais il est inutile que vous veniez. »

Elle pose le porte-plume. Cette fois elle a terminé. Quoi dire encore ? Ce que Milan attend, elle ne le dira pas. Elle ajoute : « Et gardez les meilleures de ma part. » Puis elle signe au-dessous « Vincente Revest ». Elle plie le papier, elle cachette l'enveloppe. Voilà, c'est fini, elle la mettra à la poste en sortant. Elle va vers la fenêtre, elle ramène le volet de bois plein, elle l'accroche pour empêcher le mistral de le faire battre. « Et je laisse aussi le dedans un peu ouvert, décide-t-elle, ça s'aérera. » Soudain, à cette seconde, une sensation inconnue arrête le geste de son bras levé. Elle demeure stupéfaite, elle n'ose plus bouger.

« Qu'est-ce que c'est ? » Une lente ondulation vient de parcourir ses flancs. Elle comprend. Un respect peureux la cloue sur place. « Mon enfant... C'est mon enfant qui bouge... » Elle pose ses deux mains bien au large, bien à plat sur son ventre. Elle sourit. Une grande douceur paisible descend en elle. Elle se répète : « Mon enfant... C'est lui. Y me fait signe qu'y commence à vivre. Il aura un nom respectable, il aura une famille, ce sera un Revest, y s'élèvera au milieu des braves gens. Voilà, c'est ça que j'ai voulu. C'est ma récompense. »

Elle reste immobile, à l'écoute de cette présence neuve qu'elle nourrit avec les battements de son cœur, avec son sang, avec sa chair.

— Je l'appellerai Ange, dit-elle.

Bandol, 25 mars 1936.
Saint-Pierre-d'Allevard, 15 février 1944.

Achevé d'imprimer en novembre 1982
sur les presses de l'imprimerie Bussière
à Saint-Amand (Cher)
pour le compte de France Loisirs
123, boulevard de Grenelle, Paris

Dépôt légal : novembre 1982.
— N° d'édit. 7455. — N° d'imp. 2475. —